职业教育“教学做”一体化教材

21 世纪职业教育规划教材

社区管理与服务实务

主　编●欧元军
副主编●徐鑫森　许　瑞

中国人民大学出版社
·北京·

前言

社区治理是国家治理体系的重要组成部分，社区管理与服务是社区治理的具体体现。中国共产党十九大报告指出："加强社区治理体系建设，推动社会治理重心向基层下移，发挥社会组织作用，实现政府治理和社会调节、居民自治良性互动。"中国共产党十九届四中全会审议通过的《中共中央关于坚持和完善中国特色社会主义制度 推进国家治理体系和治理能力现代化若干重大问题的决定》指出："健全基层党组织领导的基层群众自治机制，在城乡社区治理、基层公共事务和公益事业中广泛实行群众自我管理、自我服务、自我教育、自我监督，拓宽人民群众反映意见和建议的渠道，着力推进基层直接民主制度化、规范化、程序化。""加强公共卫生防疫和重大传染病防控，健全重特大疾病医疗保险和救助制度。优化生育政策，提高人口质量。积极应对人口老龄化，加快建设居家社区机构相协调、医养康养相结合的养老服务体系。聚焦增强人民体质，健全促进全民健身制度性举措。""完善群众参与基层社会治理的制度化渠道。健全党组织领导的自治、法治、德治相结合的城乡基层治理体系，健全社区管理和服务机制，推行网格化管理和服务，发挥群团组织、社会组织作用，发挥行业协会商会自律功能，实现政府治理和社会调节、居民自治良性互动，夯实基层社会治理基础。"

为满足社区管理与服务高职教育发展需要，我们以中国共产党二十大报告和十九届四中全会的决定为指引编写本教材，明确社区管理与服务的基本工作，体现我国社区治理的特色和优势，积极发挥教材培根铸魂的重要作用，做到知识传授与品德修养相互促进的高度统一。

"社区管理与服务实务"是社区管理与服务专业的核心课程，本教材面向社区管理与服务专业人才培养，突出社区管理与服务的实践教学内容。在体例设计、内容编排、文字表述等方面，本教材遵循高等职业教育规律，以社区管理与服务岗位技能培养为核心，兼顾基础知识的完整性和系统性，对社区管理与服务专业技能的基础知识进行必要的介绍和阐述。内容编写以"必需、够用"为原则，突出介绍基础知识和具体实务问题，注重融入各地进行的社区管理与服务实践和创新。

本教材共九个项目，项目体例简明统一：每个项目分解为若干任务，以任务驱动方式编写内容。具体的体例是：首先明确项目的"学习目标"，将学习目标分解为"知识目标"

“能力目标”，以使学生明确本项目的学习要点和技能培训要点；“学习目标”之后设置“案例导入”“思维导读”，促使学生产生问题意识；以“任务解析”“基础知识”“案例链接”引导学生了解和掌握完成任务的技能，在此基础上，以“任务实施”“项目练习”实现对项目任务的具体操作和岗位技能的巩固提高。

本教材由欧元军任主编，徐鑫森、许瑞任副主编。朱桂林、张慧、杨婧参与了教材的编写工作。欧元军拟定大纲，并进行全书的统稿和修改定稿。各项目编写人员分工如下：徐鑫森负责项目一、二、三；朱桂林负责项目四、九；许瑞负责项目五、六；杨婧负责项目七；张慧负责项目八。

本教材在编写中参考了兄弟院校和行业专家的相关教材、论文及网络资源等研究成果，得到了中国人民大学出版社及胡连连编辑的大力支持，在此深表感谢。因社区管理与服务理论和实务涉及面广、实践性强且易变动，教材中难免出现不足和疏漏，恳请广大师生和读者给予批评指教，以便我们再版时进一步改进和提高教材质量，从而更好地服务于社区管理与服务高等职业教育事业的发展。

编者

目录

项目一

社区管理与服务概述

学习目标

知识目标：了解社区的内涵、特征、构成要素、类型、功能，掌握社区管理与服务的内容和模式。

能力目标：通过社区分析，学会运用问卷调查、观察、访谈及文献调查等方法进行社区调查，并对社区的一手资料进行搜集、整理、分析，做到客观、真实地描述社区。

案例导入

包河区滨湖世纪社区服务中心正式挂牌成立

2013年2月1日，这是一个载入包河区乃至合肥市发展史册的重要时间。在这一天，合肥市委市政府批准设立的全市第一个新型社区服务机构——滨湖世纪社区服务中心挂牌成立。

新成立的社区服务中心服务范围东至庐州大道，西至徽州大道，南至方兴大道，北至锦绣大道，辐射面积约6平方千米。

这是一个人口密集区。区域内有滨湖世纪城、滨湖蓝鼎两个超大型居住区和滨湖园回迁安置区；目前居住人口近10万人，饱和入住人口约18万人。

这是一个商业富集区。区域内超大型购物中心如世纪金源购物中心、永辉超市，五星级世纪金源大酒店客流密集，人气旺盛，商业面积超过150万平方米；滨湖国际会展中心、安徽金陵大饭店、蓝鼎大酒店坐落其中；40万平方米的写字楼汇集各类企业上千家。

这是一个机关文教区。省农委、省税务局、省消防总队等各类党政机关汇聚于此；省人民银行、省建设银行、联通公司等金融、服务业单位已经入驻；滨湖医院、合肥48中、合肥师范附小、国际创新展示馆、滨湖轮滑场等各类科教文卫体资源荟萃。

这是一个生态宜居区。区域内 80 万平方米塘西河公园风光秀丽，天山公园镶嵌其中。金斗公园、体育主题公园毗邻分布，景色宜人，是市民休闲养生的天然场所。

资料来源：合肥在线. 包河区滨湖世纪社区正式挂牌成立.（2013-02-01）[2020-04-09]. http: news. hf365. com/system/2013/02/01/012936403. shtml.

思考：从本案例中可以看出滨湖世纪社区是一个什么样的社区？该社区与其他社区有何异同？

思维导读

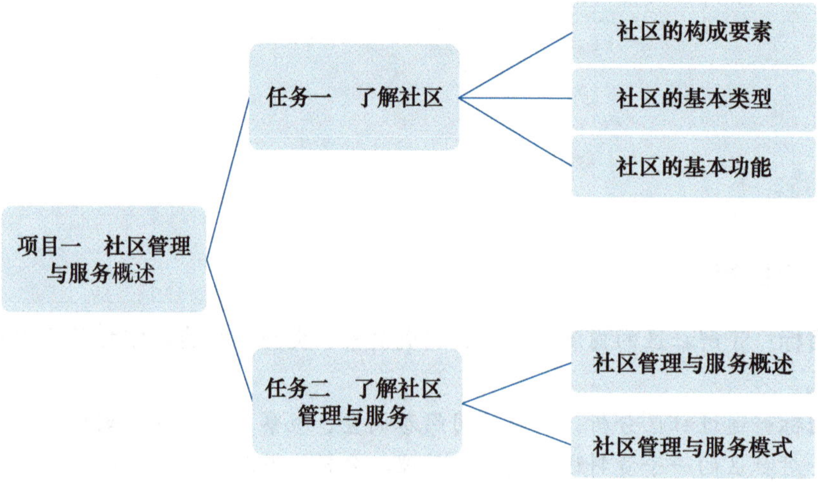

任务一　了解社区

任务解析

为更好地认知社区各方面的情况，可深入某小区，通过问卷调查法、访谈法、观察法等社会研究方法来认知社区，获得客观、真实、全面的第一手资料。了解社区是基础性的社区工作，是做好其他社区工作的前提。

基础知识

一、社区的构成要素

社区是指由一定数量居民组成的、具有内在互动关系和文化维系力的地域性生活共同体。

社区通常包括四个要素：地域、人口（居民）、组织结构和文化。在这四个要素中，地域是社区的自然地理位置与人文地理的空间载体，人口是社区运作与变迁的主体，组织结构是社区活动得以展开的社会组织形式，而文化则是社区范围内具有特质的精神纽带。

（一）地域要素

地域是人类从事各项社会生产和社会活动的场所，是人类基本的生存空间，是自然要素和人文要素相互作用形成的综合体。其中，自然要素包括所处方位、地貌特征、自然资源、空间形状等，而人文要素包括人文景观和建筑设施等。社区的地域总有一定的面积和界线，通常在居民日常生活能够发生互动的范围之内，或者是能够满足居民日常生活需要的服务设施、组织机构可以发挥作用的范围之内。在当代中国，社区的地域范围可界定为农村中的一个乡、村落或城市中的一个街道、居民小区等。

（二）人口要素

人口是社区发展的承担者，是社会生活的主体；社区发展的目标是实现人的全面发展。对社区人口要素的分析，主要是从数量、质量、结构、分布和流动等方面进行。

社区人口数量是指某一时期生活在社区的人数。人口数量决定了社区的社会关系的数量和复杂程度，它既是衡量社区规模的重要标志，又是确定社区层次的重要依据。人口质量是指一定时间、地域和一定社会制度下，人口群体所具有的身体素质、科学文化素质和思想道德素质。人口质量既是社会进步的力量和基础，又是社会进步的结果和表现。人口结构是指一定时间内社区人口的内部组合状态，如年龄、性别、职业、婚姻状况、民族、等方面的情况。人口分布是指居民及其活动在社区范围内的空间分布状况，即社区内人口的自然或地理分布情况，包括人口密度大小、距离、互相交往或与其他社区相互联系的方式。人口流动是指社区内居民的进出和数量的增减，及在空间分布上的变化。

（三）组织结构要素

社区内成员必须在一定的社区组织结构的管理下生活，需要有一定的机构来协调人们的行为，这样就产生了社区组织结构，它保证了社区内的人们协调地共同生活在一起。

社区组织结构是指社区内各种社会群体、组织之间的构成方式及相互关系。根据社区组织结构人际关系性质的不同，社区组织结构可分为正式组织和非正式组织两大类。正式组织具有组织目标明确，组织制度、体系和运行方式严格，以及组织场地、设备、资源固定等特点，如社区党组织、居委会、服务中心、工作站、银行、学校等；非正式组织具有自然形成、规模较小、组织规范约束力弱、成员间关系紧密和认同感强等特点，如社区合唱团、舞蹈队等。

（四）文化要素

社区文化是指在一定的区域范围内，在一定的社会历史条件下，社区成员在社区社会实践中共同创造的具有本社区特色的精神财富及其物质形态。社区文化反映了社区的地域特点、人口特性以及居民长期、共同的经济和社会生活的全部，包括社区内人们的信仰、价值观、行为规范、历史传统、风俗习惯、生活方式、地方语言和特定象征等内容。

社区文化能使社区成员获得相似的行为或价值观念，从而产生强大的凝聚力，并使社区产生保持可持续发展的因素。社区文化也是区分不同社区的重要特征。由于受到不同历史传统、地理环境和人口构成的影响和作用，社区文化呈现出一定的地域性与特殊性，如以自然经济为主体的传统乡村社区文化和建立在商品经济基础上的城镇社区文化。

上述四个要素是构成社区的必要条件。这些要素之间是相互依赖、有机统一的辩证关系，四者紧密相关、缺一不可，其相互关系、功能与模式的表现形态，在不同的历史背景下往往是不尽相同的，会呈现出各个阶段的时代特征。

二、社区的基本类型

社区的分类是指按照一定的标准，对社区进行类型划分。社区类型的多样性是一种客观的社会现象，科学地解释这一现象，对于正确认识社区的功能，具有重要的实践意义。

（一）按区域特征分类

1. 城市社区

城市社区是指以第二、三产业为主的居民聚居，达到一定人口密度和规模，由国家批准设立市建制的社区。其主要特点是：人口集中，异质性强；经济和其他活动频繁；具有多样化的语言、信仰和生活方式；具有结构复杂的群体和组织；家庭的规模和职能缩小，血缘关系淡化，人际关系松散；思想、政治、文化相对发达；社区服务设施、物质条件相对齐全。

2. 农村社区

农村社区是指以从事农业生产为主要谋生手段的人口为主的、人口密度和人口规模相对较小的社区。农村社区的主要特点有：人口密度低，同质性强，流动性小；组织结构、经济结构单一；风俗习惯和生活方式受传统思想影响较大；家庭的社会影响作用较强；社区成员关系密切，血缘关系浓厚；社区服务设施、物质条件等相对落后。

3. 城镇社区

城镇社区是指介于城市和农村之间的、居民通常不从事农业生产劳动、人口达到一定规模的社区。城镇社区是城乡连续体中的一个特殊类型，是农村社区向城市社区转型的过渡型社区，因而它兼有前两类社区的特点。在人口要素上，它与城市社区较接近；在组织和经济结构上，它又与农村社区的特征相类似；在服务设施、物质条件和管理水平上，它又介于前两类社区之间。这种社区分为建制的和非建制的两种。

（二）按社区功能分类

1. 经济社区

在经济社区，社区内的劳动者多数从事生产经营活动。根据经济活动的种类，经济社区又可划分为工业、矿业社区，农业、林业、牧业、渔业社区，商业社区等。

2. 政治社区

政治社区是指各级行政区域的领导机关、管理中心所在地。城市中各类行政管理机构、政府各种机关聚集的社区，可视为政治社区。

3. 文化社区

文化社区主要指教育、科研、文化艺术等单位比较集中的区域，如北京的中关村、英国的剑桥等。

4. 军事社区

军事社区是指以军营、军事基地、军事院校或科研院所为主体的社区。

5. 特殊社区

特殊社区是指以实现社会某种特殊目的为活动内容的区域，如精神病院、监狱、劳改农场、传染病隔离区等。

此外，按社区的地域空间特征，社区可分为法定性社区、自然性社区和专能性社区三种；按社区成员的互动类型，社区可分为具体社区和抽象社区；按社区的地理环境，社区可分为平原社区、山区社区、牧区社区等；按社区发展的历史，社区可分为流动型社区、半固定型社区、永久型社区等；按构建社区的特点，社区可分为单位型社区、小区型社区、板块型社区、功能型社区等。

三、社区的基本功能

社区是社会的缩影，人们可以在社区进行各种社会活动。社区的基本功能表现在经济、社会化、社会控制、服务和社会参与等方面。

（一）经济功能

经济功能是指分配、交换、消费的功能，表现为社区通过生产或购买为其成员提供衣、食、住、行等基本的生活必需品和服务，并为社区成员提供就业与谋生的机会。担负这一功能的主要是社区的各个经济组织，社区的工厂、商店、旅店、餐馆以及第三产业等，能为居民提供生产、流通、消费、娱乐、文化等服务。一个大的社区的产品生产和消费不仅在本社区内，同时还可以流通到邻近社区，甚至可以辐射到其他距离更远的社区。

（二）社会化功能

社区能够给成员灌输信息、知识和价值观。社区居民在交往和互动过程中将人们普遍持有的规范、传统和价值观社会化。社会化引导居民态度的发展，这些态度和认知会影响人们对自我、他人以及权利与义务的认识。同时，通过社会化的过程，可以将社区居民所形成的价值观、知识、行为和文化信息等传承给下一代，以维持社区的价值观、文化、风俗习惯，促进社区意识的提升和凝聚力的稳固。

（三）社会控制功能

社区的社会控制功能是指社区在维护社会秩序、解决社会问题、化解社会矛盾与冲突、控制各种不稳定因素等方面，具有自身特色的结构、地位和作用。社区的社会控制功能主要体现在：社区的社会控制体系及其运作机制；社区的社会保障体系及其运作机制。社区的社会控制功能有助于促进和维护全社会的和谐与稳定。

（四）服务功能

社区的服务功能是指社区通过基础性保障和福利性照顾，来满足社区居民的日常生活需求。目前，我国社区已普遍建立起社区服务中心，为社区居民提供优抚、家政、治安、就业、文化等各方面的服务。随着社区的发展，社区的服务内容、服务方式将不断丰富和完善。

（五）社会参与功能

社区的社会参与功能是指社区为居民提供经济、政治、教育、福利等方面活动的参与机会，促进社区内居民的相互交往与互助，使居民对社区有更多的认同感和更强的归属感。社区通过开展各种社会公益活动、文体娱乐活动，提高社区居民的参与意识，让他们在参与社区活动中发挥自己的潜能，同时可以充分挖掘社区资源，促进社区的繁荣与发展。

案例链接

合肥市包河区芜湖路街道曙光社区简介

合肥市包河区芜湖路街道曙光社区，毗邻中国科技大学、中铁四局，社区东临徽州大道，西至金寨路，南到上派路，北接芜湖路，下辖6个居民组、15个住宅小区，总户数6 289户，总人口16 350人。曙光社区是2002年10月合肥市首批“村改居”的社区之一；2005年9月经包河区委批准成立社区党委，下设8个党支部，现有党员223人。

近年来，在各级党组织的带领下，曙光社区在城市化过程中抢抓机遇，潜心经营，对内整合资源，实施旧村改造；对外招商引资，以商贸兴居。经过多年的努力，社区积累了丰硕的成果，先后引进了沃尔玛超市、“百脑汇”电脑城、乐城股份等优质企业，积累了曙光商厦、桐江大酒店、e家快捷酒店等集体资产。建成商业网点近6万平方米，集体固定资产近3亿元，年集体收益达2 000万元以上，实现年上缴入库税金3 000多万元。曙光社区以较强的经济实力和全面发展，连续多年跻身包河区“十强村（居）”、全省百强行列。

曙光社区以创建“和谐社区”为宗旨，让居民共享发展成果。先后兴建了曙宏幼儿园、曙宏小学等基础教育设施；修建了曙宏、曙苑老年公寓等公共福利设施。为社区女满50岁、男满55岁祖居户发放退休生活费，做到老有所养；对考取高校的祖居户子女发给3 000至20 000元不等的奖学金，做到幼有所教。实施医疗保健制度，祖居户居民小病在社区医疗站免费治疗，大病药费报销50%，并给予适当补贴救助。社区适龄儿童入托入学率、老年人供养率均达100%。

为进一步提升社区服务水平，曙光社区还创办了居家养老服务中心，配备专人为独居、空巢、高龄、残疾等弱势老人群体提供便利的免费上门服务；创办儿童与青少年辅导教育中心、居民综合服务中心，以及流动人口“城市生活E站”，不断拓展社区社会化服务领域。一系列规范提升举措的实施，使社区管理从区位管理走向了公共管理，使社区服务从行政服务走向了社会服务，逐渐形成资产质优、管理完善、服务领先的社区发展态势，所得成果受到各级政府和辖区居民的一致褒奖，曙光社区也先后获得“全国综合减灾示范社区”“全国敬老模范”“全国优秀计生协会”“全国先进妇联”“安徽省文明社区”“合肥市标准化示范社区”等一系列荣誉称号。

任务实施

一、任务内容

本次任务的内容是采集社区信息。参考案例链接中曙光社区的简介，对你所在的社区开展深入细致的调查，完成以下调查表的填写。

(一) 社区要素现状调查

社区要素现状调查样表见表 1 - 1 至表 1 - 4。

表 1 - 1 社区人口状况调查表

项目	内容		户籍人口	非户籍人口	备注
社区人口	人口数量				
	性别结构	男性			
		女性			
	年龄结构	18 岁以下			
		18～40 岁			
		40～60 岁			
		60 岁以上			
	学历结构	小学学历			
		中等学历			
		高等学历			
	政治面貌	共青团员			
		中共党员			
		民主党派			
		无党派			
	职业结构	国企			
		民营企业			
		个体经济			
		公务员			
		事业单位			
		医务人员			
		待业			
社区单位	性质		数量	员工规模	
	企业				
	政府机关				
	事业单位				
	教育单位				
	商业机构				
	医药机构				

表 1-2　社区地域状况调查表

<table>
<tr><th>项目</th><th colspan="2">内容</th><th>备注</th></tr>
<tr><td rowspan="5">社区地域状况</td><td>占地面积</td><td></td><td></td></tr>
<tr><td>地理位置</td><td>东至：
西至：
南至：
北至：</td><td></td></tr>
<tr><td>地形地貌</td><td></td><td></td></tr>
<tr><td>自然资源</td><td></td><td></td></tr>
<tr><td>社区设施</td><td>生活设施：
服务设施：
教育设施：
体育设施：
娱乐设施：
人文景观：</td><td></td></tr>
</table>

表 1-3　社区组织结构调查表

类型	数量	名称	组织性质	形成方式	活动方式	经费来源
管理类						
服务类						
娱乐类						
学习类						
健身类						
中介类						
组织性质：政府型、事业型、自治型 形成方式：管理机构组建、自发组建 活动方式：管理机构组织、自发组织 经费来源：管理机构拨款、自筹、外界资助						

表 1-4　社区文化状况调查表

类型	数量	名称	性质	备注
文化设施				
文化景观				
文化组织				
文化活动				

续表

社区归属感	对社区满意人数比例	%	
	愿意在本社区居住的人数比例	%	
	参加社区自治组织的人数比例	%	
	经常参与社区工作或活动的人数比例	%	
	愿意参加社区工作活动的人数比例	%	
文化特色			
性质：政府行为、社区行为 社区归属感：社区居民对社区的情感			

（二）社区发展条件和需求状况调查

社区发展条件和需求状况调查样表见表1-5。

表1-5　社区发展条件和需求状况调查表

项目	有利条件	不利因素	需求状况
地域			
人口			
环境			
资源			
经济			
政治			

二、任务操作

（一）任务操作流程

确定调查地点和调查小组成员，就调查事宜做好协调安排→拟定社区调查方案→设计调查工具（问卷、提纲、量表等）→进行调查前的摸底→界定调查总体→设计抽样方案并确定调查对象→运用合适的调查方法搜集信息→回收和汇总调研信息资料→调查评估→回访。

（二）具体操作方法

具体操作方法主要有以下四种。

1. 问卷调查法

问卷调查法是指研究者通过事先设计好的问题来获取有关信息资料的方法。它在形式上是一份精心设计的问题表格，用来测量被调查者的行为、态度和社会特征。问卷一般由标题、封面信、指导语、问题、答案、编码等部分组成。

问卷设计好之后，一定要进行试调查，可以邀请一些群众帮忙填写问卷，在此基础上做修改，然后才能进行正式调查、问卷发放和回收。

2. 观察法

观察法是指调查者有目的、有计划地在实景下，通过感官或借助一定的科学仪器，对社会现象的各种资料进行搜集的方法。

进入社区一般可直接观察，比如，到社区广场、游乐场、商店等人们经常聚集的日常活动场所，通过与人们自然地交流，近距离观察其行为方式，不仅可以了解真实的社区生活状态，而且可以为建立社区工作关系奠定基础。需要注意的是，观察法并不是完全被动的，观察者不能只是进行纯粹的观察，还应积极地与被观察者交流。在观察的过程中认真做好记录，且观察记录应符合准确性、完整性、有序性的要求，既可当场记录，也可事后追记。

3. 访谈法

访谈法一般是指运用有目的、有计划、有方向的口头交谈方式向被访者了解社会事实的方法。按照访谈使用的工具和技术，可分为结构式访谈和非结构式访谈两大类。结构式访谈又称标准化访谈，将访谈法和问卷法合二为一。非结构式访谈就是非标准化的访谈，即不严格要求问题统一、提问方式统一和答案记录统一的访谈。

4. 文献调查法

文献调查法是指社会调查者根据一定的目的和范围，通过搜集和整理文献以获取资料的方法。在进行大规模的资料搜集之前，查阅有关文件是必须甚至是首要的，能为了解社区的一般状况奠定良好的基础。文献资料搜集的具体方法有四种，分别是检索法、追溯法、专家咨询法和上网查找法。关于社区的文献资料，一般搜集以下四种：人口普查数据资料、地方志及政府相关资料、社区机构原始记录资料以及媒体报道、个人或团体资料。

上面介绍了搜集社区资料的几种主要方法，其实搜集社区资料的方法还有很多，在此不做赘述，但毋庸讳言，每种方法都有利弊，调查者要结合调研实际需要，综合运用几种方法，做到定量研究和定性研究相结合，坚持价值中立，从而客观、全面、真实、有效地认知社区。

三、任务拓展

（1）搜集社区信息调查的原始材料。包括：1）社区的基本资料，如人口、地域、环境设施、组织文化等；2）社区类型信息；3）社区发展条件和需求状况信息。

（2）拟订社区信息的调查计划：调查计划应包含调查目的、调查时间和人员安排、调查对象和采用的调查方法、调查经费预算等。

（3）制作社区调查问卷。常用的调查问卷应包含封面信、指导语、问题、答案、编码等内容。

四、任务小结

（一）坚持科学严谨的态度

调查者到社区进行信息资料的调查和搜集，必须坚持科学严谨的态度。科学严谨的态度就是坚持价值中立，客观、全面、真实、有效地获取资料。

（二）遵奉调查研究的职业道德

在调查过程中要充分尊重调查对象，如调查前要征求对方的同意，确保其不欺骗、不隐瞒，调查结束时要对调查对象表示感谢等；要保护调查对象的隐私权。对用于调查研究统计分析的资料，凡属于私人、家庭单项调查的，应严格遵守规定，非经本人同意，不得泄露。

（三）确保调查问卷科学有效

调查使用的问卷或者调查提纲的问题要科学、有效，切忌运用晦涩难懂的专业术语，以免影响调查的效度。问卷一般应限制在 30 分钟内完成，封闭性和主观性题目相结合，不宜设计过多需要对方回忆、计算或者过度牵涉隐私的问题，以防调查对象知难而退或应付。

任务二　了解社区管理与服务

任务解析

了解社区基础知识，掌握社区管理与服务的含义与特征，熟悉我国社区管理与服务的运行机制以及实践模式，并思考我国社区管理与服务模式应如何发展创新。可通过实地观察、访谈、文献调查等方法获取资料，加深对社区管理与服务模式的理解。

基础知识

一、社区管理与服务概述

（一）社区管理与服务的含义

社区管理与服务是指在社区领域内，由社区基层政权组织、社区企事业单位、自治组织、中介组织以及居民组成的利益主体，运用一定的方法，对社区公共事务和公益事业进行管理服务的过程。

（二）社区管理与服务的主体

社区管理与服务的主体主要有以下几种：一是作为主导的街道党委和政府派出机构——街道办事处；二是政府各职能部门在社区的派出机构，如税务所、司法所、警务室等；三是驻社区的各种企事业单位，如物业公司、医院、学校等；四是广大社区居民及居民自治组织。

（三）社区管理与服务的具体内容

我国社区管理与服务的具体内容涉及地域性、社会性、群众性、公益性等诸多方面，其范围之广，囊括科、教、文、卫、体以及经济、治安等众多领域。如果从社区建设的功能角度考察社区管理与服务，其内容主要包括社区人力资源、社区组织、社区社会保障、社区文化与教育、社区卫生与环境、社区物业、社区治安、社区宣传与档案、社区法律服务等方面。

（四）社区管理与服务的性质

社区是由社区成员通过各种维系力量联系起来的共同体，按照我国相关法律的规定，社区应当实行居民自治。这种自治，首先是一种居民的自我管理；同时，由于我国的国情，当前推进社区自治还需要政府的主导，政府在这一过程中还要兼顾社区自治，使其与政府调控适当结合。

（五）社区管理与服务的特征

1. 区域性特征

社区是居住在某一特定地区的一群人或这些人生活所在的地区，因此社区具有地域性特征。社区管理与服务的具体内容基本上局限于社区的范围之内，管理与服务的方式是发动社区内的各类管理主体一起自我管理、自我服务。这种管理主体和管理对象的同一性使社区管理与服务具有非常明显的区域性特征。

2. 层次性特征

社区管理与服务主要分为两个层次，第一个层次是当前社区管理与服务的主导力量是基层的党组织和政府，主要是街道党工委和街道办事处，主要包括以下三个方面的工作内容：按照法律规定，落实社区的居民自治；在日常工作中，对经过民主选举的社区居民委员会依法进行工作上的指导，同时将政府的管理事项落实到社区，并协调相关的组织和管理主体形成社区管理的合力；对社区居民委员会进行必要的考核。第二个层次是社区居民、社区组织自我管理、自我服务。

3. 互动性特征

社区关系建立在各社区成员之间的平等关系的基础之上，每个社区成员既是管理主体又是管理对象。这种社区管理模式主要是社区成员共同参与的平等、互利、互助式的自我组织、自我服务、自我管理的模式。解决社区的矛盾和困难的主要方式是社区成员的互助行动。

4. 复杂性特征

随着城市化进程的加快，社区居民的成分日益复杂化，这就使社区管理与服务具有了复杂性特征，具体表现在以下几个方面：社区人口密度大，社区成员身份日益复杂；社区成员的异质化程度高；社区成员之间缺乏沟通、认同和互助。

5. 综合性特征

综合性特征体现在两个方面：社区成员的数量多，成分复杂，差异性强，社区管理与服务需要社区主体的共同参与；社区管理与服务需要发挥社区的各种功能。

6. 动态性特征

社区管理是一种过程，在不同城市和社区，不仅它的起点不同，而且路径也不一定一致，同时它的动态性及过程性特别突出。因此，社区管理与服务还不是一个稳定的、成形的管理形态，而是处于进行中、完善中的状态。从总体上看，我国城市的社区管理与服务正处于一个变革时期，虽然其目标和任务已经确定，但成形和完善还有待时日。

（六）社区管理与服务的目标

社区管理与服务的目标是促进社区的和谐发展，满足社区居民的物质和精神文化生活需求，全面提高社区居民生活质量和社区居民素质，从而促进全社会的和谐与进步。社区管理与服务的最终目标是走向自治。

二、社区管理与服务模式

具体到每个社区的管理与服务，由于各自地理、经济、社会、人文传统和风俗的差异，通过不同的手段、方式、体制来实现管理目标，就会形成各具特点的社区管理与服务模式。

（一）我国现有的社区管理与服务体制

在社区建设实践中，我国城市基本形成了“两级政府、三级管理、四级落实”的管理体制。“两级政府”是指市、区两级政府；“三级管理”是指市、区、街道的管理；“四级落实”是指市、区、街道、社区居委会四级的组织落实。“二三四”管理体制的重点在于加强街道和社居委的建设，关键在于市、区两级政府要逐步放权给街道，建立责任统一、条块结合、以块为主的管理体制。

（二）我国典型的社区管理与服务模式

根据我国社区现状和管理活动的主体差异性，可将我国社区管理与服务模式分为以下几种类型。

1. 政府导向型管理模式

政府导向型管理模式又称行政主导型社区管理模式。这种管理模式是以加强党委、政府的统一领导为核心，以强化民政部门的主管职能为重点，以增强各部门的协调和社会各界的参与为基础的行政主导型模式。其实质是为强化基层政府的行政职能，通过对政治、社会资源的控制实现自上而下的社会整合；其社区管理范围一般为街道行政区域。这种模式的优点在于，凭借坚实的政治、经济资源，条块结合、以块为主的行政管理网络在社区建设中发挥主导作用，政府包揽所有社会管理职能，有利于城市管理的整体推进。缺点在于，这种政府办社区的方式，由于有“全能政府”“社区单位”之嫌，抑制了民间的活力，从而降低了政府的工作效率，增加了政府的财政负担，政府机构有再度膨胀的趋势；从长远来看，对一些经济基础相对较弱的城市而言，实行这种模式也心有余而力不足。

2. 半行政半自治型管理模式

半行政半自治型管理模式又称混合型社区管理模式，即把政府行政性的管理与居民自治性的管理结合起来，“政府依法行政、社区依法自治”，政府在社区管理中既不“缺位”，又不“越位”，遵照“权责统一、事费统一”的原则行事。这种模式便于实施，也易于接受，然而政府与居民委员会之间“指导与服务、协助与监督”的关系却不易把握好“度”。

3. 市场导向型管理模式

市场导向型管理模式又称企业主导型模式。实现社区管理从行政化管理为主向市场化经营为主的转变，既发挥了企业在市场发育日益充分的条件下运用市场配置社会资源的优势，又克服了政府负担社区管理经费的缺陷。但这种市场化运作的管理模式毕竟不能覆盖社区中的社会管理和行政管理，所以还不能称其是一种完全意义上的社区管理，其地域范围一般只为封闭性的小区。

4. 社会导向型管理模式

社会导向型管理模式又称为社区居民自治模式，主要是指以社区居民为核心，联合社区内各种主体组织、机构，共同参与社区事务的管理，实行真正的民主自治管理的一种模式。这种模式的优点是能够调动社区内居民广泛参与社区事务的积极性，使社区居民真正成为社区的主人，管理自己的事务，有利于形成社区居民对社区的认同感、归属感，也有利于形成良好的社会风尚，避免了“全能政府”的难以为继和市场的间或失效。此外，从经济的角度看，社区居民自治还是一种管理成本较低的管理模式；从政治的角度看，社区居民自治有利于推进基层的民主建设，有利于保障公民的政治参与度，有利于造就新一代的公民。其缺点在于，从现阶段社区管理实践来看，离开政府的引导，离开法律的规范，社区自治有“流于形式、纸上谈兵”之嫌。

5. 街道级“大社区”模式

此模式体现了由传统街居管理模式向现代社区治理模式的转变。与现行“区—街镇—社区”三级管理层级相比，此模式减少了行政管理层级，将原来由街道办事处承担的对居民各类事务性管理的职能直接延伸到社区，将原来居委会承担的行政职能“剥离”出来，由社区一站式服务大厅承担。在管理体制上，则实行“一级管理、居政分离”，最大限度地精简管理层级，变“街道—社区”两级管理为大社区一级管理。此模式是半行政半自治型管理模式的优化。

上述几种模式的界定只是相对的，相互之间存在交叉。目前，城市基层的政权结构、社会结构都处于动态的演变过程中，各种社区管理模式的形成与发展都是我国正处于社会转型期这一特定条件下的产物，归根结底不能脱离不同地区、不同社区的具体条件和客观实际。

案例链接

方兴社区的“大综管”模式

方兴社区是安徽省合肥市第二个街道级大社区，总面积 11.8 平方千米，规划人口 22.5 万人。2015 年 5 月成立以来，已构建起社区党委、社区共治理事会、社区服务中心“一委一会一中心”组织体系，以新型社区制取代传统街居制，走出了一条基层治理创新之路。

方兴社区坚持“公意引领、多元共治、居民自治”的治理理念，将社会工作融入社区治理。在社会服务平台的搭建上，成立社会服务中心及各小区层面的社会服务站，委托专业社会组织运营，推动基层社会工作体系化、规范化、品牌化建设。建设“睦邻生活馆”，打造居委会自治服务载体。引入社会力量多元参与的模式，项目化运作为居民提供“量身定制”的服务，拉近邻里距离，激发自治活力。在多元共治路径的探索上，成立社区共治理事会，链接各类资源，搭建社区“共驻、共建、共治、共享”的主平台，促进辖区单位和居民参与社区事务和公益服务。在居民自治项目的开展上，按照“居政分离、居民自治”原则，通过社工介入居民自治，逐步形成“社区—社会组织—社会工作—社会资本—社区自治”的“五社联动”微治理模式，成立全省首个以 PPP 模式组建的“乐治方兴”专项基金，开展社区微公益创投，实现社区多元共治与居民自治互促互融。

以“十分钟管理全覆盖”为目标，方兴社区推进“大综管”改革，实施“大共治”：新增协调管理、共享服务、社会创新等共 30 项相应责任模块，通过细化工作模块，提高数据服务的精准化力度；与专业技术公司合作，建立方兴社区统一化门户系统平台，梳理了 45 项城市管理事项，设置“大共治”二维码 4 150 个，驻地单位和党员群众可通过手机扫描“大共治”二维码，“一键”反映发现的相关问题，综管队员们也可以手持终端第一时间了解具体情况，及时到场跟进处理；依托睦邻生活馆和商户自律组织及社区共治理事会建设“大共治”工作站，整合各居民区 86 个居民小组、239 位楼长、1 200 名物业保安、约 6 000 名当地党员和志愿者等骨干力量，通过划分责任片区，开展主动巡查，“零距离管理全方位”格局日渐凸显。

2018 年，方兴社区“大综管”模式荣获长三角城市治理最佳实践案例“优秀案例奖”。

资料来源：范天娇，吴赛澜. 方兴社区的“大综管”模式. 法制日报，2019-05-26 (03).

任务实施

一、任务内容

本次任务的内容是采集方兴社区管理与服务工作的基本信息。下面列举运用文献调查和实地观察等方法采集到的方兴社区具体工作岗位及其工作内容信息，见表 1-6。

表 1-6　方兴社区具体工作岗位及其工作内容

工作岗位	工作内容
社区书记	领导方兴社区党委全面工作
社区主任	领导方兴社区服务中心全面工作
社区副书记	负责组织、党建、纪检、审计、社区共治理事会、人事、编制、档案、效能建设等工作，联系区人大、区政协
社区副主任	负责统战（民族宗教）、综治维稳信访、司法、防邪、流动人口和出租房屋管理、打击传销、武装、住房和城乡建设（物业管理、交通运输）、市场监管、安全生产、教育体育、消防、人防（民防）、应急管理、法制、工会、共青团、妇联、关心下一代、老干部等工作
社区副主任	负责民政（双拥、老龄）、社会事务受理、社会组织培育和公益项目、劳动和社会保障、科技、残疾人、人口与计划生育、卫生等工作
社区副主任	负责宣传、网格化、信息化、智慧社区建设、文化、文明创建、环境保护、农林水务（园林绿化、防汛抗旱、气象）、财税（招投标、政府采购、国有资产管理、协护税）、民生工程、发展改革、经济促进、统计、商务、旅游、招商引资等工作，联系区工商联

方兴社区还内设四个机构，即综合协调部、群众工作部、社会事务部、城市管理部，分别由社区各领导分管。

二、任务操作

确定调查地点和调查小组成员，就调查事宜做好协调安排→拟定社区调查提纲→调查前上网查询社区具体信息，了解社区基本情况→运用合适的调查方法搜集信息→回收和汇总调研信息资料→建立社区工作内容表格。

三、任务拓展

（1）选择自己熟悉的社区，调查搜集其管理与服务的常见内容，制作一份详细的工作内容表格。

（2）在熟悉工作内容的基础上，进一步探究和归纳该社区的管理与服务模式。

四、任务小结

（一）认真对待资料审核工作

资料审核是保证统计数据的准确性及调研报告质量的关键点。必须在统计分析和信息加工之前，甚至在调查过程中就要仔细地审核材料，坚决纠正或淘汰不合格的资料，保证资料百分之百的真实、全面、可靠，这是保证研究工作顺利进行的重要基础。

（二）对待抽象知识点要多用详细案例解析

社区管理与服务模式这部分知识较为抽象、难懂，要考虑高职学生的实际学习情况，有针对性地选取经典案例，通过案例解析理论，让学生更好地理解理论知识。

项目练习

一、填空题

1. 社区的基本构成要素有__________、__________、____________、____________。

2. 社区的基本功能有______________、______________、______________、_______________、______________。

3. 在社区建设实践中，我国城市基本形成了“两级政府、三级管理、四级落实”的管理体制。“两级政府”是指____________、____________两级政府；“三级管理”是指____________、____________、____________的管理；“四级落实”是指____________、____________、____________、____________四级的组织落实。

二、名词解释

1. 社区

2. 社区管理与服务

三、简答题

1. 社区有哪些基本类型？

2. 我国社区管理与服务的具体内容有哪些？

3. 我国典型的社区管理与服务模式有哪些？

项目二

社区队伍建设与人力资源管理

学习目标

知识目标：了解社区工作者的含义、工作内容和素质要求，了解社区人力资源管理的含义与特征。

能力目标：通过对社区岗位的分析和人力资源知识的学习，掌握社区人力资源培训和绩效考核的方法，提升从业人员的工作水平。

案例导入

浦东新区社会工作协会开展第一轮社区工作者骨干人员培训

2018年11月11日，浦东新区洋泾“891公益坊”大礼堂里，来自全区36个街镇的108位社区工作者参加了由上海市浦东新区民政局主办、上海市浦东新区社会工作协会承办的“2018年第一轮社区工作者骨干人员”培训，浦东新区民政局副局长徐红亲临培训现场做开班动员。徐副局长分析了当前社区治理形势与社区工作者所面临的挑战，并对参训学员提出了殷切期望。希望学员们能珍惜这次难得的机会，认真领会课程精髓，内化于心，将所学知识运用到实际工作中去。

上午，上海市民政局基政处处长章淑萍以“社区治理分类指导与居委会条例解读”为主题做了报告。她从“今天，我们生活的时代”到“我们生活的社区”再到“社区的治理”，由浅入深、层层分析，并对社区分类治理提出了针对性的对策和建议；在“基层法治保障”方面，章处长详细地介绍了《居委会工作条例》的创新亮点和主要内容。下午，原上海市民政局局长马伊里受邀做了题为“共治与自治——激活社区可持续发展的动力机制”的议题分享。他指出，自治、协同、共享将成为未来社区治理的主题，激活社区发展的动力机制也是基层治理的着力点。整个下午，学员们听得津津有味，深深地被这位社会工作推动者和倡导者的个人魅力所折服。

此次培训形式灵活多样：集中式讲座和小班化学习相结合，还通过分组讨论、现场体验等环节来提高学员们的学习参与度；课程内容丰富：既有宏观政策的解读和社区工作实质的剖析，又有平时社区工作中经常涉及的党建工作、居民调解、志愿者发动、社区沟通、法律风险防范等方面工作技巧的传授；师资结构更为多元：由来自政府、高校、实务界等不同领域的领导、专家和一线工作者组成的实力雄厚的讲师团队，强调理论与实务相结合。

资料来源：上海市人民政府. 浦东新区社会工作协会开展第一轮社区工作者骨干人员培训. (2018-11-11)[2020-04-09]. http://www.shanghai.gov.cn/nw2/nw2314/nw2315/nw15343/u21aw1348851.html.

思考： 对于促进社区工作者队伍发展，你有什么建议？

思维导读

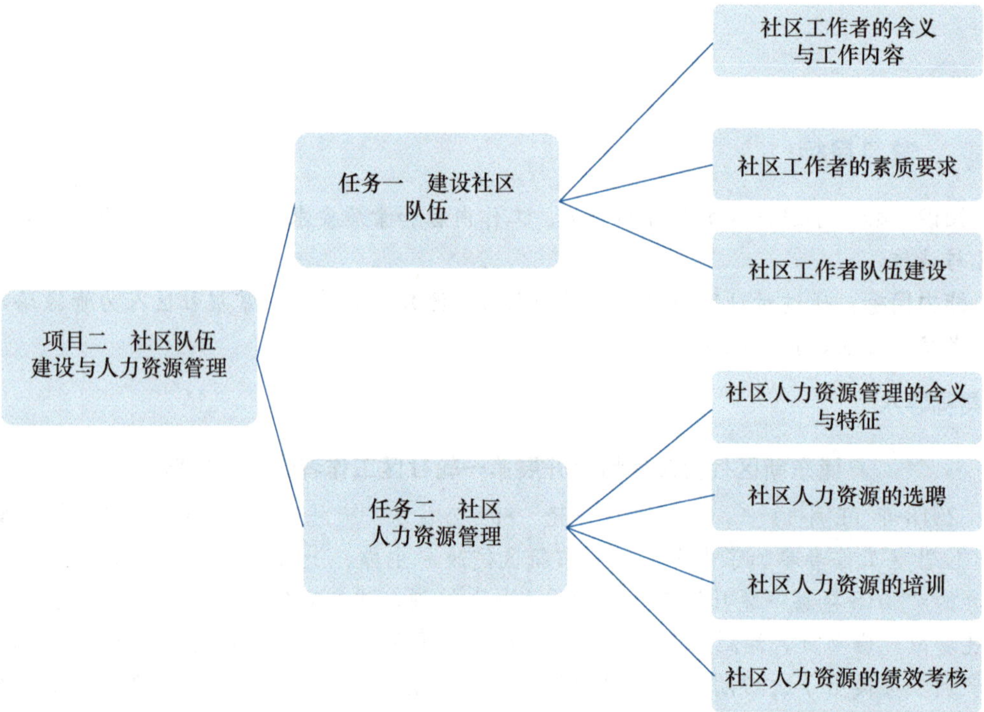

任务一　建设社区队伍

任务解析

为更好地发挥社区工作者的作用和力量，必须对社区管理层面的职位进行定义分析，明确相应的职位或角色的任务、职权以及完成工作所需要的技能、知识、能力等素质。

基础知识

一、社区工作者的含义与工作内容

（一）社区工作者的含义

社区工作者在专业社会工作领域中是指受雇于政府机构，或者非营利的社会福利机构，在社区中运用社区工作方法，组织社区居民，动员社区资源，解决社区问题，促进社区进步和发展的专业社会工作者。

从广义上看，社区工作者可以包括专职、兼职工作者以及志愿者；从狭义上看，社区工作者仅指以社区工作为主要事业的专职工作人员。

（二）社区工作者的工作内容

社区工作者种类较多，这里主要介绍社区专职工作者的工作内容，包括社区文化与教育工作、社区卫生与环境工作、社区物业和治安管理、社区社会保障工作、社区宣传与档案工作、社区法律服务工作等。

二、社区工作者的素质要求

社区管理与服务工作所涉及的工作领域、工作技巧、居民需求等问题都非常复杂，社区工作者应当具备良好的素质才能适应工作要求。一名合格的社区工作者应该同时具备专业的价值观、系统的知识结构和良好的专业技能。

（一）专业的价值观

社区工作的价值观主要包括重视人的尊严和价值、追求社会公平正义、以制度为取向、强调民主参与、强调互助与社会责任感。具体表现在以下三个方面：第一，社区工作要以人为本。这要求社区管理人员从社区居民的需要出发，运用专业的社区工作方法开展工作。第二，社区管理人员必须具备社会责任感，以社区和居民群体为对象，以必须完善和发挥工作对象的社会功能为己任。第三，社区管理者应重视居民的参与。居民的广泛参与是社区工作取得成效的根本保证。注意掌握社区居民的参与动机，提升居民的参与热情，从而推动社区活动顺利开展。

（二）系统的知识结构

社区工作者的知识结构至少应当包括三个部分：第一，社区工作自身的理论体系和实务模式。社区工作作为主要的社会工作方法之一，具有一套独特的工作原则、步骤和方法，社区工作者必须首先了解自己工作的特殊性和特点，掌握基本的专业理论知识和技巧。第二，相关行为科学及社会科学的知识与方法。现代社会工作在专业化过程中，吸收了现代科学成果，如心理学、精神医学、政治学、社会学、经济学、教育学等知识。第三，社会背景知识。较全面、深入地了解一般社区结构、服务性事业及公共或私人机构的功能特点，并熟悉社区生活习俗，适应工作环境，有助于建立积极的社会关系。

（三）良好的专业技能

1. 社会工作专业方法

社会工作专业方法包括个案工作、小组工作、社区工作、社会行政和社会研究等。社区工作者面对的是整个社区的居民，要通过专业的技巧和方法对社区事务和人际关系进行有效、有序的协调，使社区保持健康的状态和良性的发展。

2. 沟通能力

社区工作成功与否，在很大程度上取决于社区工作者能否取得社区成员的信任，能否与社区组织建立全面的合作关系。社区工作者既要与社区内外的组织机构打交道，也要与社区成员共同学习、讨论和工作，需要具备良好的沟通能力，这是社区工作者的基本能力要求。

3. 组织能力

社区工作也被称为“社区组织”，也就是说社区工作是一种运用组织方法的干预或互动过程。社区工作者运用组织动员手段来协助居民认识社区的整体需要和目标，通过计划方案和专门机构协调、整合社区成员、团体或机构，挖掘和利用社区内外资源，满足社区需要，实现社区目标。

三、社区工作者队伍建设

近年来，我国社区工作者队伍建设成效显著，但同时也存在一些不容忽视的问题，如数量不足、工作任务繁重、职业认同感低、人才流失严重、薪资待遇差等。而我国社区工作涉及面广、工作任务繁重，需要一大批专业化的社区工作者，因此努力建设一支专业化、高水平、高素质的社区工作者队伍是做好社区工作的人力基础。做好社区工作者队伍建设，主要应从以下四个方面着手。

（一）加强党对社区工作人才队伍建设的领导

我国是人民当家做主的社会主义国家，党是各项工作的领导核心。社区党委应当重视城市社区工作者队伍建设，合理进行岗位开发与配置，为社区工作者队伍建设提供政策依据和制度支持。同时，对在职社区工作者进行引导教育，帮助社区工作者明确自己的角色定位，了解社区工作者与一般志愿者的区别所在。

（二）转变政府职能，制定和完善相关政策，为社区工作者减负

发展社区组织，激发社会组织的活力，不断改进政府提供公共服务的方式，通过购买服务等方式，充分调动社会力量来参与社会服务。转变政府治理方式，减少或取消社区和社区工作者承担的行政负担和行政责任，使社区工作者能够把主要精力用于研究解决社区建设和社区发展问题，为广大居民群众提供优质的专业化社区服务。在政策上明确专业社区工作者的范围，对社区工作者队伍实行分类管理，针对社区干部、社区工作者、社区志愿者分别制定相应的管理办法。

（三）建立和完善社区工作者的上岗机制和教育培训制度

引进优胜劣汰机制，按照能者居上的原则，对社区工作者全面实施公开选拔、竞争上岗机制，完善优胜劣汰、能进能出的选人用人机制。加大社区工作者的招考力度，拓展社区工作者的上升空间，加大竞争力度。加大对社区工作者专业知识和专业技能的培训，整合资源，加大投入，建立健全经常性、制度化的培训教育机构，全面提高社区工作者的思想政治素质和专业技能水平。

（四）提高社区工作者的薪酬福利待遇，改善工作环境

建立和完善社区工作者薪酬福利待遇体系，积极探索符合实际的社区工作者晋升、奖

惩制度，调动社区社会工作者的积极性。借鉴国内外社区发展和建设的经验，伴随城市现代化的发展，可考虑在社区兴办社会性的中介组织和多种类型的基金组织，积极发展民间慈善机构，广泛吸纳国内外闲散资金，大力鼓励企业、私人、团体等资金投入社会公益事业中，多渠道筹措社区发展资金，解决政府财政投入相对不足的问题，用以改善社区工作者的待遇和工作条件，调动社区工作者的积极性和创造性。

案例链接

平凡岗位 自有精彩——一位文明创建工作者的一天

作为城市管理和服务的“神经末梢”，社区就是一个小社会，社区的工作包罗万象，上到宣传党的方针政策，下到居民家中的鸡毛蒜皮。所以，对于一名社区工作者来说，想要把这些工作都干好，就要倾注大量的精力和情感，用心来做。在工作中，他们不能有丝毫马虎，一天的工作时间里，几乎忙得团团转。记者走近五星街道印汽社区书记柏玉红，选取几个工作片段，体验社区工作者的一天是怎样度过的。

走坏一双鞋，创建文明社区无“盲点”

早晨7点钟刚过，离上班时间还有1个多小时，柏玉红早早来到办公室，换上运动鞋。“创文开始那天，我特地买了双运动鞋，专门用来走路巡查。”8点15分，离上班时间还有15分钟，柏玉红的笔记本上已经密密麻麻记录了整整3张纸的整改之处。“无论是刮风下雨还是晴天烈日，都要这样在社区走上一圈，发现有不到位的地方，就记录下来。”柏玉红说。

等社区所有工作人员到齐后，大家围桌而坐，对照各自的网格点，分析问题解决办法。“五星小区虽然有物业公司，但是作为市区较早开发的小区，小区环境存在先天不足，今天早上，已经和物业公司协商，要进行小区绿化除草作业，但路面车辆较多，部分车辆还停放在草地上，给施工带来困难。”五星小区网格点组长朱文丽说。

“到社区居民登记表里调取居民资料，实在有困难的，请社区民警和物业公司一起帮忙，在警务平台上联系业主挪车。”柏玉红说，“在今天的巡查中，请再重点检查一下辖区内的创文宣传标语、宣传栏的情况，有损坏的立即拍照登记进行维修。晚上下班后，再汇总。”

“社区面积较大，居民小区多且分布广，所以各种创文的公益广告也很多，整个社区有广告牌36个、显示屏17块、道旗128面、提示牌36个，所有这些标示标牌，我们每天都要巡查一遍，新鞋也开线了。”柏玉红说道。

“三心”化难题，打好征收战

“市交通局东侧地块的征收工作已经到了攻坚阶段，为了更好地开展这项工作，指挥部决定就目前的小组分工进行适当调整，由柏玉红担任征收2组组长，负责6户……”上午9点，在市交通局东侧地块征收指挥部内，当天的例会已经开始，指挥部负责人正在进行相关工作安排。柏玉红由于在前三期征收工作中表现出色，被指挥部安排到这次征收难度较大的2组。

“既然组织上交给我这个任务，那就是信任我，不管困难有多大，我都会和我的组员们一起，以女性特有的细心、耐心和真心化解工作中的难题，全力以赴，保证完成任务。”例会上，柏玉红并没有因为征收难度大而退缩，而是主动接过任务，立下“军令状”。

会议一结束，柏玉红就带着小组成员赶往现代华庭小区四号楼1101室陈万金老人家。“虽然任务刚分配，但对于这个地块上所有被征收户的情况，我都事先摸排过，陈老爹情况较为特殊，年纪较大而且患有食道癌，所以行动不便，我们都是上门去找他交流，向他宣传征收政策，就省得他来指挥部。”一路上，柏玉红向记者介绍被征收户陈老爹一家的情况，“前期我就已经和他对接了十多次，今天再去，主要是看看他的身体，看看有没有什么需要帮助的。”

“老人年纪大，不会使用门禁对讲系统，所以我们每次来，都是从楼梯爬到11楼，老人家对此也深感过意不去，多次表示要自己来指挥部，但都被我们婉拒了。”爬上11楼，站在陈老爹家门口，柏玉红一只手撑着左膝，另一只手扶着扶梯对身边的组员说：“在群众面前一定要保持最好的精神状态，我们休息调整1分钟再进去。”

从陈老爹家里出来，已经过了上午11点，“还有几户我也沟通协调过，白天都上班，约好晚上再去，现在我得赶去社区服务大厅，有几件急事等着处理……”

做个“热水瓶”，温暖一片人

11点20分，柏玉红一只脚刚踏进办公室，还没来得及喝上一口水，印汽新村18号楼306室的刘德扬就吵着说：“如果社区不给个说法，我今天就待在这里不走了。”

仔细听了刘德扬的一通抱怨，柏玉红算是明白了，原来，刘德扬是为了解决他和楼上邻居的矛盾而来的。顶楼住户刘刚家的自来水管破裂了，水顺着下水道、楼板漏到了楼下的刘德扬家里，而刘刚在外地工作并不知情。

“你别急，你看，现在快12点了，我现在就联系社区的水电工，去你家检查一下电路，先确保中午做饭用电安全，然后由我来联系刘刚，让他或者他的家人下午回来，见面谈相关损失赔偿事宜，你看好不好?”柏玉红安抚刘德扬说。刘德扬见社区提出了明确的解决办法，就没再说什么，先回去了。

因为有些片区没有物业公司，所以原本该由物业公司处理的事情就落到了社区。

下午2点半，按照上午的约定，大家都来到刘德扬家。“都是十几年的街坊邻居了，抬头不见低头见。你们要是信得过我，就让我来调解。”柏玉红首先发话了，“刚才我仔细看过，墙面受潮，地面积水，这些我们大家一起帮着打扫干净，电器部分，中午电工师傅检查过只是表面有水，内部并没有损坏，要是不放心，可以请售后服务人员再来检查一下。刘刚是社区的困难户，收入不高，要赔偿也比较吃力，但当务之急是今天必须把破损的水管更换好。你们两家看这样解决是否可行?”两家人看到热心的柏书记忙前忙后，也不好意思再为难，一起矛盾就这样解决了。

柏玉红说：“每天都会碰到这样的邻里纠纷，我们就要做个‘热水瓶’，温暖一片人，让大家和和睦睦地生活。”

资料来源：搜狐网. 平凡岗位 自有精彩——一位文明创建工作者的一天.（2017-03-25）[2020-04-08]. https://www.sohu.com/a/130221534_433831.

任务实施

一、任务内容

本次任务的内容是制作社区居委会各岗位工作人员职务说明书。制作说明书时，一定要深入社区的工作岗位中去，仔细观察，了解工作人员的工作条件、内容和环境等；还要深入工作现场，事先拟定一份结构化访谈提纲，对工作人员进行细致的访谈，获得准确的岗位职务信息。说明书格式参见表 2－1。

表 2－1　社区居委会各岗位工作人员职务说明书

<table>
<tr><td colspan="2">职位名称</td><td>社区工作者</td><td>所属部门</td><td>社居委</td></tr>
<tr><td colspan="2">职位等级</td><td></td><td>薪金标准</td><td></td></tr>
<tr><td colspan="2">上下级关系</td><td colspan="3"></td></tr>
<tr><td colspan="2">填表日期</td><td></td><td>核准人</td><td></td></tr>
<tr><td colspan="2">主要职责</td><td colspan="3">(1) 贯彻执行党的路线、方针、政策和国家法律、法规，教育居民遵纪守法，自觉履行依法应尽的义务；
(2) 实施本社区居民（代表）大会的决议，办理本社区居民的公共事务和公益事业，维护居民的合法权益；
(3) 组织、协调社区单位开展区域性共建活动，团结并带领社区居民开展精神文明建设活动，积极调动社会力量开展便民利民的社区服务活动，努力构建管理有序、文明祥和的新型社区；
(4) 做好社区居民的思想政治工作，积极反映社区居民的意见和建议；
(5) 协调政府及有关部门做好与社区居民利益有关的社会治安、公共卫生、劳动保障、帮扶救助等相关工作</td></tr>
<tr><td rowspan="5">任职资格</td><td>政治素质</td><td colspan="3">(1) 严格遵守国家的法律、法规，认真贯彻党的路线、方针和政策，规范执行政府的各项规章和决定，思想上进，政治素质好，责任心强，热心为居民服务，具有一定的政治理论水平和宣传教育能力；
(2) 具有全心全意为人民服务的思想，具有较强的组织纪律观念，服从组织分配，恪守职业道德</td></tr>
<tr><td>文化知识素质</td><td colspan="3">(1) 大专以上文化程度；
(2) 熟悉社区工作自身的理论体系和实务模式；
(3) 了解相关行为科学及社会科学的知识与方法；
(4) 具备社会背景知识</td></tr>
<tr><td>业务素质</td><td colspan="3">(1) 能较系统地掌握社区工作业务知识、基本理论和办事程序；
(2) 具有较好的组织协调能力和沟通能力，能独立承办岗位工作事项，妥善处理社区工作中遇到的各种问题；
(3) 熟练掌握计算机应用技能；
(4) 有一定的文字写作能力</td></tr>
<tr><td>责任与伦理</td><td colspan="3">以人为本，回应需要；接纳和尊重；个别化和不批判；平等待人，注重参与；个人潜能与社会发展相结合；隐私与保密；民主自觉参与；助人自助</td></tr>
<tr><td>特殊要求</td><td colspan="3">(1) 社区党组织书记、党务工作者须是中共正式党员，社区党组织书记年龄一般应在 45 周岁以下，在居民群众中有较高的威信和较强的组织协调能力；
(2) 凡年龄在 45 周岁以下的社区工作者须持有市级以上相关部门颁发的计算机操作等级证书；
(3) 从事劳动保障工作的社区工作者，需取得省劳动管理岗位资格证书；
(4) 取得国家认可的社会工作师、助理社会工作师资格的，在同等竞聘条件下优先录用、晋升职务</td></tr>
</table>

续表

工作条件	工作场所	办公室、小区、街道等行政部门以及家庭入户等
	环境状况	一般
	工作设备	办公台、电脑、电话、文件柜、文件架等
	危险性	基本无危险，无职业病风险

二、任务操作

制作职务说明书的步骤如下：

步骤一：社区管理类各岗位信息的初步调查。浏览街道、社区居委会已有的各种管理文件，并和主要管理人员交谈，对社区管理中各岗位的主要职责和工作流程有大致的了解。

步骤二：工作现场的初步观察。对关键的或陌生的工作岗位，初步观察工作人员的工作条件、工作内容和工作环境等。

步骤三：深入访谈。根据以上了解的职务信息，制定一个详细的结构化访谈提纲。确定关键职位和关键人物，进行深入访谈。

步骤四：工作现场的深入观察。深入工作现场，主要是为了澄清、明确或进一步证实全面获取的职务信息。

步骤五：职务信息的综合处理。

步骤六：完成职务说明书的撰写。

三、任务拓展

结合居委会的相关文件，并在社区实地调查的基础上，制作一份关于社居委主任的工作职务说明书。

四、任务小结

社区工作涵盖的内容非常丰富，居民的社区需求日益高涨，专业性和规范性不强的服务队伍不能明确岗位职责和任务分工，不利于社区工作的开展。因此，学生在学习这一任务内容时，要学会对社区工作岗位进行分析，明确工作职责，有针对性地提高自身综合素质。

任务二　社区人力资源管理

任务解析

社区工作人员管理包括选聘、培训和绩效考核等内容。选聘环节是从入口提升工作人员的素质，培训和绩效考核是从工作过程中提升工作人员的技能。本任务不仅强调提升工作主体的素质，而且强调通过各种管理来实现对社区工作人员的合理任用、科学考评，从而调动工作人员的积极性和创造性。

基础知识

一、社区人力资源管理的含义与特征

（一）社区人力资源管理的含义

社区人力资源管理是指为实现社区最优绩效目标和社区工作者的自身发展，社区通过相关的法规、制度、方法和手段，对社区工作者进行的规划、岗位分析、选拔、任用、激励、培训、考核等一系列管理活动的总和。

（二）社区人力资源管理的特征

1. 公开性

社区人力资源管理本质上是居委会权力与社区互动的过程。在这一过程中，社区居民与居委会是委托与代理的关系，即居委会接受居民的委托，代表居民去做有关人力资源管理的工作，并且向居民负责，同时接受居民监督，因此，这就决定了社区人力资源管理必须具有公开性。

2. 服务性

服务性是社区人力资源管理的基本属性。社区人力资源管理不像企业组织那样为本企业谋取利益，而是为了提高整个社区居民的素质；也不是为社区自身谋取利益，而是为全体社区居民提供服务、为社会公众谋取公共利益。

3. 复杂性

社区人力资源管理受到社区工作的多样性、社区治理的参与主体多元化等因素的影响，管理工作较复杂。

4. 稳定性

与企业组织相比，社区具有相对稳定的特点，即社区的结构很少发生变化，管理模式也很少发生根本性变革。

二、社区人力资源的选聘

（一）选任

社区工作者可以按照《中国共产党章程》和《中国共产党基层组织选举工作条例》以及《中华人民共和国城市居民委员会组织法》的有关规定参加选举，竞选社居委主任、副主任和委员等职位。

（二）招聘

社区招聘工作坚持公开、平等、竞争、择优和德才兼备的原则，按照组织报名、资格审查、笔试、面试、体检、用人部门考察、公示、聘用的程序进行，面向社会公开报名、统一考试、择优聘用。应聘人员一般要求年龄在35周岁以下，具有国家承认的大专及以上学历，具备一定的组织协调能力和相关社区业务知识。应聘考试一般分为笔试和面试两个环节，应考人数与聘用人数的比例应不低于3∶1。笔试主要测试应聘者的公共基础知识以及相关社区业务知识的掌握情况，面试主要考核应聘者的语言表达能力、综合分析能力、责任感与进取心、应变能力、仪表气质等方面的综合素质。

三、社区人力资源的培训

社区人力资源是社区建设的重要力量，要把这支队伍打造成为专业化、效率高、具有全方位综合素质的高水平人才队伍，必须在以下几个方面进行培训。

（一）社区工作者的业务素质培训

业务素质培训的内容包括社区政策的分析能力、基层动员的能力、综合社会服务的能力等，这些能力是社区工作者必须具备的素质能力。

（二）社区工作者的学历培训

对于社区工作者来说，进行学历培训也是很有必要的。学历培训方式一般有两种：一是社区与高校联合进行，这种培训一般可由街道办事处或当地政府组织；二是社区工作者到相应的高等学府进行培训。通过学历培训所获得的成果通常由社区和社区工作者共同享有，因此此类培训的费用可由社区和个人共同承担。

（三）社区工作者的技术和技能培训

随着社会的进步和科学技术水平的进一步提高，社区必须引进现代化的管理手段，如社区信息化管理系统等；同时，高速发展的科学技术迫使社区工作者必须学习新的技术。技术与技能培训是实用性很强、现实效应十分明显的培训，社区应有规划地结合所引进的新设备和新技术的特点，对社区工作者进行培训。

（四）社区工作者的晋升和转岗培训

社区工作者无论是因提拔或提升而要面对新的岗位，还是因工作的需要进行轮岗或转岗，都需要接受培训。此类培训通常是小批量甚至个案的。

（五）新社区工作者的上岗培训

新社区工作者的上岗培训对新员工、社区都是一件十分重要的事情。新社区工作者十分重视自己在新岗位上的表现，只有务实的和有效的上岗培训才能使新员工尽快熟悉并胜任自己的工作。对社区而言，新社区工作者能迅速地胜任自己的工作，既可节约人力资本，也是社区工作有序、高效进行的保证。

四、社区人力资源的绩效考核

绩效考核就是运用科学的标准、方法和程序，对组织的业绩、成就和实际作为做出尽可能准确的评价。通过考核，可以鼓励和促进单位之间的竞争，有助于公众监督，还可以诊断社区中存在的问题并提出有针对性的改进措施，从而推动工作效率和服务质量的提高。

（一）明确绩效考核的标准

社区人力资源绩效考核的标准主要包括以下几个方面。

1. 公平

公平标准关心的问题在于“接受服务的团体或个人是否得到了公平的待遇，弱势群体是否享受到了更多的服务”。它强调的是社区提供公共服务的平等性。

2. 效率

效率是单位时间内所完成的工作量，即投入与产出之比。社区应最大限度地利用所拥有的资源，为居民提供更多、更好的服务。

3. 效果

效果标准关心的问题是“情况是否得到了改善”。效果通常是指公共服务实现目标的程度，如福利状况的改变程度、使用者满意程度、政策目标的完成程度等。就社区而言，效果主要是指管理活动的产出是否满足了社区居民的需要，以及这种产出对既定目标的实现做出了多大贡献。

4. 经济

资金是社区管理活动的基础。然而，一个公共组织从事管理活动时实际投入的并不是金钱，而是由金钱转化而来的人力、物力、设备等。社区管理活动中的人力、物力、设备等构成了社区对特定管理活动的投入，而获得和维持这些人力、物力、设备所花的资金，就是投入的成本。

5. 责任

责任标准强调的是社区在决策和执行过程中对社区居民的要求做出积极的回应，而不以追求社区自身需要满足为目的。社区的回应是一个社区管理过程，在这一过程中制定社区服务政策不仅要符合居民的利益，更重要的是社区工作者要能够及时获取居民对社区所提供服务的意见、建议和批评，以及居民的最新需求，做出积极灵敏的反应，并给出令公众满意的答复，按居民的意愿解决问题。

上述五种标准相辅相成，共同构建了社区人力资源管理绩效考核的综合评价体系。在经济标准内，考虑资源与成本；在效率标准内，考虑资源与产出；在效果标准内，考虑产出与结果；在公平与责任标准内，考虑某种产出及其相应的结果是否增进了社区公平，是否符合社区居民的利益，是否反映了居民的意志。在这种环环相扣的过程中，社区管理的整体绩效才能得到真正意义上的实现。

（二）制定科学的考核机制

社区工作者绩效考核的方法有很多，目前国内外最常用的有评估量表法、行为锚定法、关键事件法和360°绩效考核法等。这里主要介绍360°绩效考核法。

360°绩效考核法，是对一般社区工作者评估考核使用得最多的一种方法，它包括直接上级、间接上级、同级、下属和自己的评估，评估的指标可以从努力程度、工作态度、行为结果三个方面来设计。每个大的指标下可以设几个小指标，如工作态度可以包括任务完成的速度和质量、对下属的亲和力、同级的认可度等，这样就构成一个指标体系。

在360°绩效考核中，要对社区工作者的考核工作进行分解量化，做到评议靠群众、打分靠群众。通过考核集中体现社区党委、居委会、公共服务中心的工作风貌和社区工作者的工作实绩。考核结果可作为续聘、解聘、奖惩、调整岗位和工资的依据。考核结果应当通知被考核人并报上级有关部门备案。本人对考核结果有异议的，可向考核委员会申请复核。社区工作人员考核表可参见表2-2。

表 2-2 社区工作人员考核表

姓名	职位	评议项目	所占分值	分项得分	总分
		居民集中评议	20		
		入户居民民调	20		
		工作人员互相评价	10		
		业务技能考试	20		
		社区主要领导评价	20		
		与职位工作相关的街道部门检查和评价	10		

案例链接

南京市江北新区社会事业局 2019 年公开招聘社区工作者公告

为适应南京市江北新区社会事业发展工作需要，进一步提升为民服务水平，提高工作质量和效率，江北新区社会事业局拟为大厂街道办事处和长芦街道办事处向社会公开招聘社区工作者 36 名。现将有关事项公告如下：

一、招聘原则

遵循公平、公开、公正的原则，择优录用。

二、报考条件

1. 具有中华人民共和国国籍，享有公民的政治权利，拥护中国共产党的路线、方针、政策；

2. 遵纪守法，爱岗敬业，品行端正，团结协作，廉洁奉公，无违法犯罪记录；

3. 具有本科及以上学历（持有社工证书者或退役军人，可放宽至专科以上学历），不限专业，具有中文文秘类、社会工作、计算机、工商行政管理、经济管理专业相关工作经历者优先考虑；

4. 年龄在 35 周岁以下（1984 年 1 月 1 日以后出生）；

5. 热爱基层工作，能吃苦耐劳，有奉献精神；

6. 具备适应岗位要求的身体条件；

7. 具备岗位所需要的其他条件；

8. 中共党员、有社工证者在同等条件下优先。

三、招聘单位及人数

1. 大厂街道办事处拟招聘社区工作者 30 人，其中：社区工作者岗位（一）招聘 15 人（适宜男性）；社区工作者岗位（二）招聘 15 人。

2. 长芦街道办事处拟招聘社区工作者 6 人。

四、招聘程序与办法

（一）招聘简章公示

1. 招聘简章在南京市江北新区官网、智联招聘网站、大厂街道微信公众号、长芦街道微信公众号上同时发布。

2. 公告时间：2019 年 4 月 19 日至 2019 年 4 月 23 日。

（二）报名阶段

1. 报名时间。

2019 年 4 月 19 日 8:00 至 2019 年 4 月 23 日 17:00。

2. 报名方式。

本次招聘实行邮箱报名，报名时间以邮件发送时间为准，逾期将不接受报名。应聘者在南京江北新区官网通知公告栏，点击“南京市江北新区社会事业局 2019 年公开招聘社区工作者公告”图标并下载报名登记表，将填写好的报名登记表（电子版）发至报名邮箱：xinxiangem@126. com（邮件主题：社会事业局报名＋报考岗位＋本人姓名）。

3. 注意事项。

（1）应聘者下载附件对应的报名登记表，登记表是 word 文档，在原文件内填写报名信息，不得修改表格结构，不得以其他文档类型上传报名表（如：pdf 格式、excel 文档、图片格式、html 文档等），否则视为无效报名。文件名主名部分修改为应聘者姓名＋身份证号（如：张三 3201121××××××××××××）。不得重复发送报名表，如因填写错误确需重发，请电话联系告知。

（2）应聘者应按岗位要求和报名的规定，如实、认真、完整、准确、规范地填写有关信息。

（3）应聘者只能选择一个岗位进行报名，须使用有效居民身份证进行报名，报名与考试时使用的身份证必须一致。

（4）邮箱报名成功后，必须按要求时间到现场进行资格审核，审核通过后才算报名成功。

（三）资格审查

1. 根据招聘公告确定的资格条件，对应聘人员的学历、工作经历、年龄及其他任职条件等进行审查。应聘人员须如实提供个人信息和材料，凡弄虚作假者，一经查实，即取消考试或聘用资格。

2. 资格审查须携带材料：已填写好的报名登记表、本人身份证、学历证书（2018 年应届毕业生提供所在院校出具的省教育厅统一印制的《毕业生双向选择就业推荐表》）、学位证书、学信网学历证明以及本人 2 寸免冠近照一张（以上材料均需验证原件并递交复印件）。

3. 资格审查须由应聘人本人参加，材料缺一不可，合格人员当场领取笔试准考证；不合格人员的应聘材料由招聘机构代为妥善处置，谨慎保密，恕不退还。

4. 资格审查时间：2019 年 4 月 24 日—4 月 25 日，上午 8:00—12:00、下午 13:00—17:00。地址：南京江北新区大厂街道太子山路 56－1 号 2 楼，南京新翔人才服务有限公司综合部。不再另行通知。

（四）笔试

1. 资格审查合格者现场领取笔试准考证，方可参加笔试，笔试时间初定为 2019 年 4 月 27 日，具体时间、地点以准考证上的信息为准。

2. 笔试内容主要包括时事政策知识、公共基础知识、行政职业能力和综合素质能力等。

3. 笔试采取闭卷形式纸笔测试，试卷满分为100分，测试时限为120分钟。

4. 笔试成绩出具后，对符合面试条件的，将在江北新区官网上进行公示，其他考生可到南京新翔人才服务有限公司查询。

（五）面试

1. 面试形式。采用半结构化面试，通过对应聘者综合素质进行全方位的了解，从而预测应聘者是否适合新的岗位。

2. 面试名单。按照不高于岗位招聘人数1∶3的比例，根据各岗位笔试成绩从高分到低分排名，确定面试人员名单。

3. 面试时间初定为2019年5月1日，具体时间和地点将在江北新区官网上通知，不再另行通知。

4. 面试合格线为面试总成绩的60%，面试成绩低于合格线者无录用资格。

5. 面试成绩不在面试现场出具。

6. 面试成绩与笔试成绩综合后，总成绩达到录取分数线以上的考生，将在江北新区官网上公示。

（六）体检

1. 根据考试总成绩（笔试占40%、面试占60%），按岗位招聘数1∶1的比例从高分到低分确定参加体检人员（如遇总成绩并列，按笔试成绩排序；若笔试成绩亦并列，则按笔试试卷分值最高题得分排序）。若体检不合格者淘汰，则按岗位内部总成绩从高分到低分确定递补人员。

2. 体检时间和地点将在江北新区官网上通知，请考生及时查看，不再另行通知。

3. 若被通知人员放弃体检或体检不合格，则按各岗位总成绩从高分到低分确定递补人员。

（七）政审

体检合格者到本人户口所在地派出所，开具无犯罪记录证明。政审不合格或经确认自动放弃资格出现空缺的，可按各岗位总成绩由高分到低分递补，递补人员经体检并政审合格后方可上岗。

（八）录用

对通过体检、政审合格的拟录用人员在江北新区官网上进行公示。若被录用人员没有在规定时间内到岗或放弃，则按各岗位内部总成绩从高分到低分确定递补人员，递补人员需通过体检、政审后方可录用。

五、劳动关系、待遇及管理办法

此次聘用人员统一由街道分配至下辖各社区工作，用工性质及薪酬待遇参照本街道社区同岗位现有人员标准执行。被聘用人员要服从单位安排，并在规定日期报到，逾期未报到者或不服从分配者，取消聘用资格。被聘用人员试用期内进行试用期考核，试用期满经考核合格者，继续在相关岗位工作，试用期考核不合格者，解除劳动合同。

六、纪律和监督

本次招聘工作在南京市江北新区管委会社会事业局的监督下进行，严禁弄虚作假，徇私舞弊。本简章由南京市江北新区管委会社会事业局和委托的第三方南京新翔人才服务有限公司共同负责解释。

咨询电话：025－57792995

附件：南京市江北新区2019年公开招聘社区工作者报名登记表

南京市江北新区管理委员会社会事业局

南京新翔人才服务有限公司

2019年4月19日

资料来源：南京江北新区社会事业局. 南京市江北新区社会事业局2019年公开招聘社区工作者公告.(2019-04-19)[2020-04-09]. http://njna.nanjing.gov.cn/xwzx/tzgg/201904/t20190419_1514717.html.

任务实施

一、任务内容

本次任务的内容是模拟社区工作者招聘的全过程。首先，依据社区人力资源的实际状况，进行合理的评估，科学地选人、用人；然后，参考上文案例中的《南京市江北新区社会事业局2019年公开招聘社区工作者公告》，制作并发布招聘公告，接下来是考生报名和资格审查，之后组织笔试和资格审查及面试，面试结束后是体检，最后是拟录用人员公示和正式录用。

二、任务操作

（一）任务操作流程

1. 步骤一：社区人力资源评估

推进社区发展是一个复杂艰难的过程，在推进社区建设与管理创新的过程中，我们需要一批熟悉社区情况、懂得社区发展政策、受过专业训练的社区管理者。要实现有效的人力资源管理，首先要对社区主体进行人力资源评估。

社区人力资源的评估以社区工作者为调查对象，具体方法参照项目一的资料搜集、处理分析的知识和技巧。

2. 步骤二：社区工作人员的选聘

（1）社区工作者的选任。

社区党组织和居委会中选任的专职工作人员，要严格按照《中国共产党章程》、《中国共产党基层组织选举工作条例》和各省区城市社区党组织工作规定参加选举，经过合法程序，选举有效，才能任职。被街道党工委任命为社区党组织成员的专职工作人员，与街道办签订服务协议，办理相关手续，纳入社区工作者范畴管理。

（2）社区工作者的招聘。

除上述选任的社区工作者外，在社区服务站配备的专职工作人员，必须经过统一招聘继而纳入社区工作者队伍管理。社区服务站专职工作人员按照专业化、职业化的要求，采取公开招考方法录用。招聘工作由区民政局负责，依据市有关规定，按照公开、平等、竞争、择优的原则，可以统一组织，也可以由各街道组织，具体招聘流程如下：

1）发布公告。

择日在街道地区官方网站以及办事处及各社区公告栏、宣传栏等处张贴招考公告。

2）报名及资格审查。

考生通过网站或街道办事处居民科或各社区报名。报名后，考生持身份证、学历证书、职业水平证书、工作证明等到街道办居民科进行资格审查，通过资格审查的考生同时领取准考证。

3）组织笔试。

组织统一笔试，内容为公共基础知识（包括马克思主义哲学原理、法律常识、社区管理与服务、公文写作、时事政治等）。

4）资格复查与面试。

按照不低于最低笔试合格线，从高分到低分按一定比例确定面试入围人员名单，面试前街道办对入围人员进行资格复查，主要对身份证、学历证书、资格证书等有关情况进行审核，弄虚作假及不符合报考条件人员取消面试资格，由下一名次人员递补。

面试由街道办统一组织，面试时间由街道办居民科通知入围人员。按照笔试、面试成绩各占50%的方法计算面试人员的考试综合成绩，并根据考试综合成绩从高分到低分确定参加体检人员。

5）体检。

参加体检人员根据街道办的安排到指定医院集中进行体检，体检费由报考人员自理。体检结果应符合国家人事部、卫计委《公务员录用体检通用标准（试行）》规定的合格条件。

6）公示与录用。

体检合格人员，在所属街道办及各社区进行不少于5天的公示，公示合格的人员，由街道办办理相关聘用手续。

（二）具体操作方法

社区工作者对外招聘的方法主要有招聘广告、人才中介机构招聘、校园招聘、互联网招聘以及毛遂自荐等。

对应聘人员进行面试考核的主要方法有以下四种。

1. 行为描述面试法

该法是通过求职者对自己行为的描述使面试官了解两方面的信息：一是了解求职者过去的工作经历，判断他选择本组织发展的原因，预测他未来在本组织中发展的行为模式；二是了解他对特定行为所采取的行为模式，并将其行为模式与空缺职位所期望的行为模式进行比较分析。

2. 压力面试法

该法通过有意制造紧张气氛，以了解求职者将如何面对工作压力。一般面试官会通过提出生硬的、不礼貌的问题或两难问题，或者使用一些面试技巧，如故意沉默等，确定求职者对压力的承受能力、在压力前的应变能力和处理人际关系的能力。

3. 案例分析法

案例分析法是指让求职者阅读一些指定的问题材料，然后让其准备一系列的解决策略，供面试官参考。这种方法可考察求职者的阅读能力、思考能力、洞察力、综合分析能力和判断决策能力。

4. 无领导小组讨论法

该法一般要求 2～8 名求职人员集中在一起，就指定的某一选题进行讨论，事前不指定讨论主持人，面试官只在一旁观察求职人员的表现，并对其做出最终评价。

三、任务拓展

（1）学生制作一则社区工作者招聘公告。

（2）学生在课堂上开展一次模拟社区工作者招聘面试活动。

四、任务小结

（一）重视社区人力资源的重要性

社区人力资源是社区第一宝贵资源，是现代社区管理的核心。不断提高社区人力资源开发与管理的水平，使社区在基层社会管理和服务过程中发挥越来越重要的作用，不仅有利于促进当前经济发展和构建和谐社会，而且有利于巩固和完善党的执政基础和国家政权基础。

（二）严格社区工作者选聘过程的管理

在社区工作者选聘过程中，真正做到公平、公正、公开，拟录用后要公示，接受群众监督。坚持任人唯贤、量才用人的原则，让真正有水平、有知识、有能力的人进入社区工作者队伍中。

项目练习

一、填空题

1. 社区人力资源管理的特征有__________、__________、__________、__________。

2. 社区人力资源培训的内容主要有____________、____________、____________、____________、____________。

二、名词解释

1. 社区工作者

2. 社区人力资源管理

3. 360°绩效考核法

三、简答题

1. 社区工作者的工作内容主要有哪些？

2. 社区工作者应具备哪些基本素质？

3. 社区人力资源绩效考核的标准有哪些？

项目三

社区组织管理

学习目标

知识目标：了解社区党组织、社区自治组织以及社区民间组织的含义、职责与功能。

能力目标：通过见习、参观等形式，对社区各类组织的管理工作内容有一个总体认识和准确把握，初步具备社区组织的管理能力。

案例导入

各式各样的社区组织

李大爷虽然退休了，但仍想发挥余热，为街坊邻居做点什么；楼下的小王夫妇新婚不久，准备迎接一个新生命的诞生，要办准生证；楼上的大李总是觉得物业公司提供的物业服务不到位，觉得物业管理费交得有点亏了……现实生活中，人们存在不同的诉求。一般情况下，单单依靠个体，这些需要是难以按时按质被满足的。因此，各类组织的出现就变得必需和必然了。随着单位人向社区人、社会人的转变，传统类型的相关组织也需要与时俱进，否则必将被社会淘汰。为更好地开展本项目，首先请学生描述一下自己在进行户口迁移、助学贷款手续办理、相关证明开具等情形下接触过的社区组织。

思考：常见的社区组织有哪些？它们分别有什么职责或功能？

思维导读

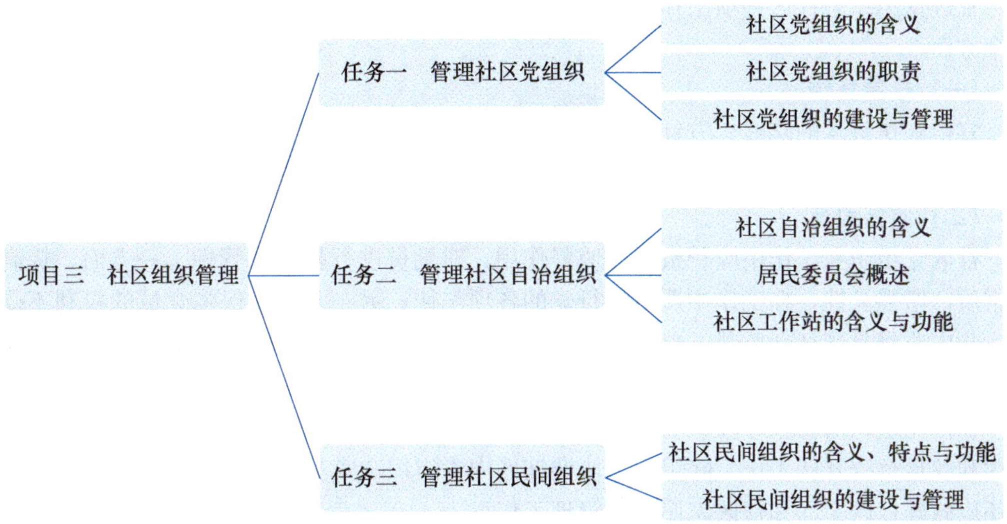

任务一　管理社区党组织

任务解析

社区党组织是社区各项工作的领导核心。学生通过学习，参观走访社区党组织，熟悉社区党组织的基本构成情况、社区党组织的职责以及社区党组织的建设与管理。

基础知识

一、社区党组织的含义

社区党组织是指按照《中国共产党章程》的规定，在社区中依法成立的、以全体社区党员为组织对象的中国共产党基层组织，是社区各类组织和各项工作的领导核心，也是做好街道、社区党建工作的基础。社区党组织的存在是我国社区管理的一大特色。

社区党组织在不同层次有不同的组织形式，街道层次的党组织是街道党工委，是区委的下属机构。街道党工委还在所辖的社区居民委员会各设一个党支部，即“一居一支”。此外，社区各种经济组织、事业单位、社会团体及中介组织也设有党组织，归街道党工委领导。

二、社区党组织的职责

社区党组织是社区各项工作的领导核心，具有十分重要的职责任务，主要体现在以下五个方面。

（一）政策宣传

宣传和执行党的路线、方针、政策和国家的法律法规，充分发挥党员在基层的先锋模范作用，团结、组织党内外的所有人士，完成社区党组织所担负的任务。

（二）监督教育

社区党组织在工作中应积极发挥监督作用，对党员进行教育和管理。一方面，提高党员素质，增强党性，在工作中严格执行党的各项纪律；另一方面，保障党员的权利不受侵害。党内监督是与社会监督、群众监督、媒体监督一起共同将社区工作做好的必要保障。

（三）组织协调

社区党组织需要领导社区居民委员会和共青团、妇联等群众组织，支持和保证其依照法律和各自章程开展工作。除组织、协调辖区内党组织和党员参加社区建设外，社区党组织还应做好社区干部和社区志愿者的管理工作。

（四）联系群众

社区党组织作为党在社会基层的重要机构，负有了解群众情况、传递群众心声、保护群众利益的重要责任。同时，党组织还需要始终密切党群关系，把党和人民群众联系在一起，统一思想、统一行动，共同建设好社区。

（五）发展创新

社区党组织是党了解、贴近人民群众的最重要窗口，对社区当中的优秀人才，特别是年轻人，要积极做好他们的培养和发展工作，力争让他们成为党的新鲜血液。此外，改革创新的依据来自基层，实施也在于基层，这两方面将是社区党组织工作的重点。

三、社区党组织的建设与管理

加强社区党组织建设工作是加强和改善党的领导、增强党的凝聚力的迫切需要。

（一）把握大局，形成齐抓共管的合力

加强社区党组织建设工作，必须紧紧围绕改革发展，稳定大局，紧紧抓住领导班子建设这个关键，建立健全工作责任制，充分发挥党工委和党支部的领导核心作用，形成有关部门齐抓共管的合力。

社区党组织是社区工作的领导核心，加强社区党组织建设，发挥党支部的战斗堡垒作用是做好社区建设的保证。

（二）建立健全社区自治组织和新型社区管理体制

(1) 建立“决策层”，即社区成员代表大会。社区成员代表大会，由社区居民和社区单位的代表组成，每年组织召开一次社区成员代表大会，讨论决定社区的重要事项。

(2) 建立“议事层”，即社区协商议事委员会。社区协商议事委员会成员由社区内的知名人士、居民代表、单位代表组成，每季度召开一次协商议事会议，行使对社区事务的建议权和监督权。

新的社区组织体系的建立，有利于扩大基层民主，强化监督和制约机制，理顺社区内部的工作关系，初步形成职权明确、互相促进、互相制约的社区管理模式。

（三）强化社区党员队伍的教育管理

要根据社区党员构成的不同特点，区分情况，分类教育管理，发挥党员作用。社区党组织应结合社区实际情况，以“党员为主体，群众积极参与”的原则开展社区党组织活动。要不断拓宽渠道，因地制宜地寻找适合社区党员发挥作用的活动形式和载体，要善于发挥党员责任区、党员“一人一岗”、党员奉献、党员志愿者队伍、党群共建文明社区等形式和载体的作用，把党员和群众组织起来，加强社区精神文明建设。

案例链接

坚持党建引领提升社区党组织战斗力

近年来，龙文区坚持以党建为引领，以共建、共治、共享为目标，充分发挥党组织在服务基层群众中的主体作用，着力推动社区治理工作提质增效。

突出基层党组织建设。健全和优化社区党组织设置，在社会组织、物业服务企业等普遍建立党组织，把各类组织之间的外部关系转变为党组织的内部沟通，协同推动社区治理问题的解决。龙文区先后涌现出毅阳社区“一先三全”工作法，荣昌社区“党建十三三制”工作法，碧湖街道社区治理“四个一”工作法，这些先进典型为全区推进社区党建提供了示范模板。

突出社区用房建设。把社区办公用房和社区公共服务用房建设纳入开发商公共服务设施。配套建设规划中，督促开发建设单位按照有关文件规定和要求进行建设，有60个社区的社区办公用房面积超过200平方米。明发、同昌、香榭、融信四个社区在各镇（街道）、相关部门的督促推进下，社区办公用房也在逐步得到改善。

突出社区队伍建设。加大财政投入力度，区财政一次性补助新组建的社区居委会开办经费5万元，全区每个社区每年运转经费15万元。选好配强社区工作队伍，2017年底通过公开考试、考核方式招聘录用社区工作人员66名，充实到各社区中。目前，全区共有社区居民委员会成员310个，书记主任“一肩挑”26个。

能否畅通服务居民群众的“最后一公里”直接关系到千家万户的幸福需求，也影响着党和政府的形象。龙文区将继续结合“龙文区城区提升十项行动”，进一步改革创新、锐意进取，努力把城乡社区建设成为和谐有序、绿色文明、创新包容、共建共享的幸福家园。

资料来源：龙文区政府网. 坚持党建引领提升社区党组织战斗力.（2019-11-15）[2020-04-09]. http://www.lwq.gov.cn/cms/siteresource/article.shtml?id=60479685103450004&siteId=60425269663040000.

任务实施

一、任务内容

本次任务有两项内容：

一是建立社区党员信息档案。实现党组织在社区的完全覆盖，首先必须实现社区党员管理的完全覆盖，让所有党员都能在社区找到自己能够依托的党组织，把所有党员纳入社区党组织的直接或者间接管理当中。

社区党组织应通过社区党员联络站，对居住在社区的没有单位归属的党员、离退休党员、下岗待岗党员、外来流动党员等实行组织关系接转和等级制度，纳入社区党组织直接管理体系；对居住在社区的有单位归属的党员实行等级制度，纳入社区党组织间接管理体系。社区党员全员登记后，根据党员登记的相关信息，建立党员卡片或档案，确保社区党员数量清晰、信息全面准确。社区党员信息登记表见表 3-1。

表 3-1　社区党员信息登记表

填报单位：　　　　　　　　填表时间：

序号	姓名	性别	出生年月	籍贯	民族	学历	参加工作时间	工作单位及职务	入党时间	备注

二是为社区党组织设计建设与管理方案。通过小组工作的头脑风暴法和群体决策法，共同研讨制定社区党组织建设与管理方案。

二、任务操作

(一) 任务操作流程

组织社区全体党员填表登记→对党员信息进行整理→建立党员信息档案，方法可以参照项目一中的问卷调查法、文献调查法、访谈法和观察法。

(二) 具体操作方法

首先对社区党组织的相关材料进行搜集、整理，并做科学分析。然后根据分析结果，进行分组讨论。最后根据前期的准备进行头脑风暴，依据头脑风暴的结果进行群体决策。用到的主要方法是小组工作方法中的头脑风暴法和群体决策法。

小组工作方法是社会工作的基本方法之一，也称为团体工作法，指以团体或小组为对象，并通过小组或团体的活动为其成员提供社会服务的方法。

1. 头脑风暴法

头脑风暴法的主要特点如下：

(1) 自由畅谈。参加者不应该受任何条条框框的限制，放松思想，让思维自由驰骋。从不同角度、不同层次、不同方位大胆地展开想象，尽可能地标新立异、与众不同，提出独创性的想法。

(2) 延迟评判。坚持当场不评价的原则。在当场不对任何设想做出判断和发表评论性的意见，评价和判断都要延迟到会议结束以后才能进行。

(3) 禁止批评。参加头脑风暴会议的每个人都不得对别人的设想提出批评意见，因为批评对创造性思维无疑会产生抑制作用，同时发言人的自我批评也在禁止之列。

(4) 追求数量。头脑风暴会议的目标是获得尽可能多的设想，追求数量是它的首要任务。参加会议的每个人都要抓紧时间多思考、多提设想。至于设想的质量问题，可留到会后的设想处理阶段去解决。

2. 群体决策法

环境信息、个人偏好、方案评价方法是决策好坏的关键。而这些又与个人的经验和对问题的理解有关，特别是复杂的决策问题，往往涉及多目标，具有不确定性、时间动态性、竞争性，个人的能力已远远达不到要求。为此，需要发挥集体的智慧，由多人参与决策分析，这些参与决策的人，称为决策群体，群体成员做出决策的整个过程就称为群体决策。

为社区党组织设计管理方案对于接触专业课不久的学生来说，是一项具有挑战性的工作，可以通过分组分工的工作方式，增强学生的主动性，并使其在合作中增强团队意识和责任感。

三、任务拓展

学生设计并制作一份社区党员信息登记表，采集社区党员信息。

四、任务小结

（1）根据对社区党组织情况的调研检验前期学习成果。

（2）在小组头脑风暴时各抒己见，充分发挥个人能力。

（3）在分组分工中锻炼团队意识，增强责任感。

任务二　管理社区自治组织

任务解析

社区党组织是社区各项工作的领导核心，但是资源有限，难以最大限度地满足社区成员的各种需求，因此需要更多社会团体、群众组织参与到社区建设与管理中。其中，社区自治组织作用愈加明显，对社区的发展有着十分重要的作用。通过学习，学生参观走访社区自治组织，熟悉其基本构成情况和工作的内容、性质、流程、方法等。

基础知识

一、社区自治组织的含义

社区自治组织是指社区居民依据宪法和法律赋予的权力，对社区机构的选举和社区公共事务进行民主决策、自主管理，从而实现自我管理、自我教育、自我服务和自我监督的公共权力机构。

社区自治组织一般包括居民会议（社区居民大会、社区成员代表大会）、社区协商议事委员会、居民委员会、业主大会和业主委员会。

根据社区自治组织建设要求，可以从决策、议事、执行三个层次设置具体的组织载体。决策层即社区居民大会或社区成员代表大会，由社区居民和社区单位的代表共同选举产生，讨论决定社区的重大事项。议事层即社区协商议事委员会，由社区内的人大代表、政协委员、知名人士、居民代表共同组成，行使对社区事务的建议权和监督权。执行层即居民委员会。同时设置楼栋长，组建居民小组等社区微型自治组织。还可以建立社区业主委员会，使社区自治组织网格化、系统化。

二、居民委员会概述

（一）居民委员会的含义

居民委员会，简称“居委会”，在农村为村民委员会，是我国人民民主专政和基层政权的重要基础，也是党和政府联系人民群众的桥梁和纽带之一。按照居委会组织法的规定，居民委员会是居民自我管理、自我教育、自我服务的基层群众性自治组织。

按照《城市居民委员会组织法》和《村民委员会组织法》的规定，不设区的市（县级市）、市辖区的人民政府或者其派出机关（街道及其办事处）对居民委员会的工作给予指导、支持和帮助，居民委员会协助不设区的市、市辖区的人民政府或者其派出机关开展工作。乡、民族乡、镇的人民政府对村民委员会的工作给予指导、支持和帮助，村民委员会协助乡、民族乡、镇的人民政府开展工作。

（二）居民委员会的人员构成及分工

城市社区居民委员会由主任、副主任和委员共5～9人组成，农村村民委员会由主任、副主任和委员共3～7人组成。村民委员会成员中妇女应当有适当的名额，多民族村民居住的村应当有人数较少的民族的成员。

居民委员会和村民委员会，根据需要设人民调解、治安保卫、公共卫生等委员会。居民委员会和村民委员会的成员可以兼任下属的委员会的成员，居民较少的城市社区的居民委员会和人口较少的村的村民委员会可以不设下属委员会。

居民委员会和村民委员会每届任期三年，其成员可以连选连任。

（三）居民委员会的职责

居民委员会是社区自治组织的主体性机构，也是社区成员代表大会常设执行机构，在社区成员代表大会和社区协商议事会的授权和监督下，具体组织实施社区的管理服务。在现阶段，居委会的工作职责主要有以下几方面。

1. 教育职责

在社区内对国家大政方针、政策以及相关法规进行宣传，组织引导社区成员开展法制教育、公民道德教育、青少年教育和无业人员的职业培训，开展文化娱乐和体育活动。

2. 服务职责

满足社区居民在公共事务以及公益事业方面的相关需求，组织社区成员进行便民服务，开展以劳动就业为重点的社区事务性服务，为优抚对象、帮困对象等特殊群体提供社区福利性服务，增强社区成员的归属感和认同感。

3. 管理职责

依据宪法及相关法律规定，组织社区成员进行自治管理，制定居民公约，做好社区的卫生、社会保障、文化、计生和治安管理工作，完成社区成员代表大会确定的社区管理目标。

4. 监督职责

对政府有关部门和其他社会中介组织在社区管理上实行自身的监督职能，对违规违纪行为依法进行相关反馈，以保证居民自治的落实。

（四）居民委员会的建设与管理

居民委员会的建设与管理是一项系统工程，涉及内、外部一系列环境的建设。

1. 内部环境建设

从内部环境看，就是要推进居民委员会的规范化建设，使居民委员会有精力、有能力、有条件、有保障地全身心投入并做好职责范围内的社区服务工作。具体包括以下五个方面：

（1）规范居民委员会职能事务，围绕角色定位，推进居民委员会职能事务改革。

（2）规范阵地建设，统一社区居民委员会办公、服务设施的建设标准，优化功能、布局，保证必要的硬件设备和服务条件。

（3）规范规章制度，做到基本制度健全、程序流程清楚。

（4）规范队伍管理，做到居民委员会干部依法选举产生，社区工作者职业化管理，强化技能培训。

（5）规范保障措施，确保社区经费落实，建立并落实福利待遇的自然增长机制，提高社区居民委员会在推进社会服务工作中的能力和水平。

2. 外部环境建设

从外部环境看，一方面要弱化行政主导型社区管理的惯性，努力实现政府行政管理与社区自我管理的有效对接及政府依法行政与社区依法自治的良性互动，实现"政社分开"与"政社协调"的统一，使社区真正从国家领域中分离出来，回归到社会领域，逐步进入自我管理、自我教育、自我服务、自我监督的有序状态，成为基层社会治理的重要一员，这取决于整个社会治理的架构安排和合理化变革的进程。另一方面要推进非政府组织的成长，尤其是各类组织目标、职能的相互区分和多样化。

三、社区工作站的含义与功能

近年来，为了优化社区工作者队伍结构，以适应繁重的工作任务和居民自治的要求，在"议行分设"原则的指导下，把确实不属于居委会工作职责的行政性工作分离出来，设立社区工作站，使居委会真正履行自治职能。主要做法是将民主选举产生的居委会变成义务制的议事组织，既不拿薪水，也不用坐班，更不用承担政府布置的社区工作，主要利用公休日开会讨论本社区公共事务。与此同时，由政府出资招聘若干职业社区工作者组成社区工作站，承担政府布置的任务和其他社区工作。

设立社区工作站，有利于实现政社分离、管干分离、行政事务和群众性及社会性事务分离，把属于群众性及社会性的工作交给社区工作站，居委会的具体职责是决策，社区工作站的具体职责是执行。这样就能使居委会更好地进行社区自治管理，形成行政管理、民主自治、市场运作相结合的社区工作运行机制。

案例链接

合肥一社区走访召开居民代表会议 出台文明养狗公约

“都过去一个月了，我女儿还不敢独自下楼，下楼前还要站在板凳上先看看楼下有没有大狗。”回想起一个月前的遭遇，家住蜀山区安居苑小区的涂丽莉还很生气。当时，涂丽莉带着女儿在楼下散步，不料遭遇一只大型犬追撵，在大狗扑向女儿时，她徒手推开大狗，这个时候狗主人才赶到现场拉住了大狗。

涂丽莉找到了安居苑社居委，为此，社区与安居苑业委会联合走访了多家住户，并在小区里进行观察。10月19日下午，社区工作人员与业主委员会成员及居民代表召开了圆桌会议，出台了社区文明养狗公约。

8岁女孩被大狗追倒

10月19日下午，涂丽莉讲述了自己的遭遇。“那是一个周末的早晨，我带着女儿在东村散步。”涂丽莉说，她们走到小区边时，看到了一只大型犬。“当时狗脖子上还拴着链子，却没有看到主人。”涂丽莉想带着女儿绕开，却来不及了。见大狗追来，女儿大叫着围着路边的一辆车跑了起来。慌乱中，涂丽莉没有抱住8岁的女儿，而被大狗追撵了几圈的女儿则跌倒在地，眼看大狗就要扑向女儿，涂丽莉一把推开了大狗，把女儿抱在了怀里。“我女儿吓得浑身发抖。”涂丽莉说，这个时候她才看到狗的主人来了，牵住了大狗。

涂丽莉当即质问来人，为何不牵着大狗，“她只是说了声对不起，就走了。”后来，涂丽莉报了警，但因为没有找到主人，也就作罢。

令涂丽莉没想到是，这件事在女儿心里留下了阴影，现在孩子除了上学，几乎不愿意下楼，迫不得已下楼，也要先看看楼下有没有大型犬。看着女儿这样，涂丽莉到社居委投诉，“希望能有人来管管这些养狗的居民。”

居民代表开圆桌会议讨论文明养狗

接到投诉后，安居苑社居委就联系了业委会。“我们与业委会前期走访了多户居民，同时在小区里多次观察，发现小区里养狗的人家确实不少，存在养大型犬现象。”安居苑社居委主任刘长慧介绍。

经过前期走访后，社居委决定，于10月19日下午召开关于文明养狗的圆桌会议，并通知了居民代表与业委会部分成员。

现场，居民讲了不少自己遇到的尴尬事。居民陈凤华说：“我很讨厌那些不负责任的人，现在小区道路上、草丛里、广场上狗屎明显增多，一不小心就踩到，气死人。”

刘先生也说，小区里确实有不少大型犬，“只要那些大狗一出现，我们都会躲得远远的，因为就没见主人牵着它们，都是狗自己跑。”

出台文明养狗公约

一连串投诉过后，代表们也提出了自己的看法。“我们要求小区内不再出现大型犬、烈性犬。”刘先生说，这对其他居民来说是一种威胁。还有居民说，狗出现在小区内时，一定要戴着狗链，并由主人牵着。

经过一下午的讨论，8条文明养狗公约出炉。

社区工作人员已经把公约贴在了广场上。“我们还会通过短信平台把公约发到所有居民手机上。”刘长慧说，要引导居民文明养犬，不养大型犬、烈性犬，如果发现，将与公安部门配合，采取行动。

资料来源：新浪网. 合肥一社区走访召开居民代表会议 出台文明养狗公约. (2016-10-20)[2020-04-09]. http://ah.sina.com.cn/news/s/2016-10-20/detail-ifxwztrs9823502.shtml.

任务实施

一、任务内容

本次任务的内容是模拟召开社区成员代表大会。召开社区成员代表大会，主要有以下几个环节：一是确定参会人员；二是安排好会议时间和地点；三是落实会议主要议题、内容。

二、任务操作

（一）任务操作流程

（1）由社居委将会议时间、地点、议题提前以书面形式通知全体会议成员；

（2）居民代表就有关议题进行深入调查研究，征求社区单位和居民的意见；

（3）社居委召开和主持会议，由提出议案者说明议案，与会代表充分酝酿、协商，集中正确的意见进行表决，形成决议。

（二）具体操作方法

社区成员代表大会由社居委负责筹备和召开。在这个过程中，需要注意采用一些方法。

1. 通知参会人员

社区成员代表大会是社区居民行使自治权利最重要的途径，要保证代表大会能真正体现居民的意志，不流于形式，就必须通知到每一位成员代表。首先，通过书面方式将参会通知发送到代表的单位或住址，体现会议的严肃性；其次，工作人员通过拜访、打电话、发电子邮件等形式确定参会代表是否了解此事，并确定能否参会，如不能参会，原因是什么，并一一记录，汇总至社居委。通常参会代表要达到规定代表人数的一半以上，通过决议需达到参会代表人数的一半以上。

2. 会议时间、地点的确定

社区成员代表一般都有自己的正常工作，为了避免不必要的麻烦，一般将会议时间定在节假日，地点也选定在社区内，保证最大数量的代表能够参加。

3. 会议议题的提前确定

对于社区内的各种重大事项，居民反映较多的意见都会在大会上予以讨论并提出相应方案。因此，在会议开始之前，社居委就需要在社区居民中进行广泛调研，将最终确定的会议议题告知参会代表，保证参会代表有足够时间进行调研和意见征集，以保证会议质量。

三、任务拓展

自主选择一个社区自治组织，为其设计一项活动方案。

四、任务小结

通过召开社区成员代表大会的形式，增强学生对社区自治组织（社区居委会、社区工作站）概念、性质和功能等方面内容的理解和掌握。在召开社区成员代表大会时要注意三个方面：一是在通知参会代表的过程中要有书面通知和确认；二是要给居民代表充足的时间做调研；三是要重视会议的程序，严格遵循程序能避免各种原因造成的诸多意外。

任务三　管理社区民间组织

任务解析

专职、专业的社区民间组织是具体承担由于政社分离而转移出来的职能的有效载体，能够在社区建设和发展过程中适应居民不同类型、不同层次的多方面需求。通过学习，学生要对这一陌生而又熟悉的组织类型加以了解，并探索如何在现有环境下更好地发挥民间组织的作用。

基础知识

一、社区民间组织的含义、特点与功能

（一）社区民间组织的含义

社区民间组织是指民间自发成立的，旨在为所在社区提供各种专项服务的各类组织，包括各类社会团体、各种民办非企业单位和为满足人民群众生活文化需求而建立的临时性组织，以及社区居民自发成立的福利性、服务性、中介性组织。例如社区协会（体协、舞协）、社区慈善组织、志愿者服务组织、文体组织和以网络为载体的社区论坛组织等。

（二）社区民间组织的特点

社区民间组织有以下三个特点。

1. 独立性

社区民间组织依据法律和组织的相关规定独立开展工作，在内外管理中以自治为主，不受其他组织掣肘。

2. 公益性

社区民间组织是为了服务社区居民而建立起来的，不以营利为目的，虽然在市场经济条件下组织会存在利益关系，但取得收入都是为了组织更好的发展和服务社区的各项事业。

3. 自由性

社区民间组织是专业性的社会组织，可以根据相关需要和要求与成员进行双向选择，社区民间组织可以自由选择成员，成员也可以自由地加入和退出组织。

（三）社区民间组织的功能

1. 帮助社区居民尽快实现自治

第一，使居委会成为真正的自治主体。社区民间组织对社区管理的介入，承接了政府职能转变过程中转移给社区的技术性、服务性、事务性职能，减轻了居委会的负担，使其从职能性和社会性事务中解放出来，有更多的时间和精力行使社区自治权力，回归到社区组织者、协调者、监督者的角色本位。

第二，社区民间组织在政府与社区居民之间架起了信息沟通的桥梁，使政府层面和居民个体层面实现整合。社区居民通过社区民间组织与政府进行沟通，掌握政府的政策导向。同时，社区中介组织把社区中分散的信息传递给政府，从而影响政府社区政策的制定。社区民间组织带动了社区自治组织的发展，为实现基层民主和群众参与提供了组织条件。

2. 提升社区服务质量

社区工作最终的落脚点还是在社区服务上。在新的市场环境中，当原有的社区组织因为种种原因不能更好地为社区居民提供服务时，就会有新的组织出现，产生竞争，最终优胜劣汰。社区民间组织的独立性、公益性等特征符合社区服务的福利性和服务性双重功能，其在社区的养老保障、医疗卫生、娱乐休闲等服务中都可以发挥作用，更有利于实现经济效益和社会效益的并重，成为替代社居委行使社区服务职能的理想组织角色。

二、社区民间组织的建设与管理

尽管现在社会各方面都对社区民间组织的培育和发展的重要性有了一定的认识，但目前具体的机构运作仍然面临一系列问题。此外，对社区民间组织的地位和作用缺乏足够的认识，以及在管理社区民间组织上缺乏具有可操作性的法律法规依据等现状，都严重阻碍了社区民间组织的发展。所以，虽然社区民间组织为创建和谐社区发挥着积极的功能，但不可否认的是，其在发展上还存在一些问题，这些问题包括如下三个方面：一是社区民间组织力量薄弱，参与面狭窄。目前，社区民间组织仅限于针对一些特殊群体的特殊需求而建立。而且这些特殊群体绝大多数是社会的弱势群体，因此造成了社区民间组织力量薄弱，能使更广泛群众参与的社区民间组织比较少。二是缺少资金和阵地。政府职能转移缓慢，在转变职能问题上，不能做到费随事转；缺少活动资金和活动场地也是许多社区民间组织没有生命力，甚至最后无法继续生存的重要因素。三是缺乏政策支持。社区民间组织、民办非企业单位缺乏税收优惠政策、房租等公用事业费的减免政策；政府购买服务无专项经费，也未列入公共财政范畴。

为促进社区民间组织的建设和管理，应采取以下三个方面的措施：一是按照居民的要求，广泛培养和发展社区民间组织。社区民间组织要充分发挥主观能动性，实现民主管理，为社区建设和承接社会服务提供载体。二是转变政府部门的管理方式，发挥自身优势，培育发展各类群众组织。党和政府应根据各类社区要求，转变政府职能，利用自身资源优势，积极、广泛地培育不同领域的社会组织，为市民自愿参与到社区及社会各类组织中提供更多的机会。三是加大政策扶持力度，为社区民间组织的发展提供保障。政府应通过购买服务、资金补贴、资助等多种手段扶持和促进社区民间组织的发展，更广泛地动员社会力量和社会资源开展各种公益服务，促进社会的文明与进步。

案例链接

千余家社会组织"双报到"参与社区治理

11月11日，记者从区委社工委区民政局举办的社会组织"双报到"启动仪式上获悉，朝阳区1 000余家登记注册的社会组织将向办公住所所在地街乡、社区（村）进行"双报到"，参与社会治理和社区服务，精准对接多种需求，充分发挥社会组织服务国家、服务社会、服务群众和服务行业"四个服务"功能作用，引导社会组织发挥资源优势和专业特长，参与全区域、全领域社会治理和服务。

"朝阳区登记在册的社会组织已有千余家。"区委社工委区民政局相关负责人介绍，通过社会组织到街乡、社区（村）报到，能为社会组织与街乡、社区（村）搭建有效的对接沟通桥梁，为社会组织发挥资源优势和专业特长、参与全区域、全领域社会治理和服务打下坚实基础，实现资源与需求的精准对接。

"双报到"启动后，辖区各社会组织将主动到注册地所在街乡、社区（村）报到，提供党员和专职人员等基本信息，以及自身优势、特色服务或可服务于社区的特有资源。各街乡将根据"双报到"社会组织的信息建立台账，共同与社会组织制定资源清单、专业服务清单和项目清单，并根据社会组织自身优势和特色服务，安排社会组织与社区进行匹配对接，建立组织共建、资源共享、服务联办、矛盾联解机制，引导社会组织开展社区服务，参与社区治理。此外，各社区（村）将完善社区需求梳理，有针对性地设置服务项目或与社会组织商定相应服务项目。

今后，社会组织将结合自身优势、特色服务、特有资源，积极参与社区治理、困难群众帮扶、社区公益服务、党政群共商共治、居民议事等工作。参与"双报到"的社会组织，每年至少为社区提出一条有关社区发展的合理化建议，并参与建议的落实工作。每月至少参加一次社区公益或志愿服务，每年累计完成公益服务时间不少于50个小时，或在社区认领1～2个服务项目，把服务做到居民"心坎里"。

资料来源：北京市朝阳区人民政府．千余家社会组织"双报到"参与社区治理．（2019-11-13）[2020-04-09]．http://www.bjchy.gov.cn/dynamic/zwhd/8a24fe836e61a1a7016e629e05a30163.html.

任务实施

一、任务内容

本次任务的内容是组建社区篮球协会，并筹备社区第一届篮球交流赛。

二、任务操作

(一) 组建社区篮球协会

1. 寻找志同道合的团队成员

在社区篮球协会的筹备过程中，首先应该确定协会的成员。协会成员应该喜爱篮球，有热情、有时间做工作，愿意为协会成员服务，他们将会成为协会成立之初的主要成员。

2. 确定协会的规章制度

“没有规矩，不成方圆”，特别是当一群人在一起活动或工作时更要注重规章制度的重要性。协会在制定规章制度时，可以借鉴兄弟协会和同类型组织已经成文的制度，再根据具体情况，在协会内部讨论通过。

3. 确定办公场所和活动场地

协会需要必要的办公场所，为满足日常办公和发展需要，一般建议将办公场所选在活动场所周边地区。活动是协会的生命力，只有活动开展得有声有色，协会凝聚力才会增强，所以要找到或者租借到必要的篮球场馆。

4. 报社居委备案

一方面备案是制度的需要；另一方面当组织遇到困难时，可以向政府求助。

5. 吸收组织成员

协会组织发展的最大动力是组织成员，在已有班底的基础上，应积极吸收新鲜血液。在吸收组织新成员的过程中，要注意把握尺度，社区篮球协会是为了普及篮球运动，带动更多人参与到这项运动中来，因此，切不可因为水平高低对成员区别对待。

6. 根据规章制度开展日常工作

只有依赖大家共同认可的协会规章，协会组织才能在一个良性的轨道上向前发展，传统组织中成员素质不高、自治程度低、缺乏监督等问题才能彻底解决。

(二) 筹备社区篮球交流赛

1. 组建筹备小组

筹备工作是复杂而细致的，这在任务二“召开社区成员代表大会”中已提到，因此筹备小组的组建至关重要。

2. 比赛资金的筹措方式

一旦涉及比赛活动，肯定需要资金，如场馆租赁、比赛用球、奖品等，如果没有资金保障，活动就会受影响。一般来说，资金来源分三种：一是政府拨款；二是参赛选手共摊，也就是 AA 制；三是寻找赞助商。在如今的社区比赛中，最后一种资金来源最为常见。

3. 确定比赛章程，组织报名

比赛章程包括比赛时间、地点、项目及奖项设置等情况。明确的比赛章程能够保证社区成员安排好自身事务，更加积极地投入锻炼和比赛当中。必要时可为幸运观众设置纪念奖。

4. 安排临场事务

细节性的工作决定了比赛的最终成败，如分组抽签、裁判判定、异议仲裁等都要考虑进来，保证比赛顺利进行。

三、任务拓展

自主选择一个社区民间组织，为其设计一项活动方案。

四、任务小结

（一）要保持热情，坚定信念

在组建协会的过程中，要保持热情和积极的心态，万事开头难，组建的过程也许不如想象当中顺利，挫折可能会随时到来。在这个过程中，信念是非常重要的，要时常想想自己对这项活动的热情，冷静下来思考问题，寻找最佳解决途径。

（二）要任人唯贤，为组织挑选最合适的成员

组建协会的最终目的是让社区成员在这里寻找到健康、轻松、快乐的生活。协会成员的工作能力和工作方式会直接影响工作结果。因此，既然选择了为大家服务，就一定要付出最大的努力，团结团队成员，把过程和结果做得一样好。

（三）要认真听取协会成员和选手的建议和意见

第一届比赛往往会存在一些疏漏，这是正常的，既然付出了这样的“代价”，在以后的比赛中就要避免再次发生。因此，要认真听取协会成员和选手的建议和意见，协会成员的作用不可忽视，一线参赛选手的意义更是至关重要，这也是组织发展的重要推动力。

项目练习

一、名词解释

1. 社区党组织
2. 社区工作站
3. 社区民间组织

二、简答题

1. 社区党组织在社区管理中的主要职责是什么？
2. 居民委员会的性质是什么？在社区管理中主要承担什么职责？
3. 社区民间组织的功能有哪些？

项目四

社区文化与教育管理

学习目标

知识目标：掌握社区文化、社区文化设施、社区文化活动和社区教育的含义、特征及功能，了解社区文化设施的建设原则和社区教育的管理模式。

能力目标：熟悉社区文化活动组织、社区教育项目设计的方式方法，掌握社区文化管理工作的程序和途径。

案例导入

强社区文化建设 塑社区文明新风

社区文化建设是城市文明建设的一项重要支撑。城西区以全国文明城市建设为切入点，不断强化社区文化建设，提升社区居民思想道德水平，增强了社区的向心力和亲和力。

城西区增设了一处百姓体验文化乐趣、享受文化大餐的中心点——城西区文化艺术中心古城台分中心，这是继城西区文化艺术中心后建成的又一文化民生工程，并对百姓免费开放。据了解，城西区文化艺术中心古城台分中心总面积800多平方米，内设古城党员之家、五峰书院、五峰云享课堂、小书迷读书会、紫韵生活馆，丰富的内设阵地、齐全的设备设施，成为市民新的精神文化阵地。市民韩炎说："现在有了这个文化中心，让我觉得生活很方便，以前看书要去很远的地方，现在在家门口就能看，而且这里的书也很齐全。"

在城西区贾小庄社区市民学校，开设有国画书法班、儿童画班、古筝班、茶道培训班、剪纸班、二胡和葫芦丝班等培训班，任教的老师都是志愿者，他们免费为辖区的老年人、儿童、中年人等授课，形式多样的兴趣爱好特色班，极大地丰富了周围居民的业余生活。辖区居民刘书波说："在这里能够学习到想学的东西，我们葫芦丝吹奏的水平也在不断提高，大家在一起加强了沟通，从精神方面得到了充实，通过精神文明建设和社区的文化建设，确实给我们老年人办了一件很好的事情。”

近年来，随着经济社会的快速发展，人们对文化的需求也在不断提升。为让市民更好地享受经济快速发展的成果，均等化地享受文化惠民政策，城西区不断创新方式，将一些公共场所、城市新空间开发出来，并加以充分利用，而这些城市新空间也必将以满满的正能量，不断提升城西区的文化高度。

资料来源：搜狐网. 强社区文化建设 塑社区文明新风. (2017-12-18)[2020-04-10]. http://www.sohu.com/a/211331215_782868.

思考：社区文化建设包括哪些内容？我们要从哪些方面入手建设优质的社区文化呢？

思维导读

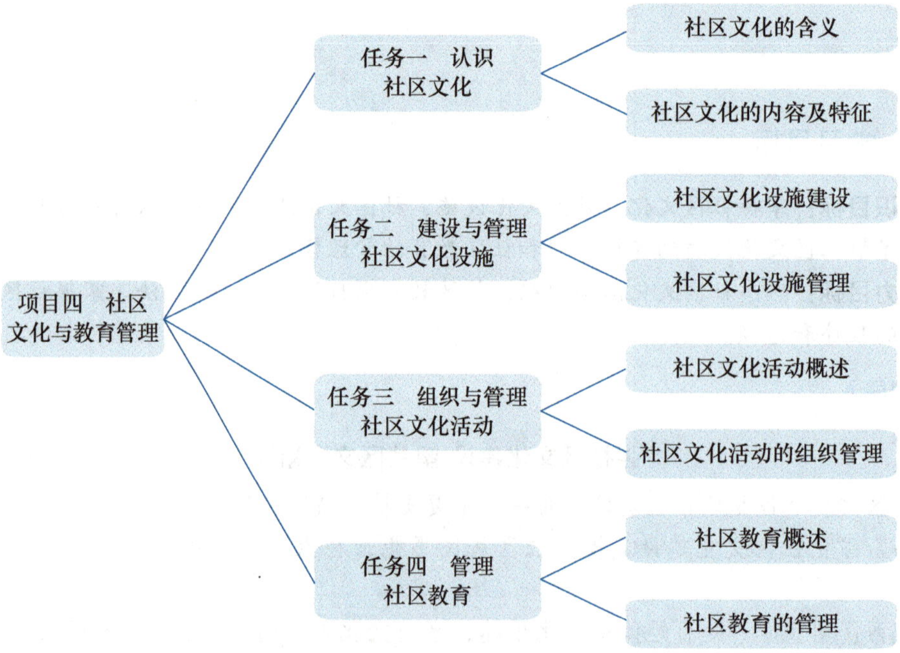

任务一　认识社区文化

任务解析

首先引导学生学习社区文化的含义、内容及特征，然后让学生通过开展社区文化状况调查的实训，加深对周边社区文化的了解，也为他们日后在社区中开展文化服务活动、进行社区文化管理奠定基础。

基础知识

一、社区文化的含义

社区文化有广义和狭义之分。广义的社区文化是指社区居民在特定区域内，在长期实践中创造出来的物质财富和精神财富的总和。狭义的社区文化则是指城市社区居民在特定区域内，在长期活动过程中形成的、具有鲜明个性的群体意识、价值观念、行为模式、生活方式等文化现象的总和。我国的社区文化一方面保留着民族传统特色，另一方面又沐浴着改革开放的春风而焕发时代精神的光彩。

二、社区文化的内容及特征

（一）社区文化的内容

社区文化不可能离开一定的形态而存在，这种形态既可以是物质的、精神的，也可以是物质与精神的结合。具体来说，社区文化包括环境文化、行为文化、制度文化和精神文化四个方面的内容。

1. 环境文化

社区环境是社区文化的第一个层面。它是由社区成员共同创造维护的自然环境与人文环境的结合，是社区精神物质化、对象化的具体体现。它主要包括社区容貌、休闲娱乐环境、文化设施、生活环境等。通过社区环境，可以感知社区成员的理想、价值观、精神面貌等内在形象，如残疾人无障碍通道设施可以充分体现尊重生命、以人为本的社区理念。

2. 行为文化

行为文化也可以称为活动文化，它是社区成员在交往、娱乐、生活、学习、经营等过程中产生的文化，通常所说的社区文化都是指这一类的社区文化活动。这些活动可以反映出社区的风尚、精神面貌、人际关系范式等文化特征。例如，广场交响音乐会、元旦千人舞会、重阳节文艺会演、趣味家庭运动会等，这些活动都是社区风貌的反映。

3. 制度文化

制度文化是与社区精神、社区价值观、社区理想等相适应的制度、规章、组织机构等。这些制度对保障社区文化活动持久、健康地开展具有一定的约束力和控制力。例如，社区引导、扶植成立各种类型的社区文化活动组织，如老年活动中心、艺术团等，并对社区文化活动开展的时间、地点、内容、方式、程序等予以规范。

4. 精神文化

精神文化是社区文化的核心，是社区独具特征的意识形态和文化观念，包括社区精神、社区道德、价值观念、社区理想、行为准则等。精神文化是社区成员精神观、价值观、道德观形成的主要途径。如社区升旗仪式、评选文明户、学雷锋演讲等。环境文化、行为文化、制度文化都属于精神文化的外在体现。由于精神文化具有明显的社区特点，所以它往往要经过多年积累，逐步形成。

（二）社区文化的特征

1. 地域性

社区文化是在社区中形成的，社区作为一个地域性社会，带有强烈的地域色彩，因此，社区文化也必然具有地域性。当人们开始在共同的地域从事社会生活，人们之间就必然要发生种种社会联系与关系，就会逐渐形成某种共同的社会心理、生活方式以及许多共同的价值观念、规范与约束等，社区文化便是这些地域性特征的文化体现形式，一个社区的历史越久，它的文化地域性特征也就越明显。

2. 认同性

所谓认同，是指一种“我们”的意识的形成，并对这个“我们”有一种感情的投入，这是社区文化的基础，也是将社区与社区成员联系起来的最基本的纽带，是全体居民对本社区的一种认可与接受，它包括居民的自觉参与、共同建设等。在社区内，人们都承认自己是社区的一员而共享它的文明。

3. 群众性

社区文化是老百姓的文化，这体现在两个方面。一方面，从个体与群体的关系看，尽管每个个体都对社区文化产生影响，但都不能单独代表区域群体的文化，而只有群体共同参与的文化才能构成社区文化的主流。因此，从社区文化的整体性来说，它属于普通群众的文化，而不是特殊个体的文化。另一方面，从文化的主体和客体来看，文化活动的组织者和表现者都是社区群众，而作为客体的被组织者和观摩者也是社区群众，因而社区文化属于群众文化。

4. 兼容性

现代社区是一个全方位开放的场所，因此无论是本土文化与外来文化、传统文化与现代文化，还是高雅文化与通俗文化、公益文化与消费文化等，都可以在这里存在并互相交融，并且随着社区文化的发展而不断发展和融合。

5. 多样性

由于文化的服务对象、目的和设施等方面的差异，文化的形态、体制和运行方式便具有一定的多样性。社区文化不仅将娱乐、教育、审美等作用融为一体，表现出强烈的时代感和鲜明的地域特色，同时社区居民还可以根据自己的意愿选择文化生活的形式和内容，从而在活泼、健康的文化氛围中达到自己的目的，体现文化的价值。

案例链接

合肥市蜀山区笔架山街道文博苑社区于2014年5月8日正式挂牌，面积约1.2平方千米。社区现有7个新建小区，总人口约2.1万人，常住人口1.75万人。中煤矿建、省博物院、省出版集团、省广电中心、合肥市五十中新区等一批有着浓郁文化气息的单位依次坐落，辖区居住、文化、休闲等配套设施完善，人文氛围日益浓厚。社区老年人比例较高，多数为进城帮助儿女带孙辈的农村老人，中青年等受教育程度较高，已经适应城市生活的居民在社区停留时间较短，但也在内居住。社区按照“两委两站”配置，有工作人员11人，下设7个党支部（含3个非公企业党支部），共有党员312名。挂牌以来，社区以“书香文博苑”工程为基础，创新推进“全自助服务，开放式管理”服务模式，多项措施并举，建设精品服务型党组织，不断赢得党员、居民和辖区单位的认同。对于社区开展的服务，居民们从最开始的不配合到后面的自发参与、自觉自律，这种巨大的转变无疑是对社区建设的最好认同。

文博苑作为一个回迁的小区，其主体入住人群共有以下几类：第一，最大的居住主体是被拆迁户，这些家庭的大多数成年人口均长期在外打工，而留下来居住的多为空巢老人和留守儿童。第二，文博苑社区地处蜀山区笔架山街道，远离喧闹的都市中心，生活环境安逸，很多家庭为尽孝道将老人安置于此。第三，小区中有相当一部分居民属于工薪族，人口比例不高，多数早出晚归。第四，小区附近有安徽省博物院，文化气息浓郁，部分家庭将此处选择为孩子的学区房，方便孩子受到更好的教育。总体来说，文博苑的居住群体以老弱妇孺为主。

社区管理中心在对居民人口构成层次进行分析后，有针对性地开设了“妇女之家”和“四点半学校”，两个项目一起开设。其中，“妇女之家”的主要职责是维护妇女权益，定期举办技术类活动，包括刺绣、手工艺品制作、食物制作交流等，以期提高居民自身的能力。“四点半学校”则是针对孩子的，由社区选派专业人员从四点半开始给孩子传播一些基础知识。由于参加“四点半学校”学习的孩子年龄偏小，大多是学龄前儿童，所以，教导孩子们的教师和看护人员除专业人员外，各高校的大学生志愿者也可以担当；同时开展趣味性游戏，适当给予孩子糖果之类的奖励，极大地提高了孩子们学习的动力。“四点半学校”既能让孩子得到更好的学前教育，又解决了父母因工作原因无法照看小孩而时时担忧的问题。社区的居住群体决定了这个社区的社区文化重点，文博苑社区以老幼两个年龄层居多，社区为此专门开辟场地，为居民提供方便。在众多的文化活动中，广场舞就是一大亮点，它是中老年人交流的媒介，能给舞者带来快乐和健康，也能为观众提供欢乐，很多居民晚饭后就会在广场舞处聚集，兴致突发还会随着音乐高歌一曲，也会有小朋友在人群中穿行，间或模仿着大人的动作。目前，文博苑社区的社区文化已初具雏形，制度较为完善，人员安排合理。

资料来源：王倩，方静怡，肖金玉，等. 城市化进程中的社区文化建设情况调查与思考——以合肥市文博苑社区为例. 合肥学院学报（综合版），2016（6）.

任务实施

一、任务内容

本次任务的内容是学生运用无结构式访谈和实地考察的方法，开展社区文化建设情况的调查。

（一）访谈社区文化工作负责人，了解社区文化的建设情况

访谈社区文化工作负责人的角度包括：

（1）社区文化的管理制度。

（2）社区文化活动的开展情况。

（3）社区文化设施的建设情况。

（4）社区文化建设的理念。

（二）实地考察社区文化的内容

主要包括了解社区文化活动开展情况、社区文化设施建设情况、社区文化组织的设置情况和社区居民对社区文化的满意度。

二、任务操作

（一）任务操作流程

联系社区文化工作负责人，约定访谈地点和时间→拟定访谈提纲→访谈前了解社区的基本情况，特别是该社区文化建设的基本情况→准备访谈工具（笔、记录本、录音笔）→访谈社区文化工作负责人，并做好访谈笔记→及时整理访谈笔记，形成访谈记录→撰写访谈报告。

（二）具体操作方法

使用本书项目一任务一“任务实施”部分的表1-4“社区文化状况调查表”为访谈和实地考察提供思路。

进行无结构式访谈应注意以下要点：

（1）访谈前，要对访谈的主要目标和所要了解的主要内容有一个明确的认识。

（2）访谈前最好能对被访者的各方面情况和特征有详细的了解。

（3）访谈的时间确定应该以被访者方便为主要原则。

（4）访谈时，开场白一定要说好。其标准是：简明扼要、意图明确、重点突出。

（5）在被访者回答问题的过程中，访谈者要专心听并认真记笔记。

（6）掌握正确的记录方法。在实践中，通常采用两种方式进行无结构式访谈的记录工作：一种是当场记录，另一种是事后记录。

三、任务拓展

（1）选择自己熟悉的社区，拟定访谈该社区文化工作负责人的提纲。

（2）走访某社区，实地考察该社区的社区文化内容。

四、任务小结

（一）访谈提纲在无结构式访谈中不可或缺，要充分重视它的设计过程

无结构式访谈虽然在访谈开始前对问题内容、提问方式和答案记录方式没有统一要求，但访谈者必须事先对访谈的主题、访谈的内容和角度、访谈的话题范围做出充分、全面的考虑。在无结构式访谈时，访谈者要努力把控访谈过程，使访谈内容在访谈提纲设计的框架和内容范围内进行，谨防无结构式访谈成为漫无目的的闲聊。

（二）对待抽象知识点要多用实地走访和考察的方式来近距离感受

社区文化是一个抽象程度比较高的概念，它的内容和特征必须通过实际的社区文化活动、社区文化设施和居民对社区的整体感受表现出来，而对这三者的把握和了解必须通过走进社区并深入居民实际生活场景的方式，这就需要学生带着具体目标到社区中走一走、看一看、和社区居民多聊一聊，从这些走访、观察和聊天的内容中感受社区文化的特征和功能。

任务二　建设与管理社区文化设施

任务解析

在社区文化建设中，文化设施是基础，是传播社区文化的物质载体。首先，围绕社区文化设施建设的内涵、社区文化设施的构成以及建设的原则展开教学；其后，开展以调查社区文化设施建设现状为内容的实训，旨在为学生今后参与社区文化设施建设和管理过程提供必要的知识储备和技能准备。

基础知识

一、社区文化设施建设

（一）社区文化设施建设的内涵

社区文化设施是社区物质文化的重要组成部分，也是开展社区文化的重要物质保障。社区文化设施建设是构筑社区公共文化空间的主要途径，是社区居民参加公共活动、享受文化成果、进行文化创造的主要依托。只有加强社区文化设施建设，才能有效保障居民文化权利。因此，在一个社区内配套建设一定的文化设施，是加强社区文化建设的前提和基础。一个社区拥有的文化设施的数量、种类和分布状况，既能反映该社区乃至整个城市的经济实力和社区建设的成就，也直接决定着社区文化生活的质量，体现着该社区的风貌和居民的文化素养、审美趣味。

（二）社区文化设施的构成

社区文化设施包括两大类：

第一类社区文化设施是休闲娱乐类，包括社区文化活动中心（站）、社区文化广场、市民文化茶座、影剧院、歌舞厅、体育场馆、市民健身场地等。

第二类社区文化设施是教育宣传类，包括社区宣传橱窗（栏）、文化墙、文化长廊、图书馆（室）、纪念馆。

（三）社区文化设施建设的原则

1. 社区文化设施建设与社区规划同步

社区文化设施建设与社区规划同步具体包括两个方面：一是有关部门在审批房产开发或城区改造方案时，邀请社区文化主管及职能部门参与整体规划，将社区文化设施建设与社区整体建设有机融合；二是对于形成较早、缺少文化设施的社区，配合拆违、改建实现社区文化设施的配套建设，使社区居民在享受物质文明的同时，充分享受精神文明，这有利于社会的安定和谐。

2. 合理利用和科学整合社区文化资源

合理利用和科学整合社区文化资源，有助于最大限度地发挥不同层次文化设施的功能和作用。例如，将社区内归属于企业、学校的文化场所及设施对社区居民群众开放，既可以补充政府投入的不足，又可以避免文化活动场所及设施的重复建设及资源的浪费。

3. 积极探索文化设施的市场化经营管理

随着居民生活水平的提高，居民对文化产品的需求越来越强烈，有相当一部分居民从观念上和经济能力上都能接受一些社区文化产品的有偿消费，因此对不同的社区文化设施可以分类管理，在以提供公益性服务为主体的前提下，适当开发有偿服务项目，将有偿服务的收益用于增加公益类文化服务项目，维护文化设施的正常持续使用。

4. 合理布局与配置

社区所包含的群众层次较复杂，即使社区文化设施、设备在总量上可以满足社区居民的文化需要，但如果布局与配置不合理，同样达不到满足社区居民文化需要的目的。这就要求社区文化设施、设备的分布要考虑社区居民的居住密度、文化程度、职业结构等因素。

5. 体现本社区文化特色

社区文化设施、设备是人类文化发展变更的象征和见证，它应当鲜明地反映出该社区文化的历史传统、民族特点和时代特色。社区文化设施、设备只有凝固了该社区的历史文化传统和民族特点，才能使社区居民产生自豪感和亲切感，才能对外来人产生强烈的吸引力。

二、社区文化设施管理

社区文化设施管理有两方面内容：一是增建新的文化设施；二是使现有文化设施实现资源最大化共享。各地社区在文化设施建设与管理中摸索并积累了很多成功的经验，可资借鉴。

（一）健全基础设施

社区文化设施建设达到“五个有”的基本要求：有社区图书室；有社区文化活动室；有社区文化广场；有文化信息资源共享工程；有宣传橱（栏）。有条件的社区可以设置综合展示厅。

（二）完善投入机制

政府应加大财政投入，列入预算，各区每年拨出专项经费，用于完善社区文化设施建设；动员社会力量资助社区文化活动。

（三）构建管理体系

社区文化活动中心纳入城区街道办事处、乡（镇）公共文化场所管理体系，其管理主体是所属街道办事处、乡（镇）。社区文化活动中心要建立健全管理、服务等规章制度。

（四）提高利用效率

合理地配置社区文化设施资源，以最大限度地发挥不同层次文化设施的功能和作用。积极探索文化设施的社会化经营管理，对不同的社区文化产品可以分类管理。

案例链接

新加坡社区文化建设的经验和启示

新加坡是一个城市型国家，全国只有中央一级政府，实行选区制管理体制，全国分为5个区，每个区成立社区发展理事会，5个区又划分为14个集选区和9个单选区。社区建设的领导机构是社会发展及体育部，负责社区发展的政策制定和职能策划；社区建设的指导机构是人民协会、社区发展理事会、市镇理事会等。新加坡提出了具有亲和力的社区文化建设理念，即个体——具有社会责任感；家庭——温馨而稳固；社群——积极并有爱心；社会——富有凝聚力和复原力。经过长期实践探索，新加坡社区文化建设管理形成了“政府主导，强化组织；统一指导，民主自治；以人为本，积极参与”的显著特色。

新加坡社区文化建设的主要做法和经验包括以下四个方面。

1. 大力培育民间组织

每个选区都有人民行动党支部、市政理事会、基层组织、慈善团体四大组织，四大组织下面又有公民咨询委员会、民众联络所、居民委员会、邻里委员会、民众俱乐部管理委员会等组织。社区建设的基本模式是：政府指导与社区自治相结合。一方面，政府通过对社区组织的物质支持和行为引导，把握社区活动的方向。另一方面，政府充分给予社区组织发育空间，社区组织分担了政府大量的管理和服务工作。新加坡强调政府主导下的“大众参与”，每万人拥有非营利组织近20个，如此众多的非营利组织成为新加坡政府管理服务社会的“抓手”，对政府的管理起到了巨大补充作用。新加坡很重视对基层领导的培养，他们一般都受过良好教育、会两种语言、能言善道、有管理能力，能解决日常管理中遇到的各种问题。新加坡社区的社会工作者都是有技能、有威望的专业人士或者是各领域有威望的领袖人物。

2. 大力培养志愿者精神

在民众俱乐部中工作的大部分人都是义工和志愿者，居民委员会中没有全职工作人员，主要在业余时间组织和开展活动。注重培养一种为社会自愿奉献的“义工”精神，由国家义务工作中心推动，促进民众及社群的广泛参与。据统计，新加坡义工和志愿者数量约占总人口的15%，即60多万人。如拉丁马士区有义工350名，只有5个全职职员。政府还引导社会团体、企业商家参与社区建设，建立社区服务网络，针对不同群众开展特色服务，社区能够为民众提供有效援助，形成了“我为人人，人人为我”的积极向上的社区风气。

3. 群众参与度高

新加坡政府在实施管理的过程中，采取多种形式，设置多种渠道使民众之间加强联络沟通，实现政府与民众的交流互动，使政府制定的规划目标与民众的需要和愿望达到了最大限度的统一。社区的重大事项都有社区居民广泛参与。新加坡共有3 000多个各类基层组织，形成了组织、参与和资助各种社区活动项目的群众基础，保障了开展活动的物力和财力。社区发展理事会对居民从小培育“社区即家、家为社区、爱家、爱社区”的意识，使社区居民积极投身参与社区活动和社区管理。社区居民委员会等组织的工作者承担的工作完全是兼职的、义务的。群众在基层组织中积极为社区建设提出意见和建议，在社区中有参与表决权，积极参加各类有益身心的娱乐活动，对现实政治状况感到满足，以参加推进新加坡现代化的工作为荣。

4. 建立多种伙伴关系

在社区内建立多种伙伴关系，加强社区与居民、企业之间的联系。如公民伙伴、企业伙伴、社区伙伴等。以西南社区为例，社区内有1 330名公民伙伴，1 250名企业伙伴。一方面，社区内居民、企业与社区之间能够紧密联系，建立起互利伙伴关系，增强凝聚力。另一方面，通过这些公民伙伴、企业伙伴筹集社会资金，可以增加社区建设的投入，丰富社区服务的内容。

资料来源：王克修，王露曼. 新加坡社区文化建设的经验和启示.（2013-04-03）[2020-05-06]. http://theory.people.com.cn/n/2013/0403/c40531-21017238.html.

任务实施

一、任务内容

本次任务的内容是开展关于某个社区的文化设施建设现状的问卷调查。

二、任务操作

（一）开展探索性调查

探索性调查主要用来“探测”所调查现象或问题的基本状况，获得一个大致的轮廓或印象，为正式的社会调查工作提供基础和指明方向。

（二）确定分析单位和调查内容

确定本次调查的分析单位和调查内容。分析单位是本次调查所要分析和描述的对象，调查内容是本次调查所要了解的调查项目和调查指标。通常，社会调查在内容上包括三个方面：一是调查对象的社会背景，如调查对象的年龄、人口统计方面的内容，调查对象的家庭结构、居住形式、社区特点等生活环境方面的内容；二是调查对象的社会行为，即调查对象“做了什么”以及“怎样做”等方面的资料；三是调查对象的意见和态度，即调查对象“想些什么”“如何想的”或“有什么看法”“持什么态度”等方面的资料。

（三）确定调查的抽样思路

抽样所涉及的是如何选取调查对象的问题，不同的社会调查类型对抽样方案的要求不尽相同。社会调查的抽样思路包括：确定调查总体，即调查对象所取自的总体；确定抽样方案的类型，即是采用概率抽样还是非概率抽样；确定样本规模，即抽样样本是大样本、中样本还是小样本。抽样方法、抽样过程、样本规模直接关系着调查所选取的对象对总体的代表性的大小，关系着调查结果能否正确地推论到总体。因此，抽样设计是社会调查中的一项重要工作。

（四）确定调查资料的搜集方法与分析方法

用问卷调查法搜集资料，既可以用个别发送法也可以用结构式访谈法。资料搜集完毕后，运用SPSS统计分析软件，采取统计描述和统计推论的方法对调查资料进行定量分析。

（五）确定调查人员的组成及调查人员的组织与培训安排

确定参与本次调查的人数及每个人在调查工作中的分工，分工的内容包括整个调查工作的组织、管理与监督，调查评估与调查报告的撰写，调查人员的挑选与培训，调查方案的设计，问卷的设计与抽样，探索性调查与调查资料的搜集，调查资料的整理与统计分析。

（六）确定调查的地点和时间进度

不同的调查课题对于调查地点和时间的要求会有所不同，所以在开展调查之前，必须明确调查实施的地点和场所与时间进度，以适应调查课题的特征。调查的时间进度要按照调查工作内容分段安排。

（七）确定调查的经费使用计划和物质手段

一定的经费和物质手段是每项调查不可或缺的，在调查设计阶段，研究者要对调查所需要的经费和物质手段及其使用有一个整体的考虑和合理的分配。调查的物质手段包括电脑、存储设备、SPSS统计分析软件、采访机或录音机、复印机、打印机等。

三、任务拓展

在某社区开展居民对社区文化设施建设的满意度调查。

四、任务小结

（一）精心设计问卷的开场白

问卷的开场白，要以亲切的口吻致以问候，措辞应精心设计，做到言简意明，亲切诚恳，使被调查者自愿合作，认真填好问卷。

（二）问题的语言要精确

由于不同的语言方式会对被调查者产生不同的影响，因此看起来差不多相同的问题，会因所用语言不同而使被调查者有不同的反应，继而做出不同的回答。故问题所用的语言必须精确，以免影响答案的准确性。特别是要避免一般性问题，例如，问题的本来目的是在求取某种特定资料，但由于问题过于一般化，使被调查者所提供的答案资料无多大意义。

（三）问卷的语言要口语化

问卷的语言要口语化，符合人们交谈的习惯，避免书面化。

任务三　组织与管理社区文化活动

任务解析

社区文化建设的主要方式是组织社区文化活动，而社区文化活动需要科学有效的组织与管理。首先带领学生学习社区文化活动组织与管理的基础知识，然后以模拟组织社区文化活动为实训内容，帮助学生掌握社区文化活动组织与管理的流程及方法。

基础知识

一、社区文化活动概述

（一）社区文化活动的含义

社区文化活动是指社区成员开展的业余文艺、体育活动。社区文化活动有自娱自乐、丰富多彩、雅俗共赏的特点，有娱乐、审美、教育、宣传、装饰、交际、强身健体等多种功能。社区文化活动是形成社区认同感和归属感的主要途径，是形成社区吸引力、感化力、凝聚力和创造力的重要载体，是社区文化风格、民俗特色和经济活力的直接或间接的展现。

（二）社区文化活动的类型

1. 按照活动群体划分

社区文化活动按照活动群体可以划分为以下几种：第一，社区少年儿童活动，主要是针对社区内少年儿童所举行的各项文化活动，如少年宫、少年儿童活动中心等；第二，社区老年活动，即面向社区内老年群体所开展的各种文化活动，如老年活动中心、老年活动室、健身广场等；第三，社区青壮年活动，主要是面向社区内的青壮年所开展的各项文化活动，这类文化活动以各种培训为主，如家长学校等。

2. 按照活动功能划分

社区文化活动按照活动功能可以划分为以下几种：第一，社区文艺活动，是指社区成员所从事的业余文学艺术以及娱乐性活动。社区文艺活动有自娱自乐、丰富多彩的特点。丰富社区文艺活动对于提高民族素质、促进社区全面进步具有重要作用。社区文艺活动所涉及的范围很广，主要包括报告文学、舞蹈、喜剧、书法等。第二，社区体育活动，是指社区居民在社区长期生活中所开展的各项体育活动。社区体育活动的内容很多，主要包括大众健身和竞技比赛两个部分。社区体育活动能够锻炼人们的身体，提高居民的身体素质。第三，社区民俗活动，即针对民俗的文化活动。民俗起源于人类群体生活的需要。第四，社区教育活动，即社区内所举办的教育活动，主要是培训等。

二、社区文化活动的组织管理

（一）管理机构

街道办事处和社区居民委员会文化干部，是社区文化工作的组织者和管理者，相应的，街道办事处和社区居民委员会是社区文化活动的管理机构。

（二）管理内容

社区居民委员会充分发挥社区文化人才、组织、设施和文物的优势，并对社区文化活动进行管理和引导，包括社区文艺活动、社区体育活动、社区培训活动、社区环境保护和美化活动、社区精神文明创建活动。

（三）管理机制

建立社区文化活动工作委员会的各个组织机构，与相关部门密切配合，形成合理、协调的关系，并逐步壮大社区文化活动管理人员队伍。管理工作要具有计划性和连续性。

（四）管理方式

进行中长期社区文化活动的发展规划，对当年各项文化活动的计划进行审批、复核，对各项活动细节明确责任单位和责任人，并对文化活动专项资金进行审核、登记。

（五）社区文化活动的资金筹集

社区文化活动的资金来源需要通过多种渠道解决。

首先，政府投资是十分重要的环节。政府部门要在年度经济规划中，把对文化的投入纳入财政预算。

其次，社区要充分利用本社区企事业单位或个人的优势，通过各种方式为社区文化活动筹集资金，以建立文化基金等形式，为社区文化的长远发展开辟道路。同时，社区要利用现有文化设施的优势，采取多种方式自筹资金。

案例链接

惠城开展社区文化活动 丰富群众精神文化生活

惠城区第九届社区文化节开幕式暨好人颁奖典礼在河南岸街道银岗岭社区金山湖公园举行。近些年来，惠城区各街道陆续开展社区文化活动，社区干部职工、居民群众、社工团体、志愿者们积极参与，同台献艺，精彩歌舞表演、社区文化大讲堂、义诊活动进社区……多种多样的文化活动丰富了辖区群众的精神文化生活。

第九届社区文化节突出学习贯彻习近平总书记重要讲话精神、“志愿之城”、“好人之城”、未成年人思想道德建设、家风家训、诚信建设、关爱老人等精神文明建设重要内容，广泛传递社会正能量。区文明局发挥统筹指导作用，各街道因地制宜，按照既定方案，依托街道、社区文化中心和广场，整合调动各类文化资源，组织开展形式多样的广场文化活动及学雷锋志愿服务活动。

文体活动有特色，群众喜闻乐见

在桥西街道，有一支银龄义演服务队，他们是来自桥西居家养老服务中心的艺术社团。义演服务队由平均年龄超过50岁的退休老人组成，他们走进敬老院和社区进行慰问演出，给老人和居民带来精彩的节目，成为惠城社区文化建设中一道靓丽的风景。

在“和谐社区行”系列活动走进桥西文艺晚会上，整场晚会共15个节目，其中有8个节目以及现场的管乐仪仗队，都是出自银龄义演服务队。桥西居家养老服务中心负责人告诉记者，接下来，义演服务队将会在桥西文化站的支持下，在桥西街道12个社区演出，节目内容包含宣传十九大精神、扫黄打黑活动等。

开展“邻里守望·梦起鹅城”群众文体活动，是本届社区文化节的重头戏。记者从区文明局了解到，本届社区文化节要求各社区组织开展具有社区特色、群众喜闻乐见、便于参与的各类文体活动。如开展“动感广场”，“鹅城舞台秀”，送电影、送戏下乡等群众文体活动，在活动中穿插文明知识有奖竞答，提升群众参与热情；开展“百姓才艺秀”活动，如漫画、书法、摄影、剪纸、手工艺作品等展览；开展“爱国歌曲大家唱”，声乐、曲艺、器乐等演出或比赛；开展厨艺擂台赛、社区能人奇技大比拼，挖掘“四东”文化及具有文化底蕴的群众性民间文化活动等，努力打造一批有浓郁地方特色、有较强影响力的文化活动品牌项目。

志愿服务促进“六好”社区建设

为增强社区居民对健康的关注，日前，江北街道文昌社区综合服务中心联合文昌社区居委会、惠州市健康文化协会在帝景湾广场开展“关爱健康，公益进社区”健康文化节活动，共吸引20余家企业和单位走进社区，为居民提供中医义诊、血压测量、小儿推拿、心理健康咨询、口腔咨询、眼科检测及急救技能知识宣传等服务。

“社区文化节是惠城区文化建设的一个响亮品牌。本届文化节的最大亮点是，把‘好人之城’建设和志愿服务融入其中，好人与志愿者同台，打造一个温馨感人的场面，在增强社区活力和文化交流的同时，影响和带动更多人参与志愿服务，助力文明惠城建设。”惠城区委宣传部副部长、区文明局局长陈慧仪说。

据介绍，在社区文化节活动中，倡导以市（区）直单位结对共建“六好”社区活动为载体，组织政府职能部门、社会团体、民间组织、企业积极参与社区结对共建活动，推行“党工＋社工＋义工半小时服务圈”，夯实以文化、医疗卫生、法律、环保、消防、科普“六进社区”为主要内容的专业志愿服务，扎实开展扶贫帮困、慈善捐助、义演义诊、环境保护、植绿护绿等活动，推进志愿服务活动制度化、日常化，让学雷锋志愿服务进小区、进家庭常态化、生活化，实现睦邻亲善、守望相助。

年底评选文化节精品节目进行展演

本届社区文化节还融入开展“邻里守望·百姓大讲坛”市民教育活动，即在各社区开展“道德讲堂”“社区文化大讲堂”“文明创建大家谈”等“百姓大讲坛”活动，内容涉及东江文化、政策解读、家庭关系、子女教育、心理辅导、健康养生、安全防范等多个方面。活动大力倡导和鼓励居民自己走上社区文化大讲堂的讲台，分享自己积累的各类知识及身边的好人好事，畅谈对文明创建的意见和建议，使党的方针政策、社会主义核心价值观、文明新风等得到潜移默化的宣传和普及。

据介绍，12 月为本届社区文化节闭幕式暨“社区大舞台”精品展演阶段。在此期间，将评选出本届文化节精品节目奖、最美志愿者、最佳志愿服务项目、最佳志愿服务组织、最美志愿服务社区等奖项，各街道将选出文艺精品节目在社区舞台上展演。此外，将展出摄影大赛作品、道德楷范、惠城好人展板以及示范社区先进典型成果展板，充分展现各街道丰富多彩的群众文化生活及建设和谐社区、深化“志愿之城”“好人之城”建设的良好精神面貌。

资料来源：惠州文明网．惠城开展多种多样社区文化活动 丰富群众文化生活．（2018-08-15）[2020-04-10]．http://hz.wenming.cn/ecjj/201808/t20180815_5386023.htm.

任务实施

一、任务内容

本次任务的内容是组织一次社区文化活动。

二、任务操作

（一）社区文化活动意向调查

社区文化主管人员应定期对居民做一次文化活动意向调查，并分析、总结调查结果。文化活动意向调查可采取以下方式进行：（1）电话采访；（2）投递文化活动调查表；（3）预约采访；（4）召开座谈会等。

（二）社区文化活动计划与实施方案的制订

社区文化主管人员根据定期的居民活动意向调查结果，结合社区文化活动设施情况，制订出社区文化活动计划与实施方案。该计划与实施方案应包括以下几方面：（1）举办文化活动的目的；（2）开展文化活动的项目与活动方式；（3）文化活动设施、设备的配备情况；（4）开展文化活动所需经费的预算；（5）开展文化活动的组织及参与主体。以上文化活动计划与实施方案应报社区管理机构，通过审核后纳入年度工作计划。

（三）社区文化活动开展与组织实施

（1）社区文化主管人员根据审批过的文化活动计划于每次活动前半个月制订出一个详细活动组织方案及相关物品采购计划，呈报社区管理机构。

（2）社区管理机构召集活动有关人员讨论文化活动组织方案的可行性、奖品设置情况及活动经费的落实情况。社区管理机构还应提前10天召开有关组织人员的筹备会议，落实文化活动组织的具体事宜，如各类比赛的裁判工作会议、文艺演出活动的主持人会议等。

（3）社区文化主管人员应提前一个星期将举办文化活动通知以海报形式张贴在社区公告栏、宣传栏内，对于重要文化活动，应做到每家每户均通知到。

（4）社区文化主管人员提前一个星期做好以下准备工作：文体活动场地准备；奖品及所需物品准备；组织人员分工准备；活动场地所需设施、设备的准备。

（5）社区管理机构于每次活动举办前2～3天召集相关组织人员做一次模拟组织安排或相关演练工作，确保文化活动组织工作无漏项。

（6）文化活动举办当天，管理处人员应全部调整好班次，相关组织人员均应进入活动场地进行现场布置及相关工作安排。在整个文化活动组织与进行过程中，社区管理机构必须亲自抓各项工作，确保组织工作质量。

（四）社区文化活动总结

社区文化主管人员应在每次文化活动结束后及时做本次文化活动的总结工作，找出存在的缺点与不足之处，并填写“社区文化活动记录表”及社区文化活动总结报告；以上活动总结报告及相关记录表格应及时上报社区管理机构，作为对社区文化主管进行绩效考评的依据之一。社区文化管理人员应将每次社区文化活动的相关资料及记录分类归档。

文化活动档案包括：“社区文化活动计划申请表”、“住户意见征集表”、“社区文化活动记录表”（见表4－1）、“社区文化活动检查与处理记录表”。

表4－1　社区文化活动记录表

<table>
<tr><td>名称</td><td>“戏曲大家唱”启动仪式</td><td>举办单位</td><td>中成社区</td></tr>
<tr><td>时间</td><td>2018.05.11</td><td>地点</td><td>社区活动室</td></tr>
<tr><td>参加对象</td><td>社区居民，文艺骨干</td><td>参加人数</td><td>20余人</td></tr>
<tr><td>活动内容</td><td colspan="3"></td></tr>
<tr><td colspan="4">为弘扬先进文化精神，丰富社区居民业余文化生活，营造浓厚的社区文化氛围，有效地激发居民、外来人员参与社区文化活动的热情，搭建社区居民与外来人员相互学习、相互交流的舞台，2018年5月11日下午，在社区文化活动中心举行了“戏曲大家唱”启动仪式。在“戏曲大家唱”启动仪式上，戏曲爱好者们各自发挥了自己的才艺，演唱了自己的保留曲目，特别是丁爱珍大姐演唱的《桑园访妻》片段非常动听，赢得了大家的阵阵掌声。
这次“戏曲大家唱”活动是“爱心驿站”的延伸，社区以每星期四下午为戏曲演唱日，为社区居民提供展示才艺的舞台。</td></tr>
</table>

三、任务拓展

分小组完成一项社区青少年文化活动策划。

四、任务小结

（1）举办各类文化活动必须选择有经验、活动能力强的主持人。

（2）社区文化活动举办时间一般安排在周六、周日或者重大节日前夕。

（3）应制定详细的人流组织与疏散方案，开展文体活动时应注意防火、防盗、防打架斗殴或其他治安防范工作。

（4）确保场地的设施、设备良好，并做好应急方案与处理措施。

（5）文化活动如果在晚上举办，则应该在晚上 10:00 以前结束，以不影响小区居民正常生活为原则。

（6）社区内举办的各项文化活动应确保内容健康、积极、合法，有助于居民身心健康。

任务四 管理社区教育

任务解析

社区教育是建设和谐社区不可或缺的要素，更是实现社会可持续发展和建设学习型社会的重要因素。通过本任务的学习，要求学生能够理解社区教育的含义，了解社区教育的内容和功能，掌握社区教育管理的含义、理念和模式，初步掌握社区教育项目的设计流程及方法。

基础知识

一、社区教育概述

（一）社区教育的含义

社区教育是指在一定地域范围内，充分利用各类教育资源，旨在提高社区全体成员整体素质和生活质量，促进区域经济建设、社会发展和教育自身发展的教育活动。

（二）社区教育的内容

1. 大力开展丰富多彩的社区教育活动

社区教育要针对社区居民的需求，广泛开展针对不同类型人群的各类教育培训，尤其是针对城市社区企业职工比较多的情况，大力开展企业职工思想教育培训、职业技术培训、再就业培训、转岗培训、外来人口培训等。

2. 广泛开展学习型社区和学习型组织的创建工作

创建学习型社区和学习型组织是社区教育的重要内容。学习型社区是指以社区终身教育网络和学习型组织为基础，能保障和满足社区成员基本学习权利和终身学习需求，从而促进社区成员素质和生活质量提高，以及社区可持续发展的一种新型社区。

3. 整合优化社区教育资源，建立社区教育网络

社区可在统筹整合当地教育资源的基础上，建立融广播电视教育、现代远程教育、自学考试、各类成人教育和职业培训为一体的社区教育中心。以社区教育中心为社区教育办学网络的龙头，发挥其对本地区社区教育工作的组织、协调、指导、服务、辐射、带动作用。

（三）社区教育的功能

1. 社区教育可以培养社区居民积极的价值观、态度和道德

社区发展不外乎两个方面：一是外在环境的建设和发展；二是社区居民个人内在的积极的价值观、态度和道德的培养。这两个方面是相互影响、相辅相成的。

2. 社区教育可以提高全社区居民的素质和文化水平

社区教育可以促进社区内幼儿教育的发展和义务教育的普及，有利于解决学校经费、设施、师资等问题，对于提高全体居民文化水平和素质起到了良好的作用。

3. 社区教育可以形成良好的社区文化

社区文化可以理解为社区居民的生活方式，它包括物质的和精神的两个方面。物质方面的生活方式，主要指人们衣食住行及工作和娱乐的方式等。精神方面的生活方式，主要指人们的追求、期望、信仰、行为规范、社会风尚等。良好的社区文化不是自然产生的，而是通过社区教育有目的地培养形成的。

4. 社区教育可以培养社区角色

社区教育对社区角色的培养主要体现在对社区居民的社区参与意识、归属感、社区意识的培养上。由于社区发展是一个需要社区居民参与的有目标的行动过程，因而没有全体社区居民的参与，社区是不可能发展的。居民参与是社区发展的基础，是社区发展的必要条件。人们的参与意识、参与态度和参与能力，是在社区教育过程中培养起来的。通过社区教育培养社区角色，很重要的一点是培养社区居民的社区意识和社区归属感。社区意识和社区归属感是一种统合性的概念，是社区发展的巨大推动力，是由不同的个人思想交互作用而形成的，是社区教育的产物。

二、社区教育的管理

（一）社区教育管理的含义

社区教育管理就是对社区教育资源（包括人力、物力、财力和信息等）进行合理组合，使之有效运转，以实现组织目标的协调活动过程，也是对社区内的教育资源进行开发、利用，以实现社区教育的最终目标的一种组织力量。

（二）社区教育管理的理念

理念是支撑行为的准则和指导思想。任何一种管理行为或举措，背后总是自觉或不自觉地由某一种理念支撑着。社区教育工作者应当把社区教育价值观作为社区教育管理的理念基础，以指导自己的社区教育管理行为。社区教育管理的依据是教育政策法规的贯彻与实施；社区教育管理的目标是建立学习型社区；社区教育管理的核心是为满足社区居民的

教育需求提供服务；社区教育管理的重心在于整合社区内一切教育资源，有效推进社区教育可持续发展。

（三）社区教育管理的模式

1. 以街道办事处为中心进行的联动型社区教育模式

此类模式是目前我国社区教育的主要形式。其内涵为街道办事处作为所辖行政区域的社区教育组织者、实施者、监督者、协调者，以社区服务及社区文化为着眼点进行各种休闲、文化、活动性的社区教育。其运作方式为：

（1）街道办事处相关职能科室按行政方式布置、检查社区教育工作。

（2）成立社区教育委员会，联合有关职能部门及驻区单位参加社区教育工作，即“街道牵头、社会参与、双向服务”模式。此模式带有较强的行政管理色彩，易于街道办事处发挥主导作用，并可在一定限度内调动社区各个主体的资源，但也易于产生流于形式的弊端。

2. 以中小学校为主体进行的活动型社区教育模式

此模式是由教育系统内部发展起来并日渐完善的教育形式。其内涵为中小学作为区域性社区教育的组织者、协调者，利用自身办学资源优势进行校外活动。其运作方式为：

（1）以学校为主体组织本校或社区内中小学生参加各种形式的课外教育活动。

（2）由学校牵头组建社区教育协调委员会，定期研究校外教育工作，参与学校课外活动协调与管理，并向社区居民开放校内文体活动设施，即“协调课外活动，开放文体设施”模式。

3. 以社区学院为载体进行的综合型社区教育模式

此模式是近年来在北京、上海等地出现并日益引起关注，同时又引起较大争议的新型教育形式。其内涵为社区学院作为区域性社区教育的龙头单位，通过理事会和文明市民学校及学历教育、非学历教育手段进行文化性、职业性、专业性社区教育。其具体运作方式为受街道办事处、民政局或者区域内单位委托，通过专业开发、课程开发、项目开发等多种手段组织教育教学活动。

4. 以地域为边界进行的自治型社区教育模式

此模式近期亦有较大发展。其内涵为由社会各界共同组成的社区教育协调委员会对本社区教育进行总体协调和具体策划。其运作方式为由辖区各行各业较有影响并且热心社区教育的单位，或由某一功能齐全单位牵头组成专门机构，利用各成员单位在各自行业的影响和资源，开展“社区是我家，建设靠大家”式的社区教育活动。

5. 以社区大众传媒为平台的媒介型社区教育模式

此模式构建的平台是大众传媒，因而传播速度快，传输量大，教育效率高。此外，由于借助了网络等现代化媒介，教育者和学习者的互动性增强，教育的针对性和实效性得以提高。但此模式对硬件要求较高，财力和人力投入大，不是每个社区都具备此条件。另外，还要求社区成员有经常接触大众传媒的习惯，否则教育效果将大打折扣。

案例链接

项目化成为社区教育“主菜”

占文村的“老少同乐——代际学习”社区教育项目，通过开展以老带小、以小领老的结对互助交流活动，丰富了农村留守老人的精神文化生活，解决了新市民子女和困难家庭子女的校外教育问题。

德积村的“欣欣向‘农’——农业发展知识普及培训”项目、塍丰社区的“耆乐融融——拆迁安居老人融入”项目、德丰社区的“候鸟同行德丰梦——新市民教育服务”项目……在张家港保税区（金港镇），随处可以感受到社区教育项目开展的热潮。

张家港保税区（金港镇）是全国社区教育示范街道（乡镇）。为了满足社区居民的不同需求，自2015年以来，保税区（金港镇）社区教育中心通过政府购买服务、引进社团组织，“查漏补缺”“按需定制”，开展了一系列切合地方实际、满足居民需求、体现区域特色的社区教育服务项目，“服务对象从‘摇篮’到‘拐杖’”，构建起教育“立交桥”，强化了社区教育服务的精准化。

社区教育如何融入社会治理改革、搭建共建、共享、共治平台？如何进行社区教育供给侧改革，满足群众追求美好生活的向往？如何提高基层组织参与的积极性，扩大社区教育的覆盖面，搭建更加灵活多样、生动有效、深受群众欢迎的社区教育新载体？这些问题，需要社区教育工作者不断深入思考。

为了更好地把社区教育融入社区建设，推动社区教育综合治理改革，从2015年开始，江苏省张家港保税区（金港镇）社区教育中心将政府购买服务、社会组织参与的理念运用到实际工作中，启动社区教育项目化运作试点工作。该项工作遵循“政府主导，村（社区）组织，社团参与，多方投入”的原则，突出教育惠民、突出项目引领、突出精准服务、突出多方联动、突出品牌打造、突出宣传成效，按照“积极稳妥、有序实施，规范程序、科学安排，严格管理、以事定费，完善考评、结果公开，动态管理、优胜劣汰”的要求，遴选出代表性、探索性、实效性较强的社区教育项目。

为什么要推进项目化运作

社区教育项目化，就是把社区教育活动视为项目并进行项目设计，通过建立项目的谋划、实施、考核、评估制度体系，整合多方人力、财力、物力、信息等资源，实现资源优化配置，立足既定条件，按时按质完成各项社区教育任务。项目化运作是指管理者在有限的资源约束下，运用系统的观点、方法和理论，对项目涉及的全部工作进行科学有效的管理。其核心思想是以项目作为独立的组织单元，通过项目的形式来保证组织的灵活性，以目标为导向解决问题。项目化运作具有组织架构的灵活性、目标导向的明确性、实施过程的计划性等特点。

社区教育开展项目化运作，通过创新市场化、社会化、多元化、实事化的运作机制，可以不断提升社区教育项目的质量和效益，使社区教育项目化运作健康发展，并形成一套可推广的项目运行管理机制；探索社会组织参与社区教育项目的运作模式，通过项目化运作培育社会组织，使它们规范化、制度化、品牌化，扩大社区教育的公众知晓面，让更多的社会组织、公益热心人士以及社会资本参与到社区教育中来；提高社区教育管理人员的管理水平，引领和带动社区教育工作向新常态发展，逐渐走出一条项目化工作试点探索、典型示范、经验推广的新路子，带动社区教育提升整体水平，扩大社区教育知名度和美誉度。

试点工作对提高社区教育专项经费的使用效益，突出区镇统筹引领作用，发挥村（社区）、社会组织能动作用，进行了有益的探索。2015 年试点共申报 41 个项目，入选 15 个；2016 年共申报 78 个项目，入选 57 个，内容涵盖“教育惠老”“教育惠少”“教育惠社”“教育惠企”“教育惠特”五大类；2017 年征集到 95 个项目，其中 68 个项目被市镇两级立项，项目质量进一步提升，而且新增了“教育惠农”方面的项目。

如何有效推进项目化运作

在社区教育项目化运作的具体实施中，一方面要求提高社区教育供给端的质量、效率，并不断开拓创新；另一方面要丰富教育供给结构，为市民提供丰富、多元、可选择的教育形式。

紧扣需求，确保项目立项“精、准、实”。在项目立项过程中，需要树立“有所为，有所不为”的理念、坚持“需求＋可能”的原则，充分把握社会普遍关心、群众热切盼望的问题与社区教育工作的结合点，全面评估现有资源，通过广泛深入调研，了解群众最关心、最直接、最现实的需求，同时综合考虑形势发展需要和群众现实需求，统筹兼顾当前建设与长远发展，通过项目化运作提高社区教育工作服务群众的能力。

落实责任，务求项目推进重实效、出成果。确定项目后，每一个项目都要求确定实施方案，成立推进小组，做到明确预期目标、明确推进计划、明确责任人员、明确工作措施、明确时限要求。为保证项目运行质量，需要定期召开工作推进会，交流项目实施过程中存在的问题和解决的办法，邀请专家学者对具体项目进行现场指导；调动项目运行的每一个积极因素，形成项目推动合力，让项目更“接地气、有人气”。

完善机制，促进项目建设常态化、长效化。在项目实施过程中，需要坚持一手抓项目实施、一手抓成果转化推广，按照“创经验、创典型、创品牌”的创建路径，努力打造有特色、有影响的社区教育品牌项目，真正实现“政府支持、专业团体管理、政府和公众监督、民间组织参与、居民百姓受益”。基层单位做好社区教育项目化工作的创新智慧与实干热情，是确保项目不断创新、持续开展的动力源泉。

项目化运作带来了什么

随着公益服务项目的数量和覆盖面逐年扩大，社区教育的功能和作用日益凸显。丰富多彩的社区教育项目切合社区居民需求，促进了居民生活技能和生活质量的提高，居民参与度、社会关注度和社会评价明显提升。

资源整合力得到充分凝聚。通过项目化运作，社区教育工作不再是“独角戏”，社会力量积极参与其中，有效聚合了全社会的人力、物力和财力，与社区教育部门形成合力；将社区教育工作提炼分解，转化为项目，达到对外快速反应，对内整合、优化配置资源的目标；人、财、物等资源得到有效利用，做到专项专人专款，克服了不同机构、部门之间存在的衔接不畅、职能交叉、责任主体不明确等突出问题，提高了运转效率。

推动精准惠民落到了实处。社会性、开放性和资源的局限性，决定了社区教育工作必须加强协作、整合资源、创新发展，主动适应新形势、新任务对社区教育工作的新要求。通过项目化运作，社区教育工作从根本上找到了抓落实的载体、推落实的抓手。各项工作的量化、具体化，使“软”指标成为“硬”任务；社区教育工作者成为“项目经理”，强化了“种好自己责任田”意识，集中精力做好一两件实事，循序渐进，积小胜为大胜。

提升了专项经费使用绩效。根据项目精准配套资金，社区教育工作由“应付干”变成“主动干”，社区教育工作者的积极性不断提高。同时，每个项目必须提供经费使用明细，减少乃至杜绝了经费使用过程中的盲目和浪费现象，极大地提升了经费使用绩效。3 年来，试点累计投入近 80 万元“种子资金”，却撬动了 500 多万元的配套资金和带动资金，整合和吸引了各类教育资源和社会多方力量参与，进一步实现了社会多元共治的理念。

资料来源：钟伟. 项目化成为社区教育“主菜”. (2018-04-03)[2020-04-10]. http://www.jyb.cn/zgjyb/201804/t20180403_1040928.html.

任务实施

一、任务内容

本次任务的内容是学习社区教育项目的设计。

二、任务操作

（一）界定社区教育项目的需求

社区教育的需求分析是指理解社区内居民的教育需求，使教育功能与居民教育需求达成一致，估计项目风险，评估项目代价，最终形成社区教育项目开发计划的一个复杂过程。简而言之，需求分析的任务就是解决“做什么”的问题。社区教育项目的问题识别就是从系统角度来理解社区居民的教育需求，根据预先设计的居民教育需求指标或者调查问卷等，来确定居民教育需求。

（二）选择社区教育项目

项目选择是指组织或个人需要对各种项目机会进行比较与选择，将有限的资源以最低的代价投入收益最高的项目中，以确保个人或组织的发展。正确地选择项目往往比正确地规划、实施项目更具有战略意义。社区教育项目受到社区资源的限制，社区资源对项目的开展起着至关重要的作用。因此，在确定了居民需求的前提下，要综合考虑各方面的资源条件，进一步明确可以做什么，也就是项目的资源可行性分析。社区教育项目的资源可行性分析要围绕项目所涉及的基本要素即人、财、物以及组织方法、实施方法等进行，这里的人不仅包括受教育者，还包括教育者。就上述主要要素进行优劣等级划分，然后给予一定的权重，将每个要素的权重与评分值相乘，得到每个要素的加权评分值，再将每个要素的加权评分值相加，得到一个项目的综合加权评分值，根据分值评定项目的优先等级。可行性分析的最终目的就是确保有限的社区教育资源得以最大限度的利用。

（三）制订社区教育项目计划

社区教育项目计划是用于协调项目进度及内容包括所有子项目进程安排的编制文件，

也是指导项目执行和控制的文件。社区教育项目计划包括以下几个部分：首先要对项目进行介绍，其中包括项目背景、预期目的、项目涉及的要素准备等；其次是对项目的具体展开进行描述，即什么人做什么事，要达到什么要求；最后是对项目的人员以及进度进行安排，以明确项目的时间要求。

项目计划作为项目管理的重要阶段，在项目中起承上启下的作用，因此要按照项目总目标、总计划制订。计划文件经批准后作为项目的工作指南。在项目计划制订过程中，一般应遵循六个原则：

（1）目的性。任何社区教育项目都有一个或几个确定的目标，以实现特定的功能、作用和任务，项目计划的制订正是围绕项目目标的实现展开的。在制订计划时，首先必须分析目标，弄清任务，因此项目计划具有目的性。

（2）系统性。社区教育项目计划本身是一个系统，由一系列子项目计划组成，各个子项目计划不是孤立存在的，彼此之间相对独立又紧密相关，从而使制订出的项目计划也具有系统的目的性、相关性、层次性、适应性、整体性等基本特征，使项目计划形成有机协调的整体。

（3）经济性。社区教育项目计划的目标要求项目不仅要有较高的效率，而且要有较高的效益，所以在计划中必须提出多种方案进行优化分析。

（4）动态性。这是由项目的寿命周期决定的。一个项目的寿命周期短则数月，长则数年，在这期间，项目环境常处于变化之中，可能使计划的实施偏离项目基准计划，因此，社区教育项目计划要随着环境和条件的变化而不断调整和修改，以保证完成项目目标，这就要求项目计划要有动态性，以适应不断变化的环境。

（5）相关性。社区教育项目计划是一个系统的整体，构成项目计划的任何子计划的变化都会影响其他子计划的制订和执行，最终影响项目计划的正常实施，因此制订项目计划要充分考虑各子计划间的相关性。

（6）职能性。社区教育项目计划的制订和实施不是以某个组织或部门内的机构设置为依据，也不是以自身的利益及要求为出发点，而是以项目和项目管理的总体及职能为出发点，涉及项目管理的各个部门和机构。

（四）执行社区教育项目

社区教育项目的执行是指正式开始为完成项目而进行的教育活动或工作过程。由于教育的实际效用是在这个过程中产生的，所以这一过程是社区教育项目管理中最为重要的环节。一般在确定怎么去做之后，只要严格地执行计划安排，就能如期完成任务。但事实上，在社区教育项目的操作过程中，往往会出现这样或那样的问题，当然这与环境等不确定性因素有关，但更多的是因为在制订计划的时候忽略了与人的沟通，尤其是缺乏与合作单位、受教育者之间的沟通，由此带来种种问题。但计划一旦制订后，可以调整的幅度就要受到既有计划的限制，所以计划的有效完成更多地依赖于人们之间的沟通。因此，在社区教育项目执行过程中，沟通比计划更重要，有效的沟通一方面可以使工作者了解合作单位以及受教育者的思想动态，更重要的是可以让他们认同计划执行的过程。

（五）控制社区教育项目

在项目按事先制订的计划朝着最终目标进行的过程中，由于前期工作的不确定性和实施过程中多种因素的干扰，项目的实施进展会偏离预期轨道。这时就需要进行项目控制。项目控制是指项目管理者根据项目跟踪提供的信息，对比原计划（或既定目标），找出偏差，分析原因，研究纠偏对策，实施纠偏措施的全过程。项目控制过程是一种特定的、有选择的、能动的动态作用过程。当社区教育项目的进展偏离预期轨道时，就需要寻找发生偏离的原因，及时进行分析，进行纠偏或者对计划进行调整，以控制项目的发展方向。社区教育项目的控制对象主要是项目的范围、进度、经费以及沟通。在这些主要指标中，任何的偏离都意味着我们事前所做的和正在做的与事前计划的存在一定的差距，所以要求实践者寻找原因，完善方案。

（六）评价社区教育项目

社区教育项目的评价应当坚持实效性、科学性、个性化的原则，进行全面评价，重点从三个方面进行考核评价：第一，项目实施的效果评价。通过实地考察，评估项目实施带来的实际效果。比如反映基础建设成果的实验室、实训基地，反映社区教育开展情况的照片、音像制品、新闻报道，反映管理体制建设成果的政府文件、财政预（决）算报表，反映培训实绩的培训记录、花名册、培训报表，还有网站、现场展示、课程资料（计划、师资、教材）等。第二，项目实施的科学性评价。组织相关领导和专家对结题报告或研究论文进行评审，考察其研究过程的科学性、研究成果的独特性及对整个实施过程的理性思考深度等。第三，项目实施的影响力评价。主要是评价同行对项目实施的认可程度，以调查问卷的形式进行。

（七）收尾社区教育项目

项目收尾更多是从管理意义上来说的。社区教育项目的管理收尾，是为了对项目效果的正式化验收而进行的成果验证和归档，具体包括收集项目实施记录、社区居民教育需求及各种教育活动资料等，并将所有项目的实施信息归档，最后还包括社区教育项目的审计。

三、任务拓展

以小组为单位，完成一项社区老年教育项目规划。

四、任务小结

（一）要高度重视社区教育项目的选题

选题立项是实施社区教育项目研究的第一步，也是关键的一步，选题不准，工作就开展不好，选题决定着项目研究的价值和意义。选题要体现目标的确定性和有限性原则，目标要具体、明确，项目的一切工作都要以目标为导向，围绕目标而展开，把实现目标贯穿于项目的始终，这样才能做实、做深、做出特色。项目的目标不能是含糊的、空洞的、无限的，这样开展工作就漫无边际、没有抓手。项目要有现实性，要贴近地方实际，具有一定的地方特色和研究开发潜质，具有推广价值和示范功能。

（二）要将研究的思维贯穿项目运行的全过程

研究要结合社区实际，围绕群众需求而展开，立项前期要进行研究，如何开展工作也要进行研究。要对项目进行规划、设计、思考，要形成一定的理论，在一定的理论指导下开展工作，形成“理性思考—设计—实践—理性经验”的运行轨迹。要对项目进行目标预设，研究工作要围绕目标展开，把要做的工作进行系统规划和设计，进行深思和论证，进行统筹和协调。研究是推动项目取得成效的有力保障，要定期进行调研、研讨、总结、反思，没有研究就不会形成好的理论来指导实践，就不会形成科学有效的研究成果。研究在整个项目实施过程中是十分重要和有效的。

项目练习

一、填空题

1. 社区文化的内容包括__________、__________、__________和____________。

2. 社区文化的特征分别是__________、__________、__________、__________和____________。

3. 社区文化设施建设的原则包括____________、____________、____________、____________和____________。

二、名词解释

1. 社区文化
2. 社区教育
3. 社区教育管理

三、简答题

1. 社区文化活动的组织管理包括哪些内容？
2. 社区教育的功能有哪些？
3. 社区教育管理的理念有哪些？

项目五

社区卫生与环境管理

学习目标

知识目标：了解社区医疗卫生服务、社区计划生育服务及社区环境的基础知识，深入理解绿色社区建设的原则和保障措施，掌握社区医疗卫生服务、社区计划生育服务管理的内容和机制。

能力目标：掌握社区计划生育管理与宣传的方法，熟悉社区环境保护的措施。

案例导入

每个街道设1所社区卫生服务中心

扬子晚报讯（记者 薛玲） 南京市政府办公厅2月18日发布了《关于加快提升基层医疗卫生服务能力的若干意见》（以下简称《意见》），《意见》明确，南京将完善“15分钟健康服务圈”，每个街道或每3万～5万服务人口设立1所社区卫生服务中心，每个建制镇办好1所标准化建设的镇卫生院。

完善“15分钟健康服务圈”

南京将以提高医疗卫生服务可及性、完善“15分钟健康服务圈”为指向，综合考虑服务人口数量、人口聚居程度、服务半径等因素，每个街道或每3万～5万服务人口设立1所社区卫生服务中心，每个建制镇办好1所标准化建设的镇卫生院。社区卫生服务中心覆盖不到的区域，城区按每0.5万～1.5万人口设置1所社区卫生服务站，涉农区按每个行政村或每0.2万～0.3万人口设立1所村卫生室。到2020年，建成社区卫生服务中心（镇卫生院）与社区卫生服务站（村卫生室）一体化管理、覆盖城乡的基层医疗卫生服务网络。鼓励按照二级医院标准在中心镇开展农村区域性医疗卫生中心建设，力争到2020年建成10个，每个农村区域性医疗卫生中心服务覆盖15万～20万人口。

提高基层医疗服务技术水平

以常见病、多发病诊疗，基本公共卫生服务，健康管理为重点，加强基本医疗卫生服务能力建设，着力提升急诊抢救、正常分娩、常规二级及以下手术、儿科、产科、老年病、中医、康复、护理等服务能力。扶持基层医疗卫生机构开展特色科室建设，并加快紧密型医联体建设，推进优质医疗资源有效下沉，带动提升基层医疗卫生机构人员医疗服务能力和水平。与此同时，加强基层医疗卫生机构设施建设，逐步提升房屋、床位、医疗设备等硬件标准，力争到2020年，全市政府办基层医疗卫生机构100%达到省定建设标准，70%的镇卫生院和30%的村卫生室达到省示范建设标准；每千常住人口基层医疗卫生机构床位数达到1.2张。

提升全科医生薪酬待遇

为解决基层医疗机构人才紧缺的问题，《意见》要求，要创新编制管理，合理核定基层医疗卫生机构工作人员总额，按每万常住人口11～18人的配备标准核定编制总额，进一步盘活现有编制资源，实行编制内管理与编外备案制管理、政府购买岗位相结合。基层医疗卫生机构事业编制空额用于引进全科医生和紧缺、急需及关键岗位的骨干人才。与此同时，提升全科医生薪酬待遇，使其薪酬水平与当地区级综合医院同等条件临床医生的薪酬水平相衔接，所需资金缺口由各区财政承担。大力实施以全科医生为主的基层骨干人才遴选计划，落实奖励补助，推行协议工资制。

资料来源：薛玲. 每个街道设1所社区卫生服务中心.（2019-02-19）[2020-04-10]. http://news.sina.com.cn/o/2019-02-19/doc-ihqfskcp6466194.shtml.

思考：社区医疗卫生服务包括哪些内容？如何提高社区医疗卫生服务的质量？

思维导读

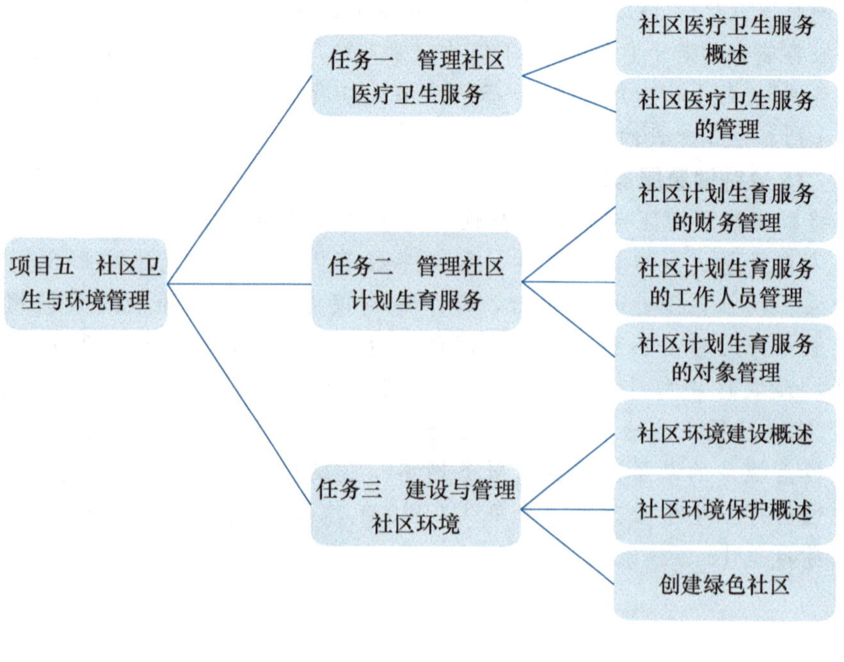

任务一 管理社区医疗卫生服务

任务解析

社区医疗卫生服务是社区管理与服务的重要组成部分，它关系到居民身心健康的管理与保护，是满足居民基本健康需求的重要途径。学生在本次任务中将学习社区医疗卫生服务的基础知识，同时以探访社区卫生服务中心为实训内容。学生通过学习基础知识和实训锻炼，可以加深对社区医疗卫生服务管理的认识。

基础知识

社区医疗卫生服务是社区服务和社区建设的重要组成部分，它的建立和发展对于坚持预防为主、防治结合的方针，优化城市卫生服务结构，方便群众就医，减轻费用负担，建立和谐医患关系，具有重要意义。

一、社区医疗卫生服务概述

（一）社区医疗卫生服务的概念

社区医疗卫生服务是社区建设的重要组成部分，是指在政府领导、社区参与、上级卫生机构指导下，以基层卫生机构为主体，全科医生为骨干，合理使用社区资源和适宜技术，以人的健康为中心、家庭为单位、社区为范围、需求为导向，以妇女、儿童、老年人、慢性病人、残疾人等为重点，以解决社区主要卫生问题、满足基本卫生服务需求为目的，融预防、医疗、保健、康复、健康教育、计划生育技术服务等为一体的，有效、经济、方便、综合、连续的基层卫生服务。

（二）社区医疗卫生服务的内容

1. 社区医疗卫生服务机构提供的公共卫生服务

（1）卫生信息管理。根据国家规定收集、报告辖区有关卫生信息，开展社区卫生诊断，建立和管理居民健康档案，向辖区街道办事处及有关单位和部门提出改进社区公共卫生状况的建议。

（2）健康教育。普及卫生保健常识，实施重点人群及重点场所健康教育，帮助居民逐步形成有利于维护和增进健康的行为方式。

（3）传染病、地方病、寄生虫病预防控制。负责疫情报告和监测，协助开展结核病、性病、艾滋病、其他常见传染病及地方病、寄生虫病的预防控制，实施预防接种，配合开展爱国卫生工作。

（4）慢性病预防控制。开展高危人群和重点慢性病筛查，实施高危人群和重点慢性病病例管理。

（5）精神卫生服务。实施精神病社区管理，为社区居民提供心理健康指导。

（6）妇女保健。提供婚前保健、孕前保健、孕产期保健、更年期保健，开展妇女常见病预防和筛查。

（7）儿童保健。开展新生儿保健、婴幼儿及学龄前儿童保健，协助对辖区内托幼机构进行卫生保健指导。

（8）老年保健。指导老年人进行疾病预防和自我保健，进行家庭访视，提供有针对性的健康指导。

（9）残疾康复指导和康复训练。

（10）计划生育技术咨询指导，发放避孕药具。

（11）协助处置辖区内的突发公共卫生事件。

（12）政府卫生行政部门规定的其他公共卫生服务。

2. 社区医疗卫生服务机构提供的基本医疗服务

（1）一般常见病、多发病的诊疗、护理和诊断明确的慢性病治疗。

（2）社区现场应急救护。

（3）家庭出诊、家庭护理、家庭病床等家庭医疗服务。

（三）社区医疗卫生服务的特点

1. 可及性

无论是急性病病人还是慢性病病人，基层医疗都是其首诊医疗，且在地理上接近，经济上能够负担得起。这类服务通常在城市和农村的诊所提供。

2. 综合性

所提供的服务既包括急性病和慢性病的处理和预防，也包括心理社会问题的干预，其服务可在诊所、医院、护理院或家庭内提供，有时还通过电话服务提供。

3. 协调性

社区医疗卫生服务机构应了解病人的所有卫生服务需求，且充当医疗服务资源信息的中心来协调各种服务，如负责病人向专科医生的转诊，以团队的形式来提供管理化保健服务。

4. 连续性

与病人建立起长期的合作关系，保持病人问题的连续记录，提供长期的医疗保健服务。

5. 负责性

负责病人健康问题与结果的处理，对病人需要的所有医疗保健服务负有全部责任。

6. 坚持中西医并重

在重视西医药作用的同时，充分发挥中医药和民族医药在社区医疗卫生服务中的优势与作用。在预防、医疗、康复、健康教育等方面，积极利用中医药和民族医药资源，充分发挥中医药和民族医药的特色及优势。

（四）社区医疗卫生服务的功能

1. 医学诊断与治疗

医生不仅要为病人提供疾病的首次诊断，还要做出对病人照顾的范围、地点及频度的判断，并制订相应的管理计划，这是基层医疗的中心任务。为此，医生不仅需要具备有关疾病的知识、常规的诊断学技能，而且需要了解有关病人、社会及医疗保健系统等各方面的情况，只有这样才能弥补基层服务中诊断、治疗设备的不足，满足病人的需求。此外，恰当把握医疗转诊的原则和时机，也是医生必备的能力。

2. 心理诊断与治疗

随着社会文明的进步和压力的普遍增加，基层医疗在精神、心理照顾方面的任务已经日益显现出其紧迫性和重要性。医生不仅要能诊断出病人的不安、焦虑等心理障碍，还应将其置于家庭、社区背景下考察引起障碍的原因，并采取有针对性的治疗措施。

3. 为具有各种不同背景、处于不同疾病阶段的病人提供个体化的支持

基层医疗的服务对象是所有的居民及其所有的健康问题，因此医生需要具有开放的态度和全方位的知识，并熟知病人病情的来龙去脉，才能为病人提供有针对性的个体化服务。

4. 交流有关诊断、治疗、预防和预后的信息

病人需要了解其病情，而医生应对病情和诊疗方案进行详尽的解释说明并使病人减轻疑虑和精神负担，目前这已经成为基层医疗的重要组成部分。要建立起以病人为中心的新型医患关系，基层医疗必须注重以下几个方面：(1) 给病人选择诊断和治疗方式的一定权利；(2) 提供充分的信息供病人选择；(3) 关注病人有关疾病和治疗的情感；(4) 对病人的态度及时做出适当的反应；(5) 有效地传播有关健康教育、自我保健等信息。

5. 对慢性病人提供连续性照顾

由于慢性病病人需要长期的医疗照顾，因此提高其对治疗的依从性是十分重要的。众多的研究和实践已经表明，医生了解病人对治疗的态度，说服病人并使之与医生的观点一致，是保证依从性的关键所在。

6. 通过筛查、教育、咨询和预防性治疗来预防疾病和功能丧失

基层医疗应掌握最有效的时机和状况来进行筛查和危险因素的控制，以避免许多疾病与功能丧失。

二、社区医疗卫生服务的管理

(一) 社区医疗卫生服务的资金管理

筹资与补偿是社区医疗卫生服务中比较棘手的问题。属于公共产品的服务（如健康教育、某些疾病的预防控制）应主要由公共财政支付其费用，社区医疗卫生服务机构承担了大量初级卫生保健的任务，因此政府应承担社区医疗卫生服务机构开展公共医疗服务的经费。各级财政应对社区建立稳定的经费保障，社区预防保健工作可实行按人头拨款，或按社区医疗卫生服务机构承担公共卫生服务项目的数量和质量拨款。同时在社区医疗卫生服务网络建设上要有适当的启动资金，对社区医疗卫生服务的基础设施、医疗设备、人才培养和计算机管理信息系统建设等给予资金扶持。这是社区医疗卫生服务费用的第一个补偿途径。

社区医疗卫生服务费用的第二个补偿途径是医疗保险。根据中央有关文件的精神，各城市均将符合条件的社区医疗卫生服务机构纳入了城镇职工基本医疗保险定点机构，并逐步增加纳入比例。与此相配套，还应制定相关政策引导居民首先到社区医疗卫生服务机构就医，比如提高常见病、多发病到大医院就医的自付比例或到社区医疗卫生服务机构就医

的报销比例，以合理分流病人。除基本医疗服务外，劳动与社会保障部门还应逐步拓宽社区医疗卫生服务纳入医保的范围。例如：家庭病床方便病人和家属，可以大幅度地降低医护费用，可以考虑将家庭病床这种护理方式纳入医保报销范围；从居民日常健康保健服务的需要出发，可以考虑将家庭健康管理服务合同中的基本医疗服务纳入医保报销范围。

社区医疗卫生服务的第三个补偿途径是收费补偿。社区医疗卫生服务生存和发展的经济来源在一定程度上还有赖于自身服务收费，因此各地应根据当地的实际和社区医疗卫生服务开展的情况，制定社区医疗卫生服务的收费项目和标准并且根据物价指数及时进行调整，实行规范管理，避免恶性竞争。社区医疗卫生服务收费标准应按照《中共中央、国务院关于卫生改革与发展的决定》中“基本医疗服务按照扣除财政经常性补助的成本定价”的规定执行，而不能人为地压低社区医疗卫生服务价格。对于一些传统收费项目中没有涉及的服务，如上门服务、家庭病床服务、家庭护理等，物价部门应当进行成本核算，在此基础上制定与本地区情况相适应的收费标准。

社区医疗卫生服务的第四个补偿途径是社区业务用房补偿，这实际上也是政府补贴的一种方式。有关调查显示，房屋租金在部分社区医疗卫生服务机构的支出中占10%以上。虽然目前许多城市规定将社区医疗卫生服务纳入社区建设规划，但真正在小区中配套建设社区医疗卫生服务机构用房的还不是很多。由市或区政府推动，各部门、各级政府分头负责的方式是解决社区医疗卫生服务用房最彻底的办法；其次是由街道或居委会免费或低租提供用房；再就是由政府年终对用房租金予以补贴。

（二）社区医疗卫生服务的人员管理

供职于基层医疗的医生包括全科家庭医生、内科医生、儿科医生、外科医生、妇产科医生、眼科医生、泌尿科医生、精神科医生等，由他们组成基层医疗服务团队向居民提供全方位的服务，但不同专业医生在基层的服务范围和作用有着明显的差异。

1. 改革人员管理制度

政府举办的社区医疗卫生服务机构属于事业单位，要根据事业单位改革原则，改革人事管理制度，按照服务工作需要和精干、效能的要求，实行定编定岗、公开招聘、合同聘用、岗位管理、绩效考核的办法，对工作绩效优异的人员予以奖励，对经培训仍达不到要求的人员按国家有关规定解除聘用关系。

2. 提高城市社区卫生服务中心（站）卫生技术队伍的水平

建立城市社区卫生服务中心（站）卫生技术人员准入制；举办全科医生培训班；鼓励并支持医疗卫生单位的优秀退休医师进入社区卫生服务中心（站）工作，当地卫生行政部门对于进入社区卫生服务中心（站）的退休医护人员，应及时办理执业注册登记。

3. 加强社区医疗卫生服务队伍建设

加强高等医学院校的全科医学、社区护理学科教育，积极为社区培养全科医师、护士，鼓励高等医学院校毕业生到社区医疗卫生服务机构工作；完善全科医师、护士等卫生技术人员的任职资格制度，制定聘用办法，加强岗位培训，开展规范化培训，提高人员素质和专业技术能力；采取多种形式鼓励和组织大中型医院、预防保健机构、计划生育技术服务机构的高、中级卫生技术人员定期到社区医疗卫生服务机构提供技术指导和服务，社区医疗卫生服务机构要有计划地组织卫生技术人员到医院和预防保健机构进修学习、参加学术活动；鼓励退休医护人员依照有关规定参与社区医疗卫生服务。

（三）社区医疗卫生服务的机构管理

1. 社区医疗卫生服务机构的管理制度

社区医疗卫生服务机构管理制度主要包括以下各项规章制度：（1）各类人员职业道德规范与行为准则。（2）各类人员岗位责任制。（3）各类人员培训、管理、考核与奖惩制度。（4）社区预防、保健、健康教育、计划生育技术指导、医疗、康复等各项技术服务工作规范。（5）家庭卫生保健服务技术操作常规。（6）服务差错及事故防范制度。（7）会诊及双向转诊制度。（8）医疗废弃物管理制度。（9）财务、药品、设备管理制度。（10）档案、信息资料管理制度。（11）社区卫生服务质量管理与考核评价制度。（12）社会民主监督制度。（13）其他有关制度。

2. 加强对社区医疗卫生服务机构的管理

（1）加强对社区卫生服务中心（站）的统一管理。可建立由政府分管领导牵头，由卫生、计划、民政、人事、劳动保障、建设、税务、物价、药品监管等相关部门共同参与的社区医疗卫生服务工作联席会议制度，共同管理城市社区卫生工作；强调社区卫生服务中心（站）的工作职责，并建立检查、督导和考核制度；政府拨给一定的专项经费和管理经费，确保用于履行社区卫生服务中心（站）的防病职能和培训、考核、奖励等管理工作，开通社区卫生服务中心（站）信息网络直报系统；加大对非营利性社区卫生服务中心（站）建设的政府投入，制定相关优惠政策，如房租减免、土地使用税优惠、医保定点、卫生技术人员的补助等。

（2）加强对社区医疗卫生服务机构的监督管理。规范社区医疗卫生服务机构的设置条件和标准，依法严格社区医疗卫生服务机构、从业人员和技术服务项目的准入；明确社区医疗卫生服务的范围和内容，健全社区医疗卫生服务技术操作规程和工作制度，完善社区医疗卫生服务考核评价制度，推进社区医疗卫生服务信息管理系统建设；加强社区医疗卫生服务的标准化建设，对不符合要求的社区医疗卫生服务机构和工作人员，要及时调整或使其退出，保证服务质量；加强社区医疗卫生服务执业监管，建立社会民主监督制度，将接受服务居民的满意度作为考核社区医疗卫生服务机构和从业人员业绩的重要标准，发挥行业自律组织提供服务、反映诉求、规范行为等的作用；加强药品、医疗器械管理，确保医药安全；严格财务管理，加强财政、审计监督。

案例链接

上海出台新政　社区卫生服务中心独立设置病房：
完善分级诊疗，家门口病房聚焦护理康复

上海市社区卫生服务又将升级赋能。近日，上海市卫健委、发展改革委、住建委等多部门发布了《上海市社区卫生服务机构功能与建设指导标准》（以下简称《标准》）。《标准》特别提出，社区卫生服务中心原则上应独立设置病房，社区卫生服务中心提供的住院服务以护理、康复功能为主。针对这一新政，上海各家社区准备得如何？通过这一轮的升级赋能，社区卫生功能导向又有怎样的改变？记者近日走进社区进行采访。

社区病床定位侧重护理与康复

社区卫生服务中心为何要建病房？上海市卫健委基层处负责人告诉记者，社区里的病房是医养结合、分级诊疗的基础，为进一步满足居民的实际需求、上级医院上转下转铺好台阶，上海也将完善社区病房，现有统计显示：迄今，全市约有社区病床1.6万张。就在日前，《标准》出台并明确：社区卫生服务中心原则上应独立设置病房，也可由区卫生健康行政部门统筹，与医联体医疗机构、辖区符合条件的养老机构等建设联合病房、托管床位等。新建社区卫生服务中心至少设置100张床位，设置发热门诊的社区，至少再增设2张隔离留观床位。

历经20余年的社区卫生服务发展，而今，上海市社区卫生服务格局已基本完善到位，此次提出“原则上独立设置病房”，不少市民理解为“社区又开病区了”。市卫健委负责人对此解释，相比多年前地段医院的治疗病房，如今可谓“循环递进”，功能定位并不相同。作为社区资源整合的平台，社区卫生服务中心不局限于纯医疗，而是涵盖医疗之外的公共卫生医疗保健等健康管理，病房也成为这些服务的载体。

为满足老龄化社会的需求，社区病房将以老年护理、康复、安宁疗护为主，尤其体现不同医疗机构分级诊疗的不同定位。记者获悉：松江、嘉定、浦东新区等新建社区卫生服务中心面积基本超过1万平方米，社区病房空间宽裕；针对市中心地理空间受限的特点，部分没有条件新建病房的社区卫生服务中心，可与附近的养老机构进行资源整合。“社区病房更凸显了分级诊疗服务，病人在区域性医疗中心完成急性期治疗后，可返回社区接受后续稳定期的护理及康复服务，这就形成了完整的闭环式疾病治疗康复链。”杨浦区延吉社区卫生服务中心主任王丽华说。

一解社区老年家庭后顾之忧

社区病房建设不是一蹴而就的。记者在采访中获悉，多家社区卫生服务中心早已未雨绸缪。在长宁区新华街道社区卫生服务中心，主任史生铭告诉记者，《标准》对于需要新建、改建、扩建的社区卫生服务中心均有清晰的指导作用，“除了大众较为关注的病房床位之外，对于全科诊室、服务站点、发热门诊、业务用房面积等均有细化的要求。”

寸土寸金的长宁市中心，社区卫生服务中心如何“螺蛳壳里做道场”？在史生铭看来，其根本在于根据实际用房特点进行改建。目前，长宁区的社区卫生服务中心均或多或少已设置了病房，“以新华社区为例，我们在两个楼面共有50张病床，收治的病人以康复、老年病人为主。”他举例，病床的功能很齐全，有的帮助脑梗急性期后病人康复，有的护理本身有糖尿病、高血压等基础疾病，然后出现急性尿路感染等症状的病人，有的则针对癌症病人提供支持性治疗。

而在杨浦区延吉社区，前年底便重启了65张社区病床，“我们看到社区的病房需求量确实很大，对老年人及家属来说，家门口的社区卫生服务中心就能住院护理，非常便捷。”王丽华介绍，中心覆盖延吉社区8.47万人，60岁以上老年人口占比44%，这意味着社区病床可为老人稳定期的治疗“兜底”。她同时透露，目前中心还在申请安宁疗护准入资质，一旦通过，全新的安宁疗护病床也将开出。

软件人才仍有缺口亟待弥补

社区完善病房设置，硬件配套齐全了，未来该怎样提供更到位的服务？社区卫生专家对此提出真知灼见。史生铭说，社区病房硬件完善后，医生还需掌握“兜得住”和“识货”两大能力，“我们的家庭医生应该看得懂检查指标，能给予用药指导，同时及时做好病情观察。”他举例说：“心梗支架术后患者服用抗凝药，需要观察哪些血象指标？心衰患者需要多久调整用药剂量？……这些具体的专科规范标准，需要长期持续在临床实践中深化学习。”

“除满足居民的康复、护理等医疗需求，一些具有外科专业特长的医生未来也可以拓展能力，在业务范围允许的情况下，提供诸如清创、甲沟炎诊治等小手术和术后伤口护理，让社区在家门口为居民提供更多健康服务选择。此外，也可与上级医疗机构相关专科对接建立跟查房机制等，以此带动社区医生的积极性。”史生铭建议。王丽华则表示，目前社区康复治疗师储备尚算充裕，但康复医生缺口并不小，想要完善康复服务，康复医生的人才储备还应跟上，“康复也有分级概念，急性期康复、恢复稳定期康复乃至居家康复，理念及手法都有所不同，相关空白现在看来还不小。”

专家们同时提出，目前看来，几乎所有辖区居民对社区病房需求量都很大。部分社区现有床位数已达饱和，有时入住需要等候预约。专家强调，切莫将社区病床变成“养老院床位”，社区收治的仍为需要治疗的病人，生命体征平稳的老年慢性病患者则应入住养老院。未来，社区内养老机构也可通过第三方购买服务等方式，让家庭医生采用多点执业等，为非住院病人提供及时转诊诊疗。

资料来源：顾泳，黄杨子. 上海出台新政 社区卫生服务中心独立设置病房：完善分级诊疗，家门口病房聚焦护理康复.（2020－09－03）[2020－04－10]. https://web.shobserver.com/news/detail?id=286398.

任务实施

一、任务内容

本次任务的内容是探访一家社区卫生服务中心。

二、任务操作

（1）与该社区卫生服务中心负责人取得联系，并提前沟通好探访的具体时间和人员安排。

（2）了解社区卫生服务中心的服务管理制度，包括：

1）社区卫生服务中心的医疗硬件设施和医疗服务人员的管理情况；

2）社区卫生服务中心的药品管理情况；

3）社区卫生服务中心对社区居民健康档案的管理情况。

（3）了解社区卫生服务中心的日常工作流程。

（4）了解分级诊疗制度在该社区卫生服务中心的落实情况。

三、任务拓展

调查某社区卫生服务中心的服务使用情况及社区居民对社区医疗卫生服务的看法。

四、任务小结

（1）在探访社区卫生服务中心时，可以着重了解该中心针对本社区居民提供的特色医疗卫生服务。不同的社区有不同的社区医疗卫生服务需求，因此应有针对性地开展社区医疗卫生服务。例如，为应对社区老年人的医疗服务需求，部分社区利用“互联网+”赋能全科医生，将健康管理服务延伸到家庭，将养老机构的家庭照护个性化服务与社区卫生服务中心的医疗服务相结合，社区卫生服务中心为居家老人提供“医”的服务，养老机构为居家老人提供“养”的服务，将医疗服务与生活服务两者有机结合，充分满足老人“医”和“养”的需求。

（2）可以从当下社区医疗卫生服务的热点问题入手展开与社区卫生服务中心负责人的访谈。通过访谈，具体了解社区医疗卫生服务的工作开展情况。例如，在应对突发公共卫生事件时，社区医疗卫生服务机构如何加强社区成员之间以及社区与街道等的合作和联系，有效开展有针对性的社区卫生服务，确保社区的公共卫生安全。

任务二　管理社区计划生育服务

任务解析

计划生育是我国的一项基本国策，落实这项基本国策的基础环节在社区，学习社区计划生育服务管理是从社区层面落实计划生育政策的重要途径。学生在本次任务中将从理解并熟悉社区计划生育服务管理的内容和机制出发，学习撰写社区计划生育政策宣传活动的策划方案。学生通过学习社区计划生育服务管理的基础知识、操练实训任务，可以初步掌握社区计划生育宣传工作的开展过程和方法。

基础知识

一、社区计划生育服务的财务管理

社区居民委员会财务管理制度也涉及计划生育财务管理。社区居民委员会实行“钱账分离、日清月结、项目审计、定期审计”的财务管理制度，社区居民委员会的所有财务活动必须遵守有关财政法规、行政法规和有关财务制度的规定。社区计划生育服务的财务管理措施如下：

（1）逐年增加计划生育经费投入，建立稳定的财政投入保障机制，人口和计划生育财政投入的增长幅度要高于经常性财政收入增长幅度；确保法律法规规定的计划生育各项奖励优惠政策、县乡人口和计划生育技术服务机构基本建设和队伍建设、计划生育经常性工作、计划生育免费基本技术服务等经费的落实；现居住地将流入人口纳入本地人口总数计算经费投入。

（2）加强对人口和计划生育资金的监督检查，严肃查处专项资金在发放、管理、使用环节上的违法违纪行为；依法征收社会抚养费，严格实行收支两条线，所征收的社会抚养费及滞纳金全部上缴国库，按照规定纳入地方财政预算管理；人口和计划生育所需经费由当地政府财政予以保障。

（3）把计划生育的财务管理服务纳入社区建设。将计划生育技术、药具服务纳入社区医疗卫生服务管理；建立药具发放制度，做好药具服务工作和随访记录；认真贯彻计划生育政策和法规，坚持依照法律程序办事，做到有法必依、执法必严、违法必究。

二、社区计划生育服务的工作人员管理

社区计划生育工作人员包括负责计划生育的社区工作者和社区志愿者。加强社区计划生育服务的工作人员管理主要有以下途径。

（一）社区要努力建设专家队伍和志愿者队伍

社区要努力挖掘体制外资源，建立和依靠相对稳定、高素质、有热情的专家队伍和志愿者队伍。

尽管我国的国情促使政府在社区的早期发展中承担着组织者和管理者的角色，是计划生育与社区发展相结合的主角，但是发挥社区的人力资源优势，挖掘和利用现有的体制外资源也是必不可少的。特别是在城区，各类人才聚集，科研机构、高等院校密集，有着比其他地区更为优越的人、财、物资源，特别是人力资源。这些人力资源既是传播各类知识的专门人才，又是提供专项服务的骨干力量，同时还是计划生育的义务宣传员，他们不仅弥补了专业干部数量不足的缺陷，而且发挥了计划生育干部所不具备的作用。

（二）社区计划生育工作由街道党政一把手亲自抓

社区计划生育工作由街道党政一把手亲自抓、负总责，并由分管领导具体负责全面贯彻落实《中华人民共和国人口与计划生育法》，把社区计划生育工作纳入年度工作目标责任，列入重要议事议程，及时研究解决计划生育工作发展中遇到的困难和实际问题，成立由街道党政主要领导、计划生育办公室负责人、社区居民委员会代表、驻街企事业单位有关人员组成的社区计划生育指导组，定期召开会议，专题研究社区计划生育工作。

（三）社区需要建立素质较高的计划生育干部队伍

社区计划生育工作需要有一支专兼职结合、相对稳定、素质较高的计划生育干部队伍，负责社区计划生育管理工作的街道计划生育协会应有专职秘书长，确保计划生育工作队伍稳定，未征得计划生育主管部门同意，不得随意兼职、调离；高度重视社区计划生育网络和干部队伍建设，选拔、推荐得力干部抓计划生育工作，落实人员、任务和报酬，从政治上、生活上关心爱护社区计划生育干部，加强对他们的指导和帮助，为他们开展工作创造条件。

（四）大力加强计划生育协会组织建设

计划生育协会组织在社区计划生育工作中占有重要地位。社区建设为基层计划生育协会提供了广阔的发展空间，赋予了其新的历史责任。计划生育协会组织应充分利用社区资源优势、人才优势、技术优势，加强队伍培训，改善队伍结构，改进活动方法，办

好“会员之家”；按照群众组织的特点开展多种活动，创造健康、活跃的组织形式，协同工会、共青团、妇联、残联、老龄协会等群众团体，动员社区居民参与计划生育，充分发挥其在人口与计划生育工作中的带头、宣传、服务、交流和监督作用。

三、社区计划生育服务的对象管理

社区计划生育服务管理要明确五种对象，社区居民委员会要重点管理好这五种对象的计划生育工作，包括：(1) 居住在本社区的纯居民。(2) 户口在本社区、夫妻双方均已下岗，但居住在本社区的育龄对象。(3) 户口不在本社区、夫妻双方均已下岗，但居住在本社区的育龄对象。(4) 户口不在本社区，但已在本社区范围内购、建房居住的外来无工作单位的育龄对象。(5) 外来流动人口中的育龄对象。对夫妻双方均在单位上班或一方在单位上班的育龄夫妇，以单位管理为主。管理措施如下：

(1) 准确掌握常住和暂住育龄妇女的生育信息变更情况，及时做好账卡册登记及信息反馈，指导育龄夫妇选择适合的避孕节育措施，提高生殖健康水平。做好社区内的计划生育属地化管理、服务和协调工作，加强对流动人口计划生育证明的发放、查验及管理工作，并为其提供必要的婚育指导服务。

(2) 把宣传教育放在首位，促进群众生育观的转变。计划生育宣传要面向家庭，服务群众，深化计划生育宣传教育，努力建设新型生育文化，把计划生育宣传教育工作纳入社区精神文明建设规划中，与建设文明社区、文明单位、文明家庭等活动结合起来，形成强大的舆论氛围，加大宣传进社区、进家庭的力度。

(3) 积极推进计划生育政务公开和居务公开，动员社区居民广泛参与人口与计划生育的民主决策、民主管理和民主监督，深入开展社区居民评议计划生育工作的活动，把社区居民的参与程度和满意程度作为评估计划生育工作好坏的重要标准。

(4) 加强社区对流动人口的计划生育管理。在当地政府领导下，由相关部门（如公安、计划生育、税务、房管等部门组成流动人口管理办公室）在社区建立流动人口管理站，由社区主任任站长，辖区民警和计划生育办公室分管主任担任副站长。社区居民委员会协助有关部门查验流动人口婚育证明，掌握育龄人员的计划生育情况，加强与流动人口户籍所在地的联系，向流动人口提供法律政策、宣传教育、避孕节育、生殖保健、劳动就业、生产生活、子女入托入学等方面的综合服务，并对有关部门和单位的综合管理流动人口计划生育工作进行监督和评议。

案例链接

关心关爱在社区 计生服务暖人心

——万向社区开展流动人口计划生育服务活动

为进一步保障女性的健康权益，加强对社区流动人口的计划生育管理，提高她们在现居住地的生活质量，6 月 17 日下午，万向社区针对辖区流动人口中的 20～48 岁已婚育龄妇女开展计划生育服务活动，参加人数达十余人。

本次服务活动分为两个部分：一部分是计划生育相关政策和妇女生殖健康知识的讲座；另一部分是计划生育器具的发放与查孕工作。

讲座由社区专门负责计划生育工作的副主任马淑梅主讲。一开始，她就快人快语地说道："欢迎大家来参加今天的计生服务活动，非常谢谢你们对我的工作的大力支持和积极配合！实行计划生育是我国的一项基本国策。国家稳定现行的生育政策，对所有民族、所有结婚人员都要实行计划生育，这既是大家的责任，又是大家应尽的义务。"接着，她讲到流动人口时也不忘记计划生育："外出务工的育龄妇女在离开自己户籍所在地时，必须到当地政府的人口与计划生育部门办理婚育证明，到达流入地时，要主动到务工所在居住地的政府部门交验婚育证明。"然后，她向大家讲解了生育证办理的流程、孕前优生健康检查、避孕节育的方法、妇女保健的概念、常见妇科疾病的普查、经期的保健、孕期和孕后保健的注意事项。讲座中，大家认真听讲，积极与主讲人互动交流，现场气氛活跃而融洽。

讲座结束后，社区副主任马淑梅给大家一一发放了避孕套，又对她们做了查孕工作，对查孕的结果感到非常满意。

此次计生服务活动，增强了外来流动人口对计划生育政策的了解，普及了妇女健康保健知识，倡导了健康理念，使这些育龄妇女获得了科学的计划生育优质服务，传递了基层组织对外来流动人口的关心、关爱和温暖。

资料来源：张爱国. 关心关爱在社区 计生服务暖人心——万向社区开展流动人口计划生育服务活动.（2019-06-18）[2020-04-10]. http://www.bjtq.gov.cn/info/1695/59586.htm.

任务实施

一、任务内容

本次任务的内容是撰写社区计划生育政策宣传活动的策划方案。

二、任务操作

（一）活动策划方案内容

1. 活动背景

活动背景部分应根据策划书的特点在以下项目中选取内容重点阐述：基本情况简介、主要执行对象、组织部门、活动开展原因、社会影响以及相关目的和动机。

2. 活动目的及意义

活动的目的、意义应用简洁明了的语言将要点表述清楚；在陈述目的要点时，该活动的核心构成或策划的独到之处及由此产生的意义都应该明确写出。

3. 活动名称

根据活动的具体内容、影响及意义拟定能够全面概括本次活动的名称。

4. 活动目标

此部分需明示要实现的目标及重点（目标选择需要满足重要性、可行性、时效性）。

5. 活动开展

作为策划的正文部分，表现方式要简洁明了，使人容易理解。在此部分中，除了文字表述，也可适当加入统计图表等；对策划的各工作项目，应按照时间的先后顺序排列，绘制实施时间表有助于方案核查。另外，人员的组织配置、活动对象、相应权责及时间地点应在这部分加以说明，执行的应变程序也应该在这部分加以考虑。

6. 经费预算

活动的各项费用在根据实际情况进行具体、周密的计算后，用清晰明了的形式列出。

7. 活动中应注意的问题及细节

内外环境的变化使方案的执行面临着一些不确定性因素，因此，当环境变化时是否有应变措施、损失的概率是多少、造成的损失有多大等也应在策划中加以说明。

8. 活动负责人及主要参与者

注明组织者、参与者姓名、单位（如果是小组策划，应注明小组名称、负责人）。

（二）计划生育政策宣传的要点

（1）宣传国家人口计生政策、法规，特别是全面二孩政策。

（2）普及预防艾滋病等生殖健康知识。

（3）宣传计划生育避孕药具的使用知识。

（4）积极倡导男女平等、优生优育等新型婚育观念。

（5）早教知识、青春期健康知识。

（6）保护妇女、儿童合法权益的法律法规。

三、任务拓展

撰写世界人口日宣传活动策划。

四、任务小结

（1）创新宣传手段，利用现代科技手段，例如微信公众号、微博、博客等新媒体手段，开展“零距离”婚育新风宣传工作。

（2）开展计划生育宣传活动，要特别关注为流动人口提供计划生育服务。

任务三　建设与管理社区环境

任务解析

随着公众环境保护意识的增强，人们对居住环境的要求和期待也在不断提升，所以，营造良好的社区环境成为社区管理工作中不可或缺的一部分。本次任务中，学生首先需要认识和理解社区环境的基本概念以及社区环境保护的含义、特点和措施，掌握现今社区环境建设和管理的主流理念，以此为基础，完成模拟开展社区违章建筑排查的实训任务。

基础知识

一、社区环境建设概述

人生活在一定的环境中，环境与人之间是相互作用的，环境保护也越来越引起人们的重视。生活在社区的人们需要良好的生存空间和舒适的环境。

（一）环境的概念

环境（Environment）总是相对于某一中心事物而言的。环境因中心事物的不同而不同，随中心事物的变化而变化。我们通常所称的环境就是指人类环境。人类环境分为自然环境和社会环境。

自然环境亦称地理环境，是指环绕于人类周围的自然界。它包括大气、水、土壤、生物和各种矿物资源等。自然环境是人类赖以生存和发展的物质基础。在自然地理学上，通常把这些构成自然环境总体的因素划分为大气圈、水圈、生物圈、土圈和岩石圈五个自然圈。

社会环境是指人类在自然环境的基础上，为不断提高物质和精神生活水平，通过长期有计划、有目的的发展，逐步创造和建立起来的人工环境，如城市、农村、工矿区等。社会环境的发展和演替，受自然规律、经济规律及社会规律的支配和制约，其质量是人类物质文明建设和精神文明建设的标志之一。

（二）社区环境的含义及构成

在研究社区环境时，由于考察角度和范围的不同，人们对社区环境的理解有广义和狭义之分。广义的社区环境，也可称为一般意义上的社区环境，即把社区作为主体，研究社区的外部环境状况对社区的影响。从这种视角出发，我们可以把社区环境简单地界定为“社区的外部环境”。狭义的社区环境，也可称为特殊意义上的社区环境，即把居住在某一特定社区的居民作为主体，研究社区范围内与居民生活密切相关的各种环境因素对社区的影响。从这个视角出发，我们可以把社区环境界定为“影响社区居民生活的各种环境要素”。在本书中，主要从狭义的角度来研究社区环境。

1. 社区环境的含义

社区环境是相对于作为社区主体的社区居民而言的，它是社区主体赖以生存及社区活动得以产生的自然条件、社会条件、人文条件和经济条件的总和，可理解为承载社区主体赖以生存及社会活动得以产生的各种条件的空间场所的总和。

2. 社区环境的构成

根据社区环境的含义，我们可以把社区环境划分为自然环境、社会环境、人文环境和经济环境等几个方面。

（1）自然环境是构成社区的地理基础，它为社区实体提供一定的空间区域，是社区赖以存在的自然条件。它包括地理区位、地形、地质、气候、土壤、水文、资源、动物、植物、微生物等。

（2）社会环境是构成社区的必要条件，是指社区范围内与人们从事社会活动有关的各种条件的总和，它包括整个社区的人口分布及动态、服务设施、娱乐设施和社会生活设施等。

(3) 人文环境主要包括历史背景、意识形态、行为规范、文化传统、教育科技的发展水平、文化交流的状况、文化模式、价值观念、生活方式、风俗习惯等。除精神性的条件之外，还包括物质性条件，即人工环境，如生产设施（厂房、机器等）、生活设施（住宅、商店等）、基础设施（道路、供暖、供电、供气、排水、照明、电话、邮政、停车场等）。

(4) 经济环境与社区成员关系最为密切，是社区存在和发展的基础，具体包括社区范围内的资源条件、市场条件、就业情况、收入水平、经济设施及技术水平。

(三) 社区环境建设的主要内容

1. 净化环境，建设卫生社区

社区环境的净化，主要是指做好社区的环境卫生工作。社区的环境是社区公共卫生的一部分，环境卫生对于防止和消除环境对人体造成的危害、改善居民健康关系重大。同时，社区环境卫生水平的高低，也反映了经济发展水平和居民的精神面貌及文化素养。净化环境是建设环境优美的社区的首要任务和先决条件，也是实现全球卫生战略的基本要求。目前，我国城市社区环境卫生主要有两大任务：一是继续进行以讲卫生、讲文明、治理“脏、乱、差”为重点的环境整治，开展经常性的环境卫生工作；二是以环境保护法为准绳，控制环境污染，达到防治环境污染所规定的目标，建设一个环境质量现代化的社区。

2. 绿化环境，建设绿色社区

绿化环境是建设环境优美社区的重要环节，也是美化环境的重要内容之一。社区环境的绿化建设包括有计划地种植花草树木，积极扩大地表空间的绿化植被，发展小区公园，利用绿色植被在社区中创造自然环境，改变社区面貌，为社区创造防护功能和公益效能，在一定程度上维护和发展城市生态平衡。此外，开展全民环保教育、提高全民环保意识、推行绿色消费方式也是建设绿色社区的重要内容，是绿化环境的社会基础。

3. 美化环境，建设美好社区

美化社区是指按科学的审美观点对社区进行美的加工和创造的工程，是有目的、有意识地改造社区的积极活动。美化社区是居民的共同追求和愿望，社区美的程度是衡量社区文化水平的标志，也是社区管理和社区建设的重要内容。一方面，社区内的市容建筑物、设备、装修等应尽可能美化，使社区内交通通畅、秩序井然、空气新鲜，这就是美化硬环境。另一方面，社区内的各种文化教育设施、各种娱乐休闲场所，都应提高审美情趣，开拓美育形式，丰富审美内容，使社区每个成员都能在社区的公共设施中感受到美的熏陶，随时提高自己的创造性实践能力，这就是美化软环境。

二、社区环境保护概述

(一) 社区环境问题

环境问题主要指人类对于自然环境和自然资源的开发利用超越了自然环境的承载和自我调节能力，使自然环境受到破坏和污染，并进而影响人类的生存与发展的问题。环境问题的实质是经济发展与环境保护之间失调。通常来说，环境问题包括环境破坏问题和环境污染问题两大类。前者是人类对自然资源的不合理开发和利用所导致的环境问题；后者则是随着工业化、城市化的发展，人类所排放的各种有毒、有害物质对自然环境的侵蚀所导致的环境问题。社区的环境问题主要表现为环境污染问题，即社区内排放的各种有毒、有害物质超越了社区环境的承载能力和自我净化能力，从而使整个社区环境受到了污染。

（二）社区环境污染

1. 社区环境污染的含义

社区环境污染是指社区居民在生产、生活等社会活动中将产生的废弃物和有害物质排入环境，导致环境质量下降，从而对社区及人类生存、生态环境产生影响和危害的现象。社区环境污染主要是由人为因素造成的。

2. 社区环境污染的分类

（1）社区空气污染。社区空气污染是指社区居民在生产和生活活动中，将某种物质排入了大气，使大气的化学、物理、生物等方面的特性发生了改变，影响人们的生活、工作，危害人体健康，直接或间接损害各种建筑物和设备等现象。空气污染物主要有颗粒物、粉尘、二氧化碳、氮氧化合物、一氧化碳、碳氢化合物和各类工业废气、交通工具尾气等。空气污染主要来源于人类的生产和生活，主要污染源有生活污染源、工业污染源、交通污染源等。社区空气污染对社区居民身体健康、社区植物和小气候都会产生严重的危害。

（2）社区水污染。社区水污染是指因社区居民在生活和生产活动中向社区内的江河湖海排放有毒有害物质，改变了天然水的物理、化学和生物学的性质与组成，影响人类对水的利用，从而危害了人体健康和水体中生物的现象。社区水污染会造成严重的危害，对人体的危害主要表现在可引起急慢性中毒、可诱发癌症、可引发各种传染病。

（3）社区固体废弃物污染。社区固体废弃物污染是指社区居民在生产和生活活动中丢弃的工业固体废渣、城市生活垃圾和农业固体废弃物等造成的周边环境污染。固体废弃物对人体和环境均会产生较为严重的危害。

（4）社区噪声污染。社区噪声污染是指社区居民在生活和生产活动中人为造成的妨碍人们学习、工作和休息，危害人体健康，并超过一定分贝的高强度声音。噪声通过空气等物质传播到人的听觉感官，危害人体健康，妨碍学习、工作和休息，是影响社区环境的一大公害。常见的噪声有工业噪声、建筑施工噪声、交通噪声和社会生活噪声（广播喇叭、各种音响声）。噪声对人体健康、睡眠和心理均会产生不良影响。

（三）社区环境保护的含义、特点和措施

1. 社区环境保护的含义

环境保护是我国的一项基本国策，也是提高人民群众生活质量的一个重要方面。环境保护包括保护和改善生活环境与生态环境，防止污染和其他公害，保障人体健康，促进社会主义现代化建设的一切活动。

所谓社区环境保护，是指社区组织动员社区的力量，采取教育、行政、经济、法律、技术等各种措施，防止整个社区环境污染和其他公害，促进社区乃至整个城市生态系统良性循环的管理过程。

2. 社区环境保护的特点

社区环境保护是整个城市环境保护的一个重要组成部分。从某种意义上说，社区环境保护实质上就是社区环境管理，它具有以下几个特点：

（1）综合性。社区环境保护涉及面广，既关系到工业、商业、交通运输等各个行业，又关系到社区居民生活的各个方面。所以，做好社区环境管理，不是一个纯技术问题，而是一个综合性的社会问题，需要动员全社区的力量，尤其是要在政府的指导、监督下，采取多种手段，进行综合治理。

（2）整体性。社区作为城市生态系统的一个子系统，与整个城市及其他子系统之间是相互联系、相互制约的，构成一个有机整体。因此，做好社区环境管理，必须注意城市生态系统的整体性，尤其是在治理社区环境污染和其他公害的过程中，要遵循生态规律，树立全局观念。

（3）持久性。社区环境保护不是一朝一夕的事情，而是一项长期的任务。所以，做好社区环境管理，必须树立长期观念，不能单靠突击、临时应付，而要时刻注意环境保护，对于那些环境污染比较严重而经济实力又有限的社区，更要注意树立长期观念。

3. 社区环境保护的措施

（1）城市政府要充分发挥环境管理职能。加强社区环境污染的综合治理，做好社区环境保护工作，为广大居民提供一个高质量的社区环境，是城市政府的一项重要职能，也是社区相关组织一项义不容辞的职责。

首先，要制定科学的社区环境规划。除要遵循社区规划的一般程序和原则之外，还要根据生态学的理论，对社区的自然资源、环境状况和社会经济发展情况进行科学的分析，确立一个经济与生态环境协调发展的战略目标，确保社区环境规划的科学性和权威性。

其次，要严格执行国家环境保护的有关法律、法规和政策。城市政府要从城市社区的实际出发，采取各种有力措施，经常进行检查督促，确保国家环境保护的有关法律、法规和政策能在社区得到认真落实。

最后，要加强社区环境监测工作。环境监测是做好社区环境保护的一项基础性工作，它能有效地测定污染社区环境的污染物和污染源在社区中的迁移、转化和分布情况，通过处理分析，可以掌握其变化规律，并对社区环境的发展趋势做出准确预报，从而为做好社区环境保护提供科学依据。

（2）社区组织要加强环保的宣传教育。环境问题不只是一个经济问题，还是一个社会问题，没有广泛的动员和社区居民的积极参与，要做好社区的环境保护是不可能的。目前，我国许多社区的环境污染十分严重，其中一个重要原因就是宣传、普及环保知识不力，导致居民缺乏环保知识。要通过各种传媒，向广大居民普及环保知识，并重点抓好每年 6 月 5 日“世界环境日”和 4 月 22 日“世界地球日”的宣传工作，在整个社区中形成一种人人关心环境、家家爱护环境的良好风气。

（3）运用必要的经济手段做好社区环境保护。不断扩大环境保护的投资比例，逐步增加环境保护的资金投入。要采取多渠道、多元化的形式筹集环境保护资金，除政府每年要增加环保投入，使之占国内生产总值的比重逐步提高之外，还要注意引入市场机制，吸引社会闲散资金和利用外资来加强环境保护设施的建设。

（4）通过转变经济增长方式建设“低碳社区”。根据世界自然基金会的定义，低碳城市是指城市在经济高速发展的前提下，保持能源消耗和二氧化碳排放处于较低的水平。建设“低碳城市”，不仅要发展“低碳产业”和“低碳技术”，而且要建设“低碳社区”，实现“低碳消费”。一方面，政府要通过制定和实施促进低碳经济发展的政策，引导企业发展绿色产业，提高资源和能源的利用效率，实现经济增长方式的转变，同时减少资源的消耗和污染物排放，实现环境保护和经济增长的双赢局面。另一方面，要根据城市社区的特点，在充分论证的基础上，制定科学规划，建设“低碳社区”“绿色社区”“生态社区”。通过推行节能住宅、绿色建筑，降低社区建筑物的能耗；通过利用绿色能源，将太阳能、风能等可再生能源作为社区的主要能源，建设生态社区；通过推广绿色交通，提倡步行、骑车和使用公共交通，减少对私家车的使用，降低社区交通的碳排放量；通过推行绿色照明，对社区灯光进行节能环保改造，实现社区照明系统的绿色更新，减轻社区照明对气候环境的破坏。通过以上具体的措施，在社区形成“低碳消费”的氛围。

三、创建绿色社区

（一）绿色社区的内涵

绿色社区是指具备了一定符合环保要求的硬件设施、建立了较完善的环境管理体系和公众参与机制的社区。绿色社区的内涵就硬件而言包括绿色建筑、社区绿化、垃圾分类、污水处理、节水、节能和新能源等设施；就软件而言包括一个由政府各有关部门、民间环保组织、居委会和物业公司组成的联席会，一支起骨干作用的绿色志愿者大队，一系列持续性的环保活动，一定比例的绿色家庭。

绿色社区的核心要素是社区环境管理体系，它是社区自治的重要组成部分。环境管理体系不必独立于社区管理机构而另外设立，而应将环境管理纳入居委会日常管理工作中，有明确的目标和职责，有必要的机构、人员、资金、设施保证，有环保行动，有自查、纠正和改进机制。

创建绿色社区的根本目的是建设以人为本、健康优美的人居环境，控制扬尘、汽车尾气、脏乱差、能源资源浪费等公众造成的生态环境问题，建立并完善广大市民参与环保监督、参与环保决策、参与环保行动的稳定机制，并进而提高全体市民的环境意识和环境素质，增进社区活力、凝聚力、向心力。

（二）绿色社区建设

1. 绿色社区建设的原则

（1）以人为本原则。绿色社区建设必须坚持以居民的根本需求为核心，始终把广大群众的利益作为各项工作的出发点和落脚点。

（2）协调发展原则。绿色社区建设必须坚持协调发展原则，实现统筹兼顾，综合平衡社区的各项工作。

（3）整体推进原则。绿色社区建设要与“文明社区”“卫生社区”等建设密切结合，健全社区的环境管理体系。

（4）逐步提高原则。绿色社区建设是循序渐进、不断提高的过程，要在保持“绿色社区”成绩的基础上不断巩固、提高、发展。

（5）共同参与原则。绿色社区建设与社区的方方面面都有着密切的联系，体现着共同参与的原则。

（6）突出特色原则。形式多样、内容丰富的特色建设内容是绿色社区的长久生命力所在。

2. 绿色社区建设的标准

绿色社区建设的标准包括基本标准、硬件标准、软件标准、附加标准等。

(1) 基本标准。包括：社区居民对环境状况满意率；社区居民户数规模；社区居民承诺遵守绿色社区居民公约，积极参与社区环保公益活动情况；各种污染源排放情况。

(2) 硬件标准。包括：绿色建筑体系标准；社区绿化体系标准；垃圾分类体系标准；污水处理体系标准；节水体系标准；节能和新能源应用体系标准；社区环境体系标准。

(3) 软件标准。包括：组织机构体系标准；管理制度体系标准；绿色环保志愿者队伍；社区环保活动；绿色环保家庭。

(4) 附加标准。包括：表彰奖励；质量认证；节能。

3. 绿色社区建设的保障措施

(1) 组织保障。各部门密切配合，明确职责，落实责任，做到各司其职、各负其责，分类指导，稳步推进，努力形成推进绿色社区建设的合力。

(2) 政策保障。制定和落实创建绿色社区的各项扶持政策，全面推进社区社会化管理的进程；进一步落实和完善绿色社区创建工作保障条件，强化对绿色社区建设的政策保障机制。

(3) 资金保障。完善政府投入机制，鼓励社会各界积极参与绿色社区建设，形成多元化的投入格局。

(4) 制度保障。从管理机构、人员组织、技术措施、资金筹措、评价方法、动态管理等方面制定相关制度，并在创建过程中，不断总结完善各项规章制度，建立健全绿色社区建设制度保障体系，使绿色社区建设工作有法可依、有章可循。

(5) 多方参与。绿色社区的创建，离不开社区群众、居民委员会以及社会各界的大力支持，需要社会多方参与。

(三) 绿色社区管理

1. 绿色社区管理的措施

(1) 贯彻绿色社区的环境指标。社区内的工业企业污染防治措施落实到位，全部实现达标排放。对机动车尾气排放加强管理和监控；大气环境质量达到二级以上水平；社区内禁止使用对臭氧层具有破坏作用的CFC11类产品；社区周围的交通噪声控制在70分贝以下，居民住宅区的环境噪声在控制标准（夜间40分贝，昼间45分贝）之内；地表水达到国家地表水环境质量三类标准；生活垃圾收集率达到100%，分类率达到70%，生活垃圾回收利用率达到50%；社区内绿地率达到20%～25%，绿化覆盖率达到30%～35%，人均绿地面积7～11平方米；禁止生产、销售、使用一次性泡沫塑料餐饮具，改用布袋或可降解塑料包装；禁止使用含磷洗涤剂等。

(2) 组建环保社团组织。社团环保组织应包括三方面的内容：环保志愿者组织、专家建议咨询机构、企业资助机制。这三方面之间相互配合、相互补充，对基层的环境保护发挥不同的作用。环保志愿者组织的主要职能为：环境知识的宣传；社区环境质量的监测；对社区全体成员环境权益的维护，保留对侵犯社区环境的诉讼权；与环保部门、其他民间环保组织、新闻媒体保持联系、交流信息。专家建议咨询机构利用社区内专家、学者和科技人员等丰富的人力资源，为社区建设及环保工作提供理论支持、决策支持和前瞻性指导，保障社区建设决策的科学性。企业资助机制为社区所在地的政府机构、企事业单位、民间团体、个人提供信息交流论坛，广泛发动社区各个主体采取开放自身资源、捐款赞助、智力投入等多种形式，共同建设绿色社区。

2. 绿色社区的管理体系

联席会是绿色社区环境管理体系的核心，负责社区环境管理措施的具体实施。根据其管理主体的特点，大致分为三种模式：

第一种是政府有关部门、民间组织与物业公司共同参与的社区环境管理。由政府有关部门（包括精神文明办、环保局、环卫局、街道办事处）、民间环保组织、居（家）委会和有关企业（物业公司）组成联席会，联席会的成员各尽其责：精神文明办主管社区总体环境文明建设；环保局负责社区环保和污染控制的事务；环卫局承担垃圾分类的硬件设施维护和垃圾清运工作，进行垃圾分类回收的宣传；街道办事处和居（家）委会负责有关社区环境的行政性事务和教育培训，引导公众对环保工作的参与。其特点是：有政府有关部门的参与，加强了社区环境管理的力度，能够较有效地与周围单位协调所发生的环境问题。

第二种是以居委会为主的社区环境管理。居委会经常开展环境宣传教育活动，组织各种环保活动，实施垃圾分类等；民间组织起到策划、推动、协助与沟通的作用。其特点是通过居委会实施环境管理，组织居民参与各种环保活动，倡导居民选择绿色生活方式，从而实现绿色社区的自我教育、自我管理和公众参与的目标。

第三种是以物业公司、业主委员会为主的社区环境管理。它要求物业公司有较高的环保意识和环境管理能力，能够主动地与环保部门和环保组织联系，开展环保活动，选择绿色生活方式。这种模式从房地产开发开始，房地产公司将绿色环保建设的理念贯穿于设计、施工、管理的全过程，使社区一开始就具备较高水平的环保设施。在业主入住后，再由物业公司和环保组织合作，建设绿色社区的软件体系。

在绿色社区的创建和管理中，联席会的形式可以多种多样，关键是要建立起社区层面的环境管理体系和公民参与机制。建立一个以社区所在街道办事处为牵头单位，基层环保局（办）、文明办、环卫处（所）、小区物业管理公司和居委会为成员单位的管理机构，负责绿色社区的创建组织协调工作，日常工作由小区物业管理公司和居委会共同承担。

3. 推动居民参与社区环境治理

首先，激发居民自主参与社区公共事务的意识是开展社区环境自主治理的前提条件。我国目前社区活动的一个重大问题，是它还没有融入生活、贴近百姓，社区活动更加重视“社会”，而不重视“生活”，没有抓住人们生活中的关注点，因而难以调动居民参与的积极性。我国的公共资源使用者需要学习如何培养共有意识和参与意识，把共有意识转换为社会资本，共同应对共有环境治理。应该从居民最关心的身心健康与环境安全问题入手，培养社区居民的生活共同体意识，帮助人们认识到社区环境保护的目的是促进自身的身心健康，活动的受益者是每一位社区居民，从而产生参与欲望。

其次，从微观环境来看，社区居民内部的相互信赖关系决定着合作的安全性，如何使参与者之间产生信任关系是实现环境共同治理的核心问题。建立相互信任关系需要具备以下条件：保持适当的群体规模，使全部参与者得以相互交流、共享信息、共同商议；建立居住社区内部制度规则，建立有效的监督、惩罚与奖励机制；建立制定规章制度和组织规范，解决矛盾冲突，使居民最大限度地参与自主治理的平台。

最后，社区环境是一个社会生态系统，必须把社会治理与生态治理有机结合起来。奥斯特罗姆提出的社会生态系统框架把生态学视角加入共有环境治理体系，从资源系统、管理系统、资源单位和使用者四个变量出发，分析社会经济与政治环境、行为环境和相关生态系统，把生态学和社会学融合起来，倡导建立用户自主治理公共资源的制度框架。

案例链接

陆良中枢街道环城社区：狠抓环境整治 建设美丽家园

从2017年6月起，陆良中枢街道环城社区“三委”班子以党建为引领，以建设美丽家园为目标，让环城社区大放光彩，既服务好城市建设、城市发展，又让县城的环境清爽起来、城市面貌美起来。

近年来，环城社区坚持以“一手抓服务城市、服务居民健康发展，一手抓环境整治重塑美丽家园形象”为社区整体发展导向，两手一起抓，两手都抓出新成效。

为了从根本上改变社区脏、乱、差的形象，有效破解社区在管理、服务等方面的诸多难题，社区党总支率先在陆良推行“街长制”，将辖区划分为4个街区，分别由社区党总支书记、副书记、居委会主任、副主任担任“街长”，重点围绕提升人居环境、打造生态宜居社区开展点对点、点对面的服务和跟踪落实。在街长制的基础上，充分抓住全县人居环境提升、县城开展“三城同创”的契机，着力整治社区居住环境，不断提升人居环境和质量。一方面，成立保洁员队伍，设卫生保洁员22人、河道保洁员6人，不断健全完善清扫保洁和收费制度，基本形成了纵向到底、横向到边网格化管理方式，形成常态化管理，做到日常化监督。在此基础上，增设垃圾桶110只，购买垃圾清运车15辆，做到了街道及背街小巷的垃圾日产日清，12处群众反映强烈的影响市容市貌的多年遗留问题得到根除和解决，街道主干道脏、乱、差的问题得到有效改善，背街小巷污水横流、垃圾成堆问题得到解决，乱丢乱倒、随地吐痰、乱扔垃圾、乱停乱放行为得到劝导和制止，讲卫生、爱护环境的意识深入人心。同时，投入35万元对西片区集体预留产业发展用地进行了绿化，栽树2 000棵，播撒草籽130亩。另一方面，在建好社区志愿者服务队伍上下功夫，齐心协力美化环境的参与面不断扩大，使志愿者人数达到800多人，进一步营造了“人人爱环境、人人参与生态宜居社区建设”的浓厚氛围，引导居民积极投入“打好美丽家园牌、争创生态宜居红旗社区”活动中。

查缺补漏稳基础，即时建设填空白。社区党总支扎实推进九项重点工程建设，全方位打造生态宜居社区名片。抓好文化小学环城校区（原环城小学）项目建设，先后投入资金3 300万元，拆迁房屋26户、征收土地15亩，植树300棵、绿化600平方米；实施好圣邦新城项目建设，认真细致地做好72户拆迁户群众的思想工作，顺利打开了县城通往西片区的葫芦口；圆满完成康隆新洲集体预留产业发展用地项目建设，建成一个高档次的商住一体的新型农民小区；投入资金2 000万元建成金辉商业城，商业城有商住一体房屋260套，是集商业、餐饮及娱乐等为一体的综合商业贸易区；大力开展县城护东河、护西河的治理工作，投入资金28万元对管网进行了改造，安装管道260米，清淤460车，对部分河道进行了改扩建。重点工程的强力实施，提升了城市品位，逐步完善了城市功能，改善了人居环境，初步实现了“处处是景，时时见景”的既定目标。

资料来源：曲靖文明网. 陆良中枢街道环城社区：狠抓环境整治 建设美丽家园.（2018-09-04）[2020-04-15]. http://qj.wenming.cn/wmcj/wmsq/201809/t20180904_5422842.html.

任务实施

一、任务内容

本次任务的内容是模拟开展社区违章建筑排查整治行动。

二、任务操作

（1）制作悬挂横幅，宣传预防违章建筑和控制违章建筑的工作意义；

（2）在班级的微信公众号平台上编辑并发布预防违章建筑和控制违章建筑的工作准备；

（3）用表5-1对某社区内的所有小区进行详细的违章建筑排查，并对排查结果进行记录。

表5-1　社区违法建设排查情况登记表

填报单位（盖章）：　　　　　　　　　　　　　　　　　　　填报日期：

编号	违建地点	所属单位（个人）	处数	违建占地面积（m^2）	违建建筑面积（m^2）	是否有土地手续	违建类别	建筑结构形式	建成时间	整治时限	处置方式	责任社区	备注

注：1. 存量违法建设统计以××年××月××日为时间节点认定，之前统计为存量；
2. 违建占地面积为违法建设非法占用土地的用地面积，土地合法的违法建设无须统计；
3. 是否有土地手续是指是否取得土地使用证；
4. 违建类别：居住、工业、商业、居民楼院（建成区内居民楼院的违建）、其他；
5. 建筑结构形式：砖混、框架、钢结构、简易板房、其他；
6. 处置方式：拆除、没收、保留补办手续并处罚款。

三、任务拓展

分小组撰写此次违章建筑排查结果报告。

四、任务小结

（1）排查工作开始前必须开展宣传工作。

在开展排查工作前，可以开展以排查意义、排查范围、排查时间、排查类型为主要内容的宣传工作。排查前宣传工作的有力开展，有助于积极主动地将综合整治工作的重要性和必要性向居民讲清楚，让居民真正感受到社区整治违章建筑的态度和决心，营造社区浓厚的整治氛围。

（2）针对比较难排查社区，可以联合城管部门一起排查。

（3）排查过程中，要耐心细致地向被排查社区的居民解释排查原因和意义，争取社区居民的配合与支持。

项目练习

一、填空题

1. 社区环境保护的特点包括____________、____________和____________。

2. 社区环境建设的主要内容包括____________、____________和____________。

3. 绿色社区建设的保障措施包括________、________、________、________和________。

二、名词解释

1. 社区环境

2. 绿色社区

三、简答题

1. 社区环境保护有哪些措施?

2. 绿色社区的管理体系有哪几种模式?

项目六

社区物业管理

学习目标

知识目标：了解物业和社区物业的基础知识，重点把握社区物业的含义、分类，掌握社区物业管理的特征和内容。

能力目标：能够从含义、权利和职责的角度理清社区物业管理的主体间的关系，培养学生的社区物业管理能力。

案例导入

规范社区物业管理 提升社会治理水平

中国江苏网6月13日讯　物业管理是一项涉及千家万户城镇居民切身利益的民生工程，也是一项需要齐抓共管的系统工程。加强和改善物业管理的规范化水平，事关百姓安居乐业，事关社会安全稳定，越来越受到各级党委、政府的重视。我市近日出台的《加强城市社区治理与服务的实施意见》里将“大力规范社区物业管理”作为指导我市社区建设的一项要求给出了具体意见与发展方向。

政策：推进社区物业服务规范化建设

《加强城市社区治理与服务的实施意见》关于“大力规范社区物业管理”的意见指出：认真贯彻落实《江苏省物业管理条例》，完善物业服务管理具体标准，推进社区物业服务企业规范化建设。加强社区党组织、居民委员会对业主委员会和物业服务企业的指导和监督，建立健全社区党组织、居民委员会、业主委员会和物业服务企业议事协调机制。

徐州市房管局物业管理科工作人员称，只有物业服务企业与社区管理人员以及业主委员会建立联手合作的工作机制，才有利于社区各项问题的解决，有助于社区建设的和谐发展。我市很多无物业管理的老旧小区也已统一建立起社区物业服务站，完善物业管理标准，使之规范化，从而使更多社区居民的生活质量得到了有效保障。

社区：老旧小区有物业后环境大变样

“我们社区的环境确实是越来越好了！原来小区没有路灯、化粪池外溢，也没有大门、保安和任何监控设施，丢车子的现象时有发生，居民没有安全感。自从建立起社区物业服务站后，小区环境大变样。”家住泉山区湖滨街道办事处刘场社区的退休老党员史耀堂老人这样告诉记者。

刘场社区是1997年建的老旧小区。小区的保洁工作是最基础的保洁，由政府承担。保洁员只是负责地面打扫，清走垃圾。2014年，我市在老旧小区建起了社区物业服务站，秉承先服务后收费的理念，物业为小区安装了30个路灯、70个监控摄像头，化粪池每年集中清理，小区装上了道闸门，还请了保安，进行封闭式管理。以前没人扫的楼道和没人擦的楼梯扶手被打扫干净了，没人清运的杂物被清运一空，小区居民切实体会到了有物业服务的好处，主动缴纳了每平方米0.25元的物业费。

湖滨街道办事处推行“四位一体”社区管理模式，整合社区党委、居委会、业主委员会、物业企业四股力量，构建目标同向、思想同识、管理同为、行动同力的社区管理工作格局。“我们每月都有学习日和议事日，逢这天时，四方人员都坐齐了，大家一起讨论社区居民反映的民生事。”刘场社区党委书记赵明侠介绍。

专家：健全相关法规　完善基层治理

社区物业管理问题，本质上是随着社会发展而产生的民生问题，是随着住宅商品化、管理民主化、服务社会化而衍生的社区管理热点、难点问题。能否很好地解决这个问题，直接关系到广大群众的获得感和幸福感，对推进政府治理现代化提出了更高要求。

有关专家表示，我市物业管理工作近年来取得了长足发展，物业服务水平日趋完善，但仍然存在着物业管理收费难、行业服务水平不高等问题，建议社区物业在今后的发展中要注意以下几个问题：一要完善相关法律法规，按照权利和义务对等的原则，对居委会、业主委员会、物业企业等主体行为做出规范。法规既要能解决当前突出问题，又要体现前瞻性，适应未来发展需求。二要理顺各方体制机制，政府相关部门和社区各类主体间既要做到分工负责，又要紧密协调配合，形成齐抓共管的工作合力。三要强化政策支持，政府在老旧社区改造、消防等安全设施配套、社会工作者队伍建设、物业管理监督等方面要给予必要的支持。

资料来源：肖慧. 规范社区物业管理 提升社会治理水平.（2018-06-13）[2020-04-15]. https://baijiahao.baidu.com/s?id=1603145669147098336&wfr=spider&for=pc.

思考：社区物业管理水平要从哪些方面去提高？

思维导读

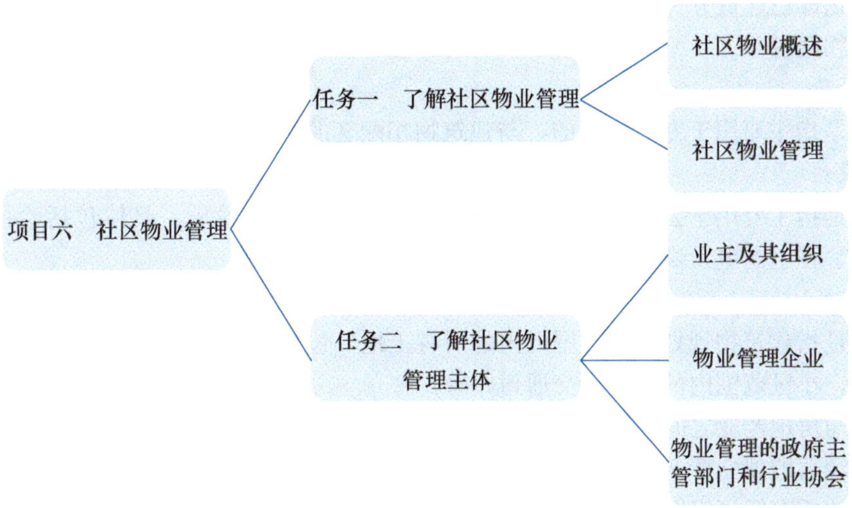

任务一　了解社区物业管理

任务解析

在本次任务中，学生在学习了社区物业的含义、分类及社区物业管理的含义、特征、内容和模式后，可以对社区物业及社区物业管理形成初步的认识。在此基础上，通过在实训环节中参观物业企业，学生能够体验物业管理的真实环境，进一步加深对社区物业及社区物业管理知识的理解。

基础知识

一、社区物业概述

（一）社区物业的含义

物业一词在20世纪80年代从外国引入我国，当前对物业的含义比较一致的说法是：物业是指已建成并投入使用的各类建筑物及与之相配套的设备、设施和场地。物业可以是单体建筑物，如一栋住宅楼、写字楼、商业大厦、宾馆、饭店等；也可以是建筑群，如住宅小区、工业厂区等。与之相配套的设备、设施和场地，是指与上述各类建筑物相配套或为建筑物的使用者服务的室内外各种设备、市政公用设施以及与之相邻的场地、庭院和道路。

从物业的含义中可以看出，完整的物业至少应包括以下四个基本要素。

1. 建筑物

建筑物即已建成并具有使用功能和经济价值的各类楼宇及相关建筑，具体包括房屋建筑和构筑物两种。

2. 设备

设备是指主要用于专门方面的，与建筑物相配套的各种设备，如电梯、空调等。

3. 设施

设施是指主要用于公共方面的，与建筑物相配套的各种设施。具体包括给排水管线、消防管线、强电弱电及商店等公共建筑设施。

4. 场地

场地是指建筑物规划红线范围以内的所有土地，包括建筑物占用地块，建筑物周围空地、绿地，小区范围内的非主干交通道路等。

物业与房地产业之间有着密切的联系，同时也是有区别的。房地产业是指从事房屋和土地开发经营的独立产业，它包括房地产开发、建设、经营、维护和服务等房地产经济活动全过程的所有经济组织。而物业是指房地产进入消费领域后的具体房地产产品，是房地产业在消费领域的延伸。

由于在城市社区中，与社区基层治理联系度最大、对其影响度最高的物业类型是住宅物业，所以，本书所介绍的社区物业具体指社区内的住宅物业。

（二）社区物业的分类

1. 单元式住宅

单元式住宅，又叫梯间式住宅，是以一个楼梯为几户服务的单元组合体，一般为多、高层住宅所采用。单元式住宅的基本特点：

（1）每层以楼梯为中心，每层安排户数较少，一般为 2～4 户，大进深的每层可安排 5～8 户，住户由楼梯平台进入分户门，各户自成一体；

（2）户内生活设施完善，既减少了住户之间的相互干扰，又能适应多种气候条件；

（3）建筑面积较小，可以标准化生产，造价经济合理；

（4）仍保留一定的公共使用面积，如楼梯、走道、垃圾道，保持一定的邻里交往，有助于改善人际关系。

单元式住宅一经建造使用，便被社会所接受，并推广到世界绝大多数国家和地区。

2. 公寓式住宅

公寓式住宅是相对于独院独户的西式别墅住宅而言的。公寓式住宅一般建在大城市，大多数是高层大楼，标准较高，每一层内有若干单独使用的套房，包括卧室、起居室、客厅、浴室、厕所、厨房、阳台等，还有一部分附设于旅馆酒店之内，供一些常常往来的中外客商及其家眷中短期租用。

3. 花园式住宅（别墅）

花园式住宅也叫西式洋房或小洋楼，即花园别墅。一般都是带有花园草坪和车库的独院式平房或二三层小楼，建筑密度很低，内部居住功能完备，装修豪华，并富有变化，住宅水、电、暖供给一应俱全，户外道路、通信、购物、绿化也都有较高的标准，一般为高收入者购买。

二、社区物业管理

（一）社区物业管理的含义

社区物业管理是指专门机构受住宅物业所有人的委托，依照国家有关法规和合同行使管理权，运用现代管理科学和先进维修养护技术，以经济手段对物业实施多功能、全方位的统一管理，同时对物业周围的环境、清洁卫生、安全保卫、公共绿化、道路养护等统一实施专业化管理并向业主或租户提供多方面的综合性服务，使物业发挥最大的使用价值和经济价值。物业管理经营人是指从事物业管理的企业或组织；物业所有人是指住宅所有权人，即业主；物业管理的对象是物业；物业管理的服务对象是人，即物业的所有权人和使用权人。

物业管理的性质主要是服务性，是寓管理、经营于服务之中，在服务中体现管理并完善管理与经营。物业管理总的宗旨是以现代化的经营管理手段为业主服务，创造一个方便、安全、清静、整洁的居住和工作环境。其最终目的是实现社会效益、经济效益、环境效益同步增长。

（二）社区物业管理的特征

1. 社会化

社区物业管理的社会化是指物业管理将分散的社会工作集中起来，统一承担。除房屋及机电设备的维修养护外，诸如水电管理、清洁、保安、消防、绿化、接送孩子、传呼电话等直接关系到人们日常生活的工作，都由物业管理公司承担。每位业主只需面对一家物业管理公司，就能将所有关于房屋和居住（工作）环境的日常事宜安排好，不必分别面对各个不同部门，因此有人将物业管理公司比喻成业主的“总管家”。而物业管理公司对政府来说则像一个“总代理”，业主只需根据收费标准按时缴纳管理费和服务费，就可以获得相关服务。这既方便了业主，也便于统一管理，是充分提高整个城市管理社会化程度的重要措施。社区物业管理的出现有利于发挥社区物业的整体功能，实现经济效益、社会效益、环境效益的统一和综合改善。

2. 专业化

专业化有三层含义：一是有专门的组织机构；二是有专业人才，如机电设备、空调、管道、消防、电梯、房屋维修等，非有专门人才不可；三是有专门的管理工具和设备。作为一种统一管理，社区物业管理将有关社区物业的各项专业管理都纳入了物业管理公司的业务范围之内，物业管理公司可以通过设置专门的职能部门来从事相应的管理业务。随着生产力的不断进步，社会分工日趋细化和专业化，物业管理公司也可以将一些专业管理业务再委托给绿化公司、保安公司、清洁公司等相应的专业经营服务公司。例如，环境卫生服务可以委托给专业清洁公司；保安服务可以委托给保安公司；机电设备维修业务可以委托给专业设备维修公司；园林绿化可以承包给专业绿化公司。这些专门组织的成立，表明社会分工在进一步加深，服务领域在进一步专业化。社区物业管理的出现促进了城市管理的专业化，这为城市管理向现代化方向迈进创造了条件。

3. 企业化

物业管理公司是企业，不是事业单位，也不是行政机关的分支机构。物业管理公司作为一个独立的法人，应按照《中华人民共和国公司法》的规定运行，不受任何行政干扰。因此，物业管理公司必须依照物业管理市场的运行规则参与市场竞争，依靠自己的经营能力和优质服务在物业管理市场上争取自己的生存空间，用经营业绩去争取更多的客户。同时，物业管理公司在运作过程中应处理好与公安、市政、街道、居委会、邮电、公用设施、交通等行政或事业性单位的关系，以提供优质服务为目的，塑造良好的服务氛围，为业主创造一个方便、整洁、安全、清静的居住和工作环境。

4. 经营化

所谓物业管理的经营化，是指它的每项业务、每个进程都是有偿的。物业管理公司所提供的服务是以盈利为目标的，它通过收取服务费用实现自身的维持和发展。但是，物业管理公司一般是保本微利，量入为出，它要通过多种经营，使物业的管理走上“以业养业、自我发展”的轨道，从而使物业管理成为一个相对独立的行业。这有利于房屋维修养护、环卫、治安、管道维修、设备更新等工作的开展，有利于减轻政府和各主管部门的经济压力，也有利于提高服务质量。

5. 规范化

规范化是市场经济发展的必然要求，也是企业走向现代化、科学化的必然要求。对物业管理公司来说，规范化不仅指公司的设立必须符合国家公布的有关法规和程序，还指公司的管理运作制度必须规范。如果物业的产权产籍管理不规范，就容易产生纠纷；如果物业的接管程序不规范，就容易留下后患；如果与业主签订的契约不规范，就会权责不清；如果管理不规范，就不符合现代企业制度的要求。规范化还包括岗位设立规范。在物业管理公司企业化的过程中，很重要的一点就是要设立规范的岗位，这是文明服务、优质服务的前提。

（三）社区物业管理的内容

1. 社区物业的修缮管理

物业修缮管理是为保证物业的正常使用并延长其使用寿命必须经常进行的活动。在整个社区物业管理中，物业修缮管理是一项基础性工作，占有极其重要的地位。做好社区物业修缮管理对房地产经营的顺利开展和居民居住水平的提高，都具有重要作用。物业的建筑和设备是社区物业修缮管理的主要内容。

（1）建筑修缮内容。

1）房屋的建筑结构。房屋的建筑结构简称“结构”，是指建筑物中，由承重构件基础、墙、柱、梁、屋架、支撑、屋面板等组成的体系。结构必须具有足够的强度、刚度、稳定性、耐久性和耐火性，以满足使用功能的要求。

2）房屋的建筑构造。房屋的建筑构造，通常是指建筑物与构筑物中各种结构构件或配件的组成及相互结合的方式、方法。

房屋修缮人员在管理和维修房屋时，必须掌握房屋建筑的基本知识，这对保证旧房屋的改造、新房屋的正常使用及维护、延长房屋的使用寿命、保证人们良好的室内环境，都是至关重要的。

（2）设备修缮内容。

需要修缮的房屋设备包括：

1）电梯设备。电梯设备需要维修的内容有曳引机、轿箱、井道、控制系统、制动系统等。

2）制冷设备。制冷设备需要维修的内容主要有制冷机、冷却塔、水泵、阀门、管道等。

3）供水设备。供水设备需要维修的内容有供水箱、供水泵、水表等。

4）供暖设备。供暖设备需要维修的内容有锅炉、鼓风机、回龙泵、水汀片、壁炉等。

5）供电设备。供电设备又分为弱电设备和强电设备。弱电设备需要维修的内容有入户电话、户门对讲机、电视天线等。强电设备需要维修的内容有总开关、总电表、分电表、电源外线、进户线等。

6）消防设备。消防设备需要维修的内容有供水箱、消防泵、消防箱、消防龙头、兰花喷头、灭火机、灭火瓶。

7）卫生设备。卫生设备需要维修的内容有浴缸、面盆、水盆、抽水马桶、冲洗盆等。

8）厨房设备。厨房设备需要维修的内容有洗菜盆、气灶等。

9）室外地下管线。室外地下管线需要维修的内容有给排水管线、供电与电信管线、热力管线等。

2. 社区物业的绿化管理

（1）社区物业绿化的组成。

社区绿地，按其功能、性质及大小，可划分为公共绿地、公建绿地、宅旁绿地和道路绿地等。它们共同组成居住区的绿化系统。道路绿地和公共绿地组成了居住区“点、线、面”相结合的绿化系统。从宏观角度讲，居住区绿地是城市园林绿化系统的“点、线、面”中的“面”，是最接近居民的最为普遍的绿地形态。

1）公共绿地。公共绿地，包括居住区公园、小游园、组团绿地以及儿童游戏场和其他的块状、带状公共绿地等，是为居民区全体居民或部分居民提供的公共使用的绿地。居住区公园和小游园往往与小广场、喷泉等公共服务设施或活动中心相结合，形成居民日常生活的绿化游憩场所，也是深受居民喜爱的公共空间或半公共空间。

2）公建绿地。公建绿地是指社区的医院、幼儿园、图书馆等专门使用的绿地。

3）宅旁绿地。宅旁绿地是指宅前、宅后以及建筑物本身的绿化，是居民使用的半私密性空间，也是住宅内外结合的过渡空间。

4）道路绿地。道路绿地是指道路两旁的绿地和树木。

（2）社区物业绿化的植物种类。

社区物业绿化应根据不同的地域气候和功用选用不同的植物品种，既要达到绿化美化的效果，提高成活率，又要方便管理。

1）主干道旁种植树木的种类可以选用油松、银桦、旱柳、垂柳等。

2）庭院、公园、苑区种植的树种可以选用丁香、紫藤、侧柏篱、荟柏篱等。

3）小区花卉的选择。我国素有“世界园林之母”的美称，花卉资源丰富，种类繁多。下面介绍几种花卉供选用，见表6-1。

表 6-1 花卉选用表

名称	花期	颜色	种植方式
雏菊	4～6 月	红、白、粉红	花坛边缘
一点红	7～8 月	红、紫红	花坛
桔梗	7～9 月	蓝、紫	切花、群植
一串红	6～7 月、9～10 月	大红	花坛、盆栽
牵牛花	6～9 月	红、蓝、紫	篱墙
荷包花	4～6 月	粉红	花坛、盆栽
金盏花	7～9 月	黄、橙黄	花坛、盆栽
百合	5～8 月	红、黄、白	花坛、切花
风信子	4 月	蓝、白、水红	花坛、切花、盆栽
郁金香	5 月	红、橙、黄、白、紫	花坛、切花、盆栽
芍药	5 月	紫红、粉、白	花坛

3. 社区物业的保洁管理

社区物业的保洁是指物业管理公司对物业区进行定时、定点、定人的日常打扫清洁，对垃圾进行及时收集和清运。通过扫、擦、洗、清运等常规性的服务，保障社区的清洁卫生，让业主和使用人满意。

社区物业保洁工作的内容一般涉及物业辖区内的道路、空地、绿地等所有公共区域的卫生管理工作，以及上下空间的公共部位，如电梯、楼梯等的清洁工作和日常生活垃圾的收集、清运。

4. 社区物业的安全管理

社区物业安全管理主要涉及所辖区域的治安、消防和车辆管理三个方面。

（1）社区物业的治安管理。

社区物业治安管理是指物业管理公司通过现行的科学技术手段，依靠各种先进设备与工具，防止和终止任何危及或影响物业管理辖区内的业主或使用人的生命财产与身心健康的行为与因素，为人们创造安全舒适的生活环境。根据不同的标准，可以将治安管理的岗位与任务划分为不同的类型。

1）根据管理的范围来划分。

治安管理的任务可分为固定岗哨和流动岗哨。大门、车库、仓库、机房等重要区域都是固定岗哨，各种活动的巡查、巡更则是流动岗哨。流动岗哨又分为两种，一种是有指定巡查路线的，另一种则是无指定巡查路线的。

2）根据安全工作所处状态来划分。

治安管理可分为正常状态下的治安管理和紧急状态下的治安管理。正常状态下的治安管理是指按原定班次、时间、人员、岗位、工作性质来执行任务的管理。紧急状态下的治安管理是指在发生突发性事件、案件等紧急情况下的临时性处置、管制。紧急状态下的治安管理，一般要打乱正常状态下的岗位、班次、人员、时间与工作性质，必须一切服从、听从所指定负责人的调动安排。

（2）社区物业的消防管理。

消防管理的目的是预防火灾的发生，最大限度地减少火灾损失，为业主的工作和生活提供安全的环境，增强居民的安全感，保护其生命和财产的安全。

消防工作的方针是“预防为主，防消结合”，在指导思想上，要把预防火灾放在首位。所以，社区物业的消防管理要以《中华人民共和国消防条例》和《高层建筑消防管理规则》为准则，立足于火灾的预防，从人力、物力、技术等多方面充分做好灭火准备，确保物业的安全使用。

消防设备的管理主要是指对消防设备的保养与维护。消防设备的维修需要专门的技术，特别是一些关键设备，一般应聘请持有合格消防牌照的专业公司来维修。

“预防为主，培训先行”，消防培训是增强消防工作的透明度、发动业主和公司员工自觉同火灾做斗争的一项重要措施，是贯彻“预防为主，防消结合”方针的一项重要内容，也是提高所辖区域内的全民消防意识，普及消防法规和消防知识的重要途径。物业管理公司的员工是社区物业消防管理的主要力量，要加强对员工的培训教育，使员工达到以下要求：熟悉消防理论知识，熟悉灭火器材的使用，熟悉防火的各项规定。对业主展开消防宣传教育，提高业主的自救能力，使业主学会使用灭火器材，出现紧急情况时能够自动疏散。

此外，适当安排消防演习。有些物业公司在每年的“消防月”期间，在宣传栏张贴有关消防知识的简报，还组织消防演习，一方面可以检查物业管理公司消防管理的情况，另一方面可以增强员工及业主的消防意识。

（3）社区物业的车辆管理。

社区物业车辆管理是指对进出社区的机动车和非机动车的运行与停放的管理，比较侧重于车辆停放的管理。

自行车、电动自行车在今后相当长的一段时期内仍将是我国居民出行的主要交通工具。近些年，居民拥有的自行车、电动自行车数量不断增加。许多城市平均每户拥有一辆或两辆自行车，电动自行车甚至更多。因此，社区的自行车、电动自行车停放问题必须解决得当。目前的状况是，社区内自行车、电动自行车乱停乱放现象严重，大量的自行车、电动自行车停放在社区住宅单元的入口处、公共过道内，严重影响了社区的环境质量，成为社区景观环境建设的障碍。

（四）社区物业管理的模式

1. 委托服务型

委托服务型物业管理是指房地产开发企业自己组建物业管理企业，对其出售（出租）的房屋进行日常管理，并完善其售后服务。这类物业管理企业只拥有物业的管理权，而没有产权，仅仅是按合同或契约进行法制化、规范化管理。物业管理企业在收取一定的管理服务费的前提下对房屋及其附属设备、设施进行维护修缮，对小区绿化、治安、消防、环境卫生等提供管理服务。

2. 自主经营型

自主经营型物业管理是指房地产开发企业建成物业后并不出售或出租，而是交由下属的物业管理部门进行出租或出售以及提供售后管理服务。这类物业管理企业既拥有经营管理权，又拥有产权；它除了具有维护性的管理职能外，更主要的职能是对所管物业进行出租经营，创造一个良好的物业使用环境。

3. 社会经营型

社会经营型物业管理是指专业化管理公司经政府批准后参与市场竞争，获取物业管理的权利。这类物业管理企业一般管理专业化程度高，管理科学规范，服务到位，但管理成本较高。

案例链接

加强社区物业管理 创新社会治理模式

近年来，红桥区以加强社区准物业管理为抓手，提前介入、主动作为，社区的准物业管理水平和群众满意度不断提升，维护和巩固了社区环境整治的成果，形成了社区环境美化的长效化、规范化机制，为美丽红桥建设打下了基础，积累了经验，探索出了创新社会治理新模式。

建立监管长效机制，为全面推行准物业管理提供制度保障

为巩固旧楼区提升改造成果，在旧楼区接管的基础上，提高管理服务水平，实现旧楼区管理常态化、规范化工作目标，以政府的名义下发《关于建立提升改造旧楼区管理工作机制的意见》。建立健全检查、考核、退出“三位一体”制度机制：一是建立管理单位自查、街道办事处日常检查、区民政局牵头组织联查三个层次的检查制度；二是实行百分制考核制度，将考核分级评定结果与补贴资金拨付挂钩；三是建立退出机制，经查实确属管理单位服务不到位造成的，责令管理单位退出管理项目，由所属街道办事处重新选聘管理单位。

构建齐抓共管格局，创新社区物业管理模式

为推动社区实行准物业管理，坚持试点先行，把转变理念作为加强管理的突破口，将关口前移，触角延伸至准物业管理全过程，确保管理效果，探索出新的管理模式并在全区推广。

创新体制机制，形成工作合力。一是强化街道社区属地管理责任。进一步发挥街道办事处、社区居委会的组织协调作用，通过增设、聘任人员等形式，确保旧楼区监管部门和专职人员落实到位，切实履行日常组织协调、推动指导和监督考核职责。二是建立社区议事机制。在社区党组织领导下，社区居委会发挥指导监督作用。建立健全由社区居委会召集街道物业办、社区民警、居民代表、管理单位负责人等参加的议事机制，协调解决社区管理中出现的问题。三是建立工作联动机制。按照属地管理的原则，由所在街道办事处牵头，建立街道、综合执法、房管、市容园林、市政、公安、管理单位等部门联动机制。四是落实公示牌相关责任。改造后的旧楼区项目设置设备（设施）日常管理维护责任公示牌，各责任单位要按照公示内容，落实维护责任。确保电话畅通、责任明确、维修及时到位。

适应新形势新要求，推动准物业管理纳入社区管理

推行网格化管理，提升精细化管理水平。按照布局和人口把全区划分为143个网格，覆盖全部居民小区，落实巡查、报告、协调、反馈、督查等制度，900余名负责人对网格内全部事务进行实时管理。网格负责人由居委会主任兼任，确保责任明确、包干到人、落实到位。同时，结合“智慧红桥”信息平台，完善网格内住户、单位、建筑物和地面设施等基础资料和台账，加强综合分析和动态监管，做到每件事情有人问、每个问题有人盯、每项工作有人管，进一步提升小区物业管理的精细化水平。

资料来源：百度文库. 加强社区物业管理 创新社会治理模式. (2018-10-06) [2020-04-15]. https://wenku.baidu.com/view/57401d7c905f804d2b160b4e767f5acfa1c78386.html.

任务实施

一、任务内容

本次任务的内容是制定参观某物业公司管理的某小区的方案。

二、任务操作

（一）任务操作步骤

（1）说明此次参观的背景和目的。

（2）确定此次参观的主题。

（3）确定参观的内容：小区基本情况，物业公司的物业管理理念，小区的空间布局，小区公共设施的设置情况，小区的日常管理制度等。

（4）确定参观时间。

（5）选取参观地点。

（6）安排参观人员，确定参观人员名单，并留下参观人员的联系方式。

（7）确定参观流程。

（8）确定参观的经费预算。

（二）参观流程的安排

（1）前期阶段。

1）确定并了解该物业管理公司和所管理小区的相关信息；确定该公司可提供哪些方面的参观；了解公司特色，以便后期宣传工作的开展。

2）与该公司商榷参观的时间、方式、流程及最多参观人数，并问清楚进行参观时需注意的事项。

3）联系带队人员，向他说明本次参观的有关信息及参观时间，在参观中为参观人员做讲解。

4）参观人员准备好所需的记录工具，如笔与笔记本，在征得公司同意的情况下可带摄像机等拍摄工具。

（2）准备阶段。

1）确定乘车路线。

2）在参观前两天汇总人数，并在出发前一天通知集合的时间与地点。

3）根据人数，做好当天参观公司的人员安排，并向他们说明应注意的事项。

（3）参观阶段。

1）出发前点名，在车上注意维持秩序并再次声明参观时应注意的各事项。

2）到达小区后与工作人员说明情况并确定参观的流程，开始参观小区。

3）参观人员在讲解员的带领下参观小区及物业公司在该小区的管理情况。

4）与公司管理者交流，并对在参观中所发现的问题进行提问。

5）在参观过程中，参观人员应当遵循公司提出的注意事项并自觉保持秩序，遇到突发状况及时与公司工作人员联系。

6）向公司工作人员表示感谢，并邀请公司工作人员一起合影留念，确定人数返校。

（4）撰写参观报告。

三、任务拓展

组织班级同学参观一家物业管理公司。

四、任务小结

（1）参观方案的初稿完成后，要比较其他类似主题的参观方案，查缺补漏。

（2）参观方案要周全考虑突发情况的应急预案，始终把安全参观的理念放在第一位。

（3）参观报告的内容要突出该物业公司在小区服务和管理中的创新之处。

任务二　了解社区物业管理主体

任务解析

在本次任务中，首先介绍社区物业管理的三类主体的含义及各方的权利和责任，引领学生理解社区物业管理的权责界限，为学生学习妥善处理三方关系奠定基础。其后，通过模拟召开业主大会的实训内容，引导学生将前述理论知识运用到社区物业管理的实务中。

基础知识

社区物业管理主体是指社区物业管理活动中的各方参与者。根据在物业管理活动中地位和作用的不同，社区物业管理主体可分为三类：业主及其组织、物业管理企业，物业管理的政府主管部门和行业协会。

一、业主及其组织

业主及其组织是社区物业管理中非常重要的主体。业主及其组织主要以自主管理、委托物业管理企业管理或者两种方式相结合的形式进行物业管理。

（一）业主

1．业主的含义

在我国，土地属于国家所有，房屋所有权人只拥有土地的使用权。因此，物业的内涵仅包括土地使用权和地上建筑物的所有权。与此相对应，业主是指各类房屋及其附属物的所有权人，拥有相应的土地使用权。

2. 业主的权利

业主在物业管理活动中，享有下列权利：第一，按照物业服务合同的约定，接受物业管理企业提供的服务；第二，提议召开业主大会会议，并就物业管理的有关事项提出建议；第三，提出制定和修改业主公约、业主大会议事规则的建议；第四，参加业主大会会议，行使投票权；第五，选举业主委员会委员，并享有被选举权；第六，监督业主委员会的工作；第七，监督物业管理企业履行物业服务合同；第八，对物业共用部位、共用设施设备和相关场地使用情况享有知情权和监督权；第九，监督物业共用部位、共用设施设备专项维修资金（以下简称专项维修资金）的管理和使用；第十，法律、法规规定的其他权利。

3. 业主的义务

业主在物业管理活动中，履行下列义务：第一，遵守业主公约、业主大会议事规则；第二，遵守物业管理区域内物业共用部位和共用设施设备的使用、公共秩序和环境卫生的维护等方面的规章制度；第三，执行业主大会的决定和业主大会授权业主委员会做出的决定；第四，按照国家有关规定交纳专项维修资金；第五，按时交纳物业服务费用；第六，法律、法规规定的其他义务。

（二）业主大会

1. 业主大会的含义

业主大会是由物业管理区域内全体业主组成的、代表并维护全体业主合法权益的组织。

2. 业主大会的职责

在社区物业管理过程中，业主大会履行下列职责：第一，制定、修改业主公约和业主大会议事规则；第二，选举、更换业主委员会委员，监督业主委员会的工作；第三，选聘、解聘物业管理企业；第四，决定专项维修资金的使用、续筹方案，并监督实施；第五，制定、修改物业管理区域内物业共用部位和共用设施设备的使用、公共秩序和环境卫生的维护等方面的规章制度；第六，法律、法规或者业主大会议事规则规定的其他有关物业管理的职责。

（三）业主委员会

1. 业主委员会的性质

业主委员会代表全体业主执行业主大会做出的决议，维护全体业主的利益，是全体业主实现共有物业管理权的业主自治管理组织。经业主大会的授权，业主委员会完全可以代表全体业主行使物业管理权，包括自行建立物业管理组织或委托物业管理企业进行专业化的管理。

2. 业主委员会的产生和组成

同一个物业管理区域内的业主，应当在物业所在地的区、县人民政府房地产行政主管部门或者街道办事处、乡镇人民政府的指导下成立业主大会，并选举产生业主委员会。但是，只有一个业主的，或者业主人数较少且经全体业主一致同意，决定不成立业主大会的，由业主共同履行业主大会、业主委员会职责。

3. 业主委员会的职责

业主委员会是业主大会的执行机构，履行下列职责：第一，申请召开业主大会会议，报告物业管理的实施情况；第二，代表业主与业主大会选聘的物业管理企业签订物业服务合同；第三，及时了解业主、物业使用人的意见和建议，监督和协助物业管理企业履行物业服务合同；第四，监督业主公约的实施；第五，业主大会赋予的其他职责。

二、物业管理企业

（一）物业管理企业的含义

如前所述，物业管理企业是指对地上永久性建筑物、附属设备设施及相关场地和周围环境进行专业化的科学管理的经济实体，具有独立的法人地位，接受业主委托，按照物业管理合同的约定为业主提供服务，创造良好的生活和工作环境。作为独立的企业法人，物业管理企业必须具有明确的经营宗旨和经政府主管部门认可的管理章程，能够独立承担民事责任和经济责任。

对物业管理企业含义的理解应把握以下几个方面：

第一，物业管理企业是独立的经济实体，具有法人地位，能够独立承担民事责任和经济责任。

第二，物业管理企业从事的是专业化的管理，是对地上永久性建筑物、附属设备设施及相关场地和周围环境等实施科学管理，运用现代管理技术和先进的维修养护手段管理物业，为业主和物业使用人提供优质的服务。

第三，物业管理企业必须按照物业服务合同的约定，为业主提供相应的服务。

（二）物业管理企业的权利与义务

1. 物业管理企业的权利

物业管理企业是自我经营、自我发展、自负盈亏的经济运行体，企业在为业主提供物业管理服务的同时，享有以下各项权利：

（1）根据有关法律、法规、条例，结合具体情况，制定小区管理办法；

（2）依照物业管理合同和管理办法对小区实施管理；

（3）按照物业管理合同和有关规定收取物业管理费用；

（4）制止业主和物业使用人违反法律、法规和物业管理办法的行为；

（5）选聘专业公司承担专项管理业务。

2. 物业管理企业的义务

物业管理企业在行使其权利的同时，必须承担相应的义务。物业管理企业须履行以下义务：

（1）履行物业管理合同，依法经营；

（2）接受业主和业主委员会的监督；

（3）重大管理举措需提交业主委员会审议，经许可后执行；

（4）接受政府相关职能部门、物业管理行业协会的监督、管理。

三、物业管理的政府主管部门和行业协会

政府主管部门和行业协会在社区物业管理过程中发挥作用的侧重点不同，政府的职能

应集中到对行业进行规划、引导，推动行业发展上；而行业协会的职能在于表达同行企业的意愿，进行民主协调，建立行规行约，并为成员提供服务等。

（一）政府主管部门

政府对社区物业的管理，主要是宏观层面的管理，是通过建立、健全法律法规来实现的。政府及其主管部门的基本职能和作用是把物业管理行业和市场置于法规监督之下，本着疏导的原则对物业管理行业和市场的发展充分发挥宏观调控的作用，创造有法可依、有纪可守、有章可循的良好的外部环境，使物业管理法制化、规范化。政府及其相关主管部门对物业管理行业和市场的管理主要体现在以下方面：

（1）制定物业管理的政策法规。

政策法规是物业管理行业健康发展、物业管理市场有序运行的条件和前提。物业管理政策法规使产权多元化物业的管理有了法律依据，使业主和使用人、物业管理企业的权利、义务有了明确的界定，使物业管理合同有了规范的表述。政策法规对物业的使用和管理行为做出界定，对物业管理费用的定价程序、收费合同、收费项目、收费标准和收费办法做出规定，保护了当事人双方的合法权益。

（2）物业管理经营人的资质管理。

物业管理是一个服务性的行业，同时又是一个专业技术性的行业。房屋的维修养护、设备设施的维修养护和更新管理等，需要专门的技术。因此，对从事物业管理的人员和组织，政府从资质方面进行管理可以保证该行业的服务质量。

（3）领导和进行物业管理质量监督工作，制定物业管理服务标准。

（4）指导物业管理企业的工作，指导和帮助业主委员会的工作。

（5）协调、解决物业管理市场运作中出现的情况和问题。

（二）物业管理行业协会

除了政府主管部门，物业管理行业协会也对物业管理的发展起着重要的管理、引导作用。物业管理行业协会是物业管理企业依法自愿组成的行业性社会团体，发挥着自我管理、自我服务、自我监督的功能，是保证物业管理行业和市场良性运作必不可少的条件。物业管理行业协会主要是从中观层面上对物业管理企业进行管理。其宗旨是遵循国家有关法律、法规和政策，维护物业管理企业的合法权益，为行业内各企业服务，促进国内外同行业交流，推动本行业健康发展。行业协会的自律是现代市场经济条件下的管理惯例。在现代市场经济条件下，每一个行业都有自律性组织，物业管理同样也应建立自己的行业协会组织。物业管理行业协会主要履行以下职能：

（1）代表职能。代表本行业全体企业的共同利益。

（2）沟通职能。作为政府与企业之间的桥梁，向政府传达企业的共同要求，同时协助政府制定和实施行业发展规划、产业政策、行政法规和有关法律。

（3）协调职能。制定并执行行规行约和各类标准，协调同行企业之间的经营行为。

（4）监督职能。对本行业产品和服务质量、竞争手段、经营作风进行严格监督，维护行业信誉，鼓励公平竞争，打击违法、违规行为。

（5）公证职能。受政府委托进行资格审查，签发证照，如市场准入资格认证等。

（6）统计职能。对本行业的基本情况进行统计、分析，并发布结果。

（7）研究职能。开展对本行业国内外发展情况的基础调查，研究本行业面临的问题，提出建议，出版刊物，供企业和政府参考。

（8）狭义的服务职能。如信息服务、举办展览、组织会议等。

案例链接

十名以上业主可联名申请召开首次业主大会会议

物业服务企业不得因业主欠缴物业服务费而限制业主进出小区、入户和车辆进入地下停车位。业主未按约交纳物业费，录入失信被执行人名单……22日，生活报记者从省住建厅获悉，《黑龙江省物业管理条例（草案送审稿）》制定完毕，开始征求意见。

关键词1：业主大会

符合首次业主大会会议召开条件的，建设单位应当向物业所在地的街道办事处或乡镇人民政府提出筹备首次业主大会会议的申请，十名以上业主也可以联名申请。街道办事处或者乡镇人民政府应当在六十日内指导组建首次业主大会筹备组。

业主委员会一般由五至十五人的单数委员组成。对一个管理区域分期建设或尚有部分物业未交付入住的，应当按照相应比例预留委员名额，待交付入住后陆续补充。

关键词2：物业服务费

选聘和解聘物业服务企业，应当召开业主大会，并按照大会程序表决决定。业主委员会应当与业主大会选聘的物业服务企业依法签订物业服务合同，物业服务合同对全体业主具有约束力。

物业服务收费应当区分不同物业的性质和特点，分别实行政府指导价和市场调节价。物业服务收费实行明码标价。

关键词3：专项维修资金

专项维修资金属于业主共有，专项用于物业共用部位以及共用设施设备保修期满后的维修、更新和改造，不得挪作他用。

专项维修资金的使用，经业主大会依法决定，可以根据维修范围以单元（栋）为单位进行表决，也可以采取异议表决，即持不同意见的业主专有部分占建筑物总面积三分之一以下且占总人数三分之一以下的，视为表决通过。

业主大会成立前，专项维修资金由物业管理行政主管部门代行管理。业主大会成立后，根据业主大会决定，选择自行管理或者代行管理。业主大会选择自行管理专项维修资金的，应当在银行设立专项维修资金账户，接受物业管理行政主管部门的监督。

关键词4：占用公共场地

利用物业共用部位、公共场地、共用设施设备和业主共有房屋从事经营，扣除物业服务企业管理费用及法定税金后，所得收益属于全体业主，可以由业主委员会或者物业服务企业负责管理，主要用于补充住宅专项维修资金，也可以用于业主大会决定的其他事项，业主委员会应当每半年在物业管理区域显著位置公示收益和使用情况。

关键词 5：法律责任

物业服务企业违反法律、法规规定或者物业服务合同约定终止物业服务的，由市、县级物业行政主管部门责令限期改正，给予警告，并处十万元的罚款。

资料来源：袁成亮．十名以上业主可联名申请召开首次业主大会会议．（2019-05-23）[2020-04-15]．http://epaper.hljnews.cn/shb/20190523/422406.html.

任务实施

一、任务内容

本次任务的内容是模拟召开业主大会讨论小区公共设施维修的招标事宜。

二、任务操作

（1）准备好向业主宣布的会议主题及所有相关资料，由物业公司管理处经理和综合服务部主管拟稿，档案管理员负责打印存档。

（2）准备好发给业主的资料、业主委员会代表发言稿和所讨论主题的中心思想等，在参会的业主代表固定人数之外多备出一到两份资料，留以备用并存档。

（3）以上两项资料作为会议重要文件需要在开会的前一天准备齐全，由档案管理员发给物业公司办公室负责人审阅、批示，并监督公司在当天内把所有审阅后的资料转发回服务处。

（4）认真选拔小区内的业主代表，可从候选人中选拔业主代表。选拔业主代表和通知业主参加会议的工作需派专人负责，在会议的前一天确定参加会议的业主人数，并向物业公司做汇报。

（5）会场布置工作由物业公司专人负责，最晚在开会的前一天晚上完成。

（6）在会议中安排专人负责拍摄录像和做会议纪要的工作。

（7）进入会场，安排业委会代表坐在主讲位置，业主代表靠左边一排先坐（左为大），服务处人员靠右边坐下。

（8）会议开始后先由业委会代表讲话并宣读会议的主要内容。之后由物业公司负责人向业主汇报物业公司所做的工作和小区的实际情况，再由专人负责讲述小区的公共维修基金的缴纳情况和申请使用程序，以及小区的公共维修基金存在的特殊情况。如业主有疑问，可现场留出答辩时间。然后业主委员会宣布施工单位逐一进入会场进行招标。最后选出和定下施工单位和具体的实施方案，并定好下一步工作计划。

三、任务拓展

绘制召开小区业主大会流程图。

四、任务小结

（1）在选拔业主代表时，一般要选出出席人数的两倍人员作为候选人，以免业主临时有事或没有时间参加。

（2）会议当天如有业主提前到会，会务人员需要安排他们在环境舒适的地方喝茶，有意识地同他们聊聊天并做引导工作。对还未到场的业主代表打电话询问情况。对迟到的业主不要抱怨，多提示诸如“路上注意安全”等话语。

（3）会场工作需要注意以下事项：会议桌上席卡、茶水和水果的摆放，会议中对业主的服务工作和相应的准备工作。如在会议过程中业主有异常反应和突发疾病，后勤保障人员要及时提供药品，做出妥善处理。

项目练习

一、填空题

1. 社区物业管理的内容包括＿＿＿＿＿＿、＿＿＿＿＿＿、＿＿＿＿＿＿和＿＿＿＿＿＿。

2. 社区物业管理的主体分别是＿＿＿＿＿＿、＿＿＿＿＿＿和＿＿＿＿＿＿。

二、名词解释

1. 社区物业管理

2. 业主

三、简答题

1. 社区物业管理有哪些特征？

2. 社区物业管理有哪几种模式？

3. 物业管理企业有哪些义务？

项目七

社区社会保障

学习目标

知识目标：了解社区社会保障的含义、发展的必要性；了解社区社会救助的相关内容和成效；熟悉社区养老保障的发展历程，解读最新政策；掌握社区失业保障的意义及发展措施。

能力目标：通过知识点解析，尝试将实际案例与调查研究结论相结合，能独立自主地解读国家最新政策，为社区社会保障的学习打下坚实基础。

案例导入

江苏无锡开创“社区扁平化管理”促民生

“当前，我们社区管理的重要任务是通过提供有力的公共服务，推进以改善民生为重点的社会建设。”无锡市人民政府副市长王国中在今天举行的“无锡社区采风行”活动中对记者表示，无锡开创的社区扁平化管理工作模式是政府完善基层社会服务管理机制、保障民生工作的一个创新实践。

社区是社会管理的基础，也是社会和谐稳定的基石。王国中介绍，无锡自2008年以来在全市城乡同步推进社区扁平化管理，搭建“一平台、三机制”以满足居民群众的基本诉求。

“扁平化管理起源于企业，是通过减少中间层次、缩短管理路径、增大管理幅度来促进信息沟通的管理方式。无锡把扁平化理论创新运用到社区管理中，最终实现便民、利民、惠民的目标。”王国中认为，相比原来一些职能单位“各自为政”进社区而言，扁平化管理就是把政府职能部门的服务项目“打包”分配给社区，实行一人多岗、分片包干、责任到人等方式，实质是把政府社会管理和公共服务的触角直接延伸到社区居民家庭。

自无锡实施社区扁平化管理以来，百姓受惠颇多。家住无锡惠山堰新社区的刘大爷说，以前小区里一到晚上就伸手不见五指，磕磕碰碰是常有的事，小区里的绿化破坏也相当惊人。实施社区扁平化管理后，社区工作人员广泛发动群众参与到自治中，路灯有了，邻里纠纷也少了。

无锡市民政局党委书记毛建新介绍，目前，无锡市554个社区事务工作站和613个农村社区服务中心是推进该市扁平化管理工作的主体。“各社区建成社区事务服务站，设置了民政残联、文体教育、人口计生等7个岗位，将社会保障等24类88项下沉社区的行政事务交由社工站办理，我们聘请的社工以每人300到400户为单位，对辖区居民进行点对点服务。”毛建新告诉记者，上述社区事务工作站目前已基本覆盖无锡全市。

“与过去办一件事需来回折腾不同，我们的居民现在只要找到社区工作站的一位同志，就能办好所有想办的事，真正做到‘走进一扇门，找到一个人，办好所有事’。”毛建新解释道。实行社区扁平化管理后，无锡市现在每年拨出3 434万元经费给社区，保障社区办公支出和社区工作者的待遇。

据悉，该市社区事务工作站的专职人员的工资福利待遇已逐步与无锡市在岗职工平均工资水平挂钩。无锡市政府表示，除保障社工待遇之外，今后将专门开辟出一些公务员、事业单位编制名额，专门提拔在社区工作中取得突出成绩的优秀个人，保障他们的出路。

资料来源：中国新闻网. 江苏无锡开创“社区扁平化管理”促民生.（2011-09-02）[2020-05-07]. http://www.chinanews.com/df/2011/09-02/3304088.shtml.

思考：案例中的政府手段体现了社区社会保障的哪些内容和特点？

思维导读

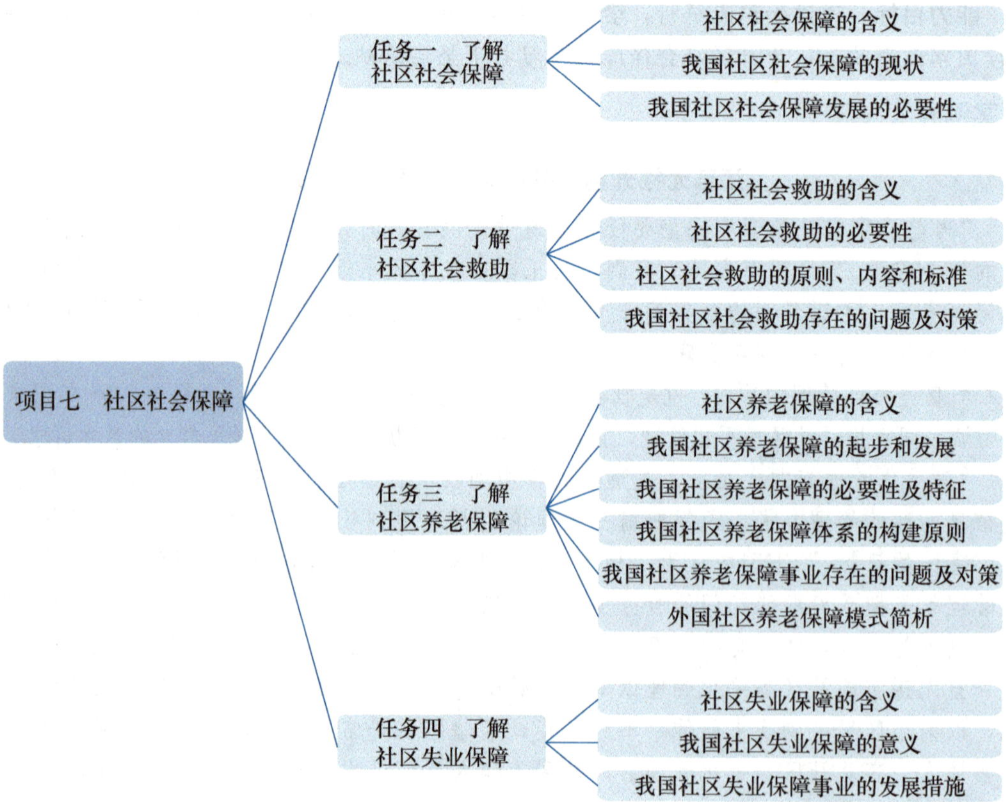

任务一　了解社区社会保障

任务解析

社区社会保障是我国社会保障制度的重要组成部分，随着我国社会发展进程的不断加速，社区社会保障的完善也呼声渐高。在本次任务中，学生可以通过知识点梳理、案例分析、问卷调查等方法了解国内外社区社会保障制度的起源与发展，熟悉社区社会保障制度的运行机制，掌握社区社会保障的相关知识。

基础知识

一、社区社会保障的含义

社区社会保障是社会保障中的一种，是以社区为主体和载体，对受保对象进行管理服务，多渠道筹集资金，对享受了法定社会保障、单位系统补充保障后基本生存仍有困难的社区成员给予经济上的第二次托底保障，以保证社区安定的一系列有组织的措施、制度和事业的总称。它包括社会救济、医疗保险、养老保险、失业保险、社会福利等诸多社会保障内容。

二、我国社区社会保障的现状

我国的社会保障事业已取得了很大成就，社会成员观念的转变进一步加快。这对于我国社会保障事业的发展是有利的，但同时还存在着一系列不容乐观的因素。

首先，经济结构的战略性调整和社会的进一步发展，使社区社会保障事业面临严峻的挑战。当前及今后的一段时间内，我国面临经济结构的战略性调整，伴随经济结构的调整，人事流动会更加频繁，这必然会牵涉相关人员的社会保障问题。同时，我国的就业形势十分严峻，这将给就业造成巨大的压力，也对社会保障事业提出了严峻的挑战，给社区管理带来了巨大的困难。

其次，我国老龄化步伐的加快对社区社会保障提出了严峻的挑战。按照国际通行的标准，我国即将进入老龄化社会。在老龄化的高峰时期，每四个人中就有一个老年人，一代人需要同时赡养老人和抚养下一代人，还要考虑自己的养老问题。这对于我国的社区社会保障事业，无疑是一个严峻的考验。

最后，由于历史的原因，我国社会保障资金缺口大，使社区社会保障事业面临严峻的挑战。我国在历史上没有对全民的社会保障做过统筹规划，也没有相应的积累资金，因而社会保障资金支付缺口较大，筹资压力较重。社会保险基金收支矛盾突出，面临着资金不足的压力，特别是养老保险费征缴收入难以满足日益增长的养老金支付需求，使养老金缺口越来越大，而且资金来源渠道比较单一，多元化筹资途径尚未制度化。

上述问题要求我们必须重视我国社区社会保障的发展，进一步解决制约社会保障事业发展的问题，以缓解社会保障中存在的压力，保持社会稳定。

三、我国社区社会保障发展的必要性

（一）从工业化、城市化进程的角度分析

我国社区社会保障的兴起和发展与城市化进程密切相关。

新中国成立后，在城市单位体制下，国家对城市居民福利保障的大包大揽导致社区功能弱化，社区社会保障功能也基本丧失。

20 世纪 80 年代以来的城乡社区经济体制改革和社会经济结构的深层次结构性转变，打破了传统的利益格局，改变了国家、地方、集体、个人间的分配关系，导致社会利益集团分散化，利益主体多元化，地方与社区开始具有了特别的社会、经济、政治、文化意义。同时，地域性社会共同体的大量涌现和迅猛发展为社区社会保障制度的建立提供了适宜的社会经济环境。

（二）从国际社会环境的角度分析

在国际上，进入 20 世纪 70 年代之后，全新的社会保障制度——“发展型社会福利”逐渐流行。它与补充型的社会保障制度相互配套，强调社会保障应贯彻“非集中性原则”，由国家主导向社区主导过渡。该制度主张依靠社区居民出面举办社会保障事业，国家扮演最后出场的角色。同时强调以社会保障作为家庭功能弱化的补充，而不是替代家庭功能。该制度将社会保障与国家的发展、个人的发展和社区的发展有机地结合在一起，创建发展型的社会福利，为社区社会保障制度的建立奠定了国际性基础。

（三）从我国的行政区划和社会经济地理的角度分析

我国民族、文化、地理环境的多样性和各地间社会经济发展的巨大差异性以及社会行政的“属地管理”原则为社区社会保障制度奠定了社会文化和社会生态环境的基础。

我国 20 世纪 30 年代的乡村建设运动和 80 年代中期以来的社区服务运动，使社区的概念、理论逐渐民众化，以社区服务为突破口和基础的城镇社区型保障体制已初具规模，在取得社会认可的同时已成为城镇社区居民社会经济生活不可分割的一部分，这为社区社会保障制度奠定了社会服务实践和群众性基础。

改革开放以来，全国范围内兴起城市更新改造运动，各式各样的新型社区大量涌现，经济特区、高新技术产业开发区蓬勃发展，城乡集贸市场日趋活跃，社区发展实验活动方兴未艾，乡村集镇规划建设日益完善，城市化与工业化进程加快，为社区社会保障制度的建立提供了最为直接和有力的动因。

案例链接

住房保障这五年：品质芜湖 幸福安居

如今，越来越多的棚改居民告别了低矮破旧的简易房，住进了宽敞明亮的现代公寓，他们纷纷告别“蜗居”，圆了自己多年来的安居梦。

从“蜗居”到“安居”，棚户区改造让越来越多的芜湖市民改善了居住环境。党的十八大以来，该市按照应保尽保原则，推动全市住房保障工作，并将城市棚户区、城中村、城郊村、城边村等全部纳入棚户区改造范围。通过一系列举措，让棚改户纷纷美梦成真，过上了幸福安居的生活。

“老芜湖”过上新生活

86平方米的房子、三室两厅，浅色地板搭配着白色墙壁，让家里显得宽敞明亮……在老人阚立的新家里，到处透着舒适与温馨。

“是棚改让我们这些‘老芜湖’过上了新生活。”阚立回忆道，2014年以前，一家人住在原铁路技校宿舍，条件简陋。一到雨天，那里就会因为地势低而大面积积水。到了晚上，窗户又总是漏风。棚户区改造启动后，他搬进了位于新都花园的新家，不仅房子比过去更加干净、整洁，而且周边环境也全面“升级”了。

阚老的故事像一个模板，在棚户区改造的进程中被不断复制。2013年，全市吹响了棚户区大规模改造的号角。根据《芜湖市棚户区改造规划（2013—2017年）》，全市纳入规划的各类棚户区建筑面积约991万平方米。2014年，芜湖市确立了“以棚改征收消化存量、激活增量，以成片改造整合土地资源，以土地出让保障改造资金，以组团开发提升城市形象，实现规划、征收、安置、资金之间良性循环”的总体工作思路，全面推行棚户区改造“惠民征收、阳光征收、责任征收、模拟征收”方式，建立和完善房屋征收工作制度。

民意主导化解“搬迁难”

棚改户纷纷搬进新家的同时，如何让他们真正满意，体现阳光、公平？芜湖市用“模拟征收”的做法，解决了这一问题。以园林工具厂地块为例，在征收工作正式启动前，天门山社区公共服务中心的工作人员就对该地块进行了入户调查，而且在规定期限内与居民协商并签订了预征收协议。签约率如达到95%及以上，再正式发布征收公告，相关协议自动生效，正式进入搬迁期。否则将暂缓征收，待条件成熟后再予实施。

让民意主导城市房屋征收搬迁，为棚户区改造拆迁难找到了新路径。2013年以来，芜湖市实行以民意为主导的“模拟征收”模式，让被征收人处于“主动”地位，把征收的主动权和选择权交给被征收人，由被征收人选择“征与不征”。同时，征迁政策、补偿标准、每户基本情况等内容均公开上墙，并通过信息化手段对征收补偿情况进行全过程公开，做到全程阳光、透明。“只有充分倾听和尊重居民意见，不断提高征收补偿工作的透明度与效率，才能让棚改成为一项真正的‘民心工程’。”市征收办相关负责人说。

满足多样化住房需求

在房产超市，一手房销售展台、公租房与二手房租赁交易展台、政府综合服务窗口等清楚地展现在市民面前。在这里，棚改居民可以享受咨询、选购签约、房产登记、贷款办理等一站式服务。

“以往，政府统一建安置房，可供棚改居民选择的余地不多。”市住建委相关负责人表示，政府搭建了选房平台后，房企在平台上展示其房源，有条件、有意愿的棚改户在平台上自主挑选商品房。这样一来，既缩短了棚改户在外“过渡”的时间，又满足了他们多样化的住房需求。

芜湖市积极调整完善征收补偿政策，不断提高补助和奖励，将原来产权调换为主的安置方式，变为货币补偿为主的安置方式。一方面，严格控制政府直接投资建设安置房，并积极推行货币化、市场化安置方式。另一方面，为棚户区改造中选择货币补偿的被征收人制定一系列优惠政策，例如在签订协议后 6 个月以内（含 6 个月）购买新建普通商品住房的，给予其应缴契税 100%的补助等。

多元化的安置方式，让越来越多的“忧居”人实现了“安居”梦。去年，芜湖市实施棚改项目 114 个，涉及 26 943 户，其中货币化安置 26 879 套，货币化安置比例为 98.81%。“棚改绝不是简单的盖房子，还寄托着无数棚户区居民的梦想。”市住建委相关负责人表示，未来，芜湖市将在满足棚改户多元化需求的同时，加快推进规划、基础设施、公共服务一体化建设，让百姓“安居”更“乐居”。

资料来源：人民网．住房保障这五年：品质芜湖 幸福安居．（2017-05-24）［2020-05-07］．http://ah.people.com.cn/GB/n2/2017/0524/c376710-30233018.html.

任务实施

一、任务内容

本次任务的内容包括：

（1）运用文献调查法，查阅社区社会保障相关资料；

（2）到学院所在的社区或学院附近的社区，调查社区居民对于社区社会保障的认同感如何；

（3）讨论分享社区社会保障概念在理论与实践上的差异；

（4）大班分享，教师点评指正。

二、任务操作

（1）大班分组，确定各组调查成员及负责人，统筹安排好行动时间；

（2）拟定调查方案，设计调查问卷等调查工具；

（3）运用统计学原理，确定调查主体，设计抽样方案；

（4）调查完毕后进行信息汇总，教师带领学生进行评估；

（5）回访及办理后续相关手续。

三、任务拓展

（1）选取学院或学院附近的社区，进行前期情况调查，制作社区情况简表，如表 7－1 所示；

（2）根据简表编写社区社会保障情况调查问卷，如表 7－2 所示，调查完成后，针对不同社区之间的不同社保措施做出汇总对比。

表 7-1　社区情况调查简表

<table>
<tr><td colspan="20">本次调查的主要内容包括街道社区的范围、服务人口、配套设施、社区发展需求等情况</td></tr>
<tr><td colspan="20">街道基本情况</td></tr>
<tr><td colspan="5">社区名称</td><td colspan="5">范围</td><td colspan="5">面积（选填）
（公顷）</td><td colspan="5">社区类型</td></tr>
<tr><td colspan="5"></td><td colspan="5"></td><td colspan="5"></td><td colspan="5"></td></tr>
<tr><td colspan="20">街道人口情况</td></tr>
<tr><td colspan="5" rowspan="2">人口基本情况</td><td colspan="5">总户数</td><td colspan="5">已入住户</td><td colspan="5">常住人口数</td></tr>
<tr><td colspan="5"></td><td colspan="5"></td><td colspan="5"></td></tr>
<tr><td colspan="5" rowspan="2">人口结构</td><td colspan="5">儿童（14 周岁以下）</td><td colspan="5">育龄妇女</td><td colspan="5">老年人（60 岁以上，含 60 岁）</td></tr>
<tr><td colspan="5"></td><td colspan="5"></td><td colspan="5"></td></tr>
<tr><td colspan="20">配套设施情况</td></tr>
<tr><td colspan="4">设施名称</td><td colspan="4">独立占地/附设建筑内</td><td colspan="4">设施面积（平方米）</td><td colspan="4">规模</td><td colspan="4">设施功能、内容</td></tr>
<tr><td colspan="4"></td><td colspan="4"></td><td colspan="4"></td><td colspan="4"></td><td colspan="4"></td></tr>
<tr><td colspan="4"></td><td colspan="4"></td><td colspan="4"></td><td colspan="4"></td><td colspan="4"></td></tr>
<tr><td colspan="4"></td><td colspan="4"></td><td colspan="4"></td><td colspan="4"></td><td colspan="4"></td></tr>
<tr><td colspan="4"></td><td colspan="4"></td><td colspan="4"></td><td colspan="4"></td><td colspan="4"></td></tr>
<tr><td colspan="4"></td><td colspan="4"></td><td colspan="4"></td><td colspan="4"></td><td colspan="4"></td></tr>
<tr><td colspan="4"></td><td colspan="4"></td><td colspan="4"></td><td colspan="4"></td><td colspan="4"></td></tr>
<tr><td colspan="20">社区发展需求</td></tr>
<tr><td colspan="20"></td></tr>
</table>

表 7－2　社区社会保障情况调查问卷

您好！我们是××学院在校生，现就“我省社区居民生活与社会保障问题”做一次社会调查，以了解您及您的家人对这一问题的基本看法。我们向您承诺，此次调查结果仅供分析研究使用，不用于任何商业目的，也绝不牵涉您的个人隐私，希望您能填写您的真实想法，以便我们得出科学的结论。谢谢您的支持与合作！

一、调查对象的基本情况

1. 您的性别：________；现居住地为________省________市________县。
2. 您的年龄：
[1] 18～25 岁　[2] 26～30 岁　[3] 31～40 岁　[4] 41～50 岁　[5] 51～60 岁　[6] 60 岁以上
3. 您的文化程度是：
[1] 小学　[2] 初中　[3] 高中　[4] 中专、技校或职高　[5] 大学及以上
4. 您的政治面貌是：
[1] 中共党员　[2] 民主党派　[3] 群众

二、城镇居民社会保障情况调查

1. 您家里共有（　　）人，其中（　　）人有劳动收入，（　　）人在校读书，（　　）人无劳动收入。您的职业是：（　　　　　　）（范例：中学教师，企业职工，企业管理人员）。
2. 您的工作单位的性质是：
[1] 企业　[2] 事业单位　[3] 政府机关　[4] 社会团体　[5] 民办非企业
[6] 个体户　[7] 其他单位
3. 您的月收入为：
[1] 499 元以下　[2] 500～999 元　[3] 1 000～1 499 元　[4] 1 500～2 999 元　[5] 3 000 元以上
4. 请问您有接受社会救济吗？
[1] 有（请继续回答第 5、6 题）　[2] 不清楚　[3] 没有（跳答第 7 题）
5. 您领取的社会救济的金额为多少？
[1] 299 元以下　[2] 300～499 元　[3] 500～799 元　[4] 800 元以上
6. 您认为社会救济足够维持您的生活所需吗？
[1] 略有盈余　[2] 足够　[3] 很勉强　[4] 不够
7. 社会保险包含养老保险、生育保险、工伤保险、医疗保险、失业保险等，您有参加这些社会保险吗？
[1] 有，单位代买　[2] 有，个人定期到社保局购买　[3] 不清楚　[4] 没有
8. 您认为现在社会保险所收取的费用如何？
[1] 对收支影响不大，无所谓　[2] 虽然对收支有影响，但可以接受
[3] 对收支影响较大，比较吃力　[4] 占了我收入的很大部分，完全不能接受
9. 政府定期会支出财政来帮补老百姓的生活，您认为哪些方面更应该加大力度进行保障？
[1] 住房方面　[2] 教育水平　[3] 医疗保险　[4] 其他
10. 您认为政府的社会保障制度在下列哪些方面存在不公平的情况？
[1] 性别差异　[2] 户籍差异（城市与农村）　[3] 职业差异　[4] 其他
11. 您认为，政府提供的社会保障对生活有实质性帮助吗？
[1] 很有帮助　[2] 有点帮助　[3] 没有帮助
12. 您对当前的生活状况满意吗？[1] 非常满意　[2] 比较满意　[3] 不满意　[4] 非常不满意
13. 您参加城镇基本养老保险了吗？[1] 参加了（请继续回答第 14 题）　[2] 没有参加　[3] 不知道
14. 您能不能按月领到养老金？
[1] 能按月领到【您每月实际领取的养老金是（　　）元】　[2] 不能按月领到
15. 您对养老金发放标准的满意度是：[1] 非常满意　[2] 满意　[3] 不满意　[4] 不知道
16. 您希望将来养老的方式是：[1] 依靠子女　[2] 依靠自身　[3] 依靠养老保险　[4] 不知道
17. 您与同社区其他居民之间熟悉吗？[1] 很不熟悉　[2] 一般　[3] 比较熟悉　[4] 很熟悉
18. 家里有困难时，您与同社区其他居民或亲朋好友之间有互助行为吗？
[1] 没有　[2] 偶尔有　[3] 较多　[4] 很多
19. 您参加了哪种医疗保险？（如有多项，按报销医疗费用情况填写对本人最重要的一项）
[1] 城镇职工基本医疗保险　[2] 城镇居民基本医疗保险　[3] 公费医疗（含职工子女医疗统筹）
[4] 其他医疗保险（综保、镇保等）　[5] 没有参加以上医疗保险　[6] 商业保险　[7] 不知道
20. 近三年，家中是否有大额的医疗支出（5 000 元以上）？[1] 有（请继续回答第 21 题）　[2] 没有
21. 对于大额的医疗支出：
[1] 自家经济尚可，完全自己负担　[2] 医疗保障支付一部分，剩下的自付　[3] 虽然有医保，但是剩余部分自己支付仍然有困难　[4] 没有医保，自己也无法支付，向亲朋好友借钱支付

四、任务小结

在实训任务中，首先，要确定所要搜集的信息和资料。其次，要根据问卷的调查方式确定调查内容。问卷的调查方式不同，问卷的设计方式及内容的繁复程度也不同，因此，问题必须切题，不要出现与调查目的无关的题目。再次，问卷的形式以及体裁的设计，对于搜集资料成效的影响很大，应力求简洁明朗，在某些开放性的问题后面留出充足的地方来让被调查者填写其意见或建议，以便于信息的搜集以及日后的分析处理。最后，在设计调查问卷之后，有必要根据计划进行小规模的试验调查，以检验问卷的格式是否合适，调查的方式是否正确，调查的目的能否达到，调查问题的编组是否合理等，以便汇总后加以改正。

任务二　了解社区社会救助

任务解析

社区社会救助是社区社会保障制度的重要子系统，对于调整资源配置，实现社会公平，维护社会稳定有非常重要的作用。本任务通过讲解社区社会救助的基础知识，帮助学生建立对于社区社会保障的立体解读，促使学生了解社区社会救助的原则、对象以及基本内容，充分了解我国社区社会救助未来的发展方向。

基础知识

一、社区社会救助的含义

社会救助是社会保障制度的重要子系统，是现代国家最基本的社会保障制度之一，它对于解决贫困人口的基本生活问题至关重要，对社会经济的发展同样具有重要意义。

人类是群居性的动物，人类的活动、生产和聚集形成了一个个集群，集群又在一起形成了小型社会，随后普遍意义上的“社区”才得以产生。而社区成员之间自发性的互助互济正是社会保障的雏形。依托社区是我国城市社会救助制度最鲜明的特点。社区社会救助是社区社会保障中最重要的一部分，是社会救助在社区中的具体实施。社区以尽可能大的施展和发挥作用的空间，努力自行配置各种人、财、物和资源，同时由政府、企业和非营利组织等社区层面的多元主体针对社区出现的社会救助问题进行协同、合作救助。社区社会救助中的“社区”即划定了社会救助制度实施的区域范围和主体，也表明救助的对象是社区内的居民。

社区社会救助与社会救助之间是互为补充、有机结合的关系。社区社会救助的实践性和灵活性可以推动社会救助的发展和完善，同时，社会救助也为社区社会救助提供了支撑。据此，我们可以将社区社会救助理解为：以社区为主体和载体，结合社区自身情况，依托国家社会救助体制的同时，因地制宜选择具体的内容与运行方式，构建适合本社区情况的补充救助项目，并尽可能地调配各种社会资源，与政府、居民、企业和其他社会组织等力量合作对社区内的贫弱居民进行救助。

二、社区社会救助的必要性

社区参与是社区发展的内在动力，是社区发展所必需的中间环节。社区是政府管理社会的神经末梢，作为居民可以直接参与公共事务的场所，其参与程度和效果将直接关系到政府与社区政策的有效实施。随着社会救助体系的深化与发展，社区社会救助不仅成为社会稳定的“安全器”和“减震器”，也成为建设和谐社区的重要内容，突出体现了社区的功能与作用。社区参与作为社区社会资本，可以为社区社会救助提供支持。

我国城市社区社会救助在 20 世纪 80 年代开始发展。1995 年民政部颁布《全国社区服务示范城区标准》，确定社区服务以发展救助服务为宗旨。随着现代社会管理的人性化和精细化，社会救助和援助越来越成为社区的重要职能。与传统的救济政策相比，社区社会救助工作将物质救助与精神救助相结合，有着独特的优势，可以弥补扶贫工作中存在的不足与缺陷。站在政府立场上来看，社会救助职能由社区负责，所需要付出的成本最低，且获取的效益最好，并且居民在自己日常生活的社区中获得救助，也是最为迅速和方便的。

三、社区社会救助的原则、内容和标准

（一）社区社会救助的原则

1. 保障最低生活需求的原则

社区社会救助不是为了提高社会成员的生活质量，而是为了对已经陷入生活困境的社会成员给予帮助和支持，以满足其最低或基本生活需求。

2. 普遍性原则

社会救助制度的基本理念是以人为本、人权平等以及尊重人格，原则上它为所有需要救助的对象提供经济援助，并且在其他方面提供可能的帮助。凡无力生活者，均可依法律规定享受救助，这属于法律赋予的一种权利。

3. 法制化原则

社会救助的实施最终应以制定社会救助法的方式加以确认。只有进行社会救助立法，才能从根本上保证社会救助制度的权威性和连续性。

4. 非义务性原则

国家和社会对特定对象实施社会救助，帮助他们克服生活困难，摆脱生活困境，是无条件的。凡是属于救助范围的社会成员，国家和社会都应该对其实施帮助，并且不能有附加条件，也就是说，救助对象在接受救助时，无须做出履行某种特定义务的承诺。

（二）社区社会救助的内容

社区社会救助主要包括六项内容，分别是生活救助、医疗救助、教育救助、住房救助、法律救助、就业救助。其中生活救助属于基础性的救助，其目的是实现城市困难居民的生存权，而医疗、教育、住房、法律、就业救助属于辅助性救助，是为了满足困难居民

的多种需求。此外，还有针对突发性灾难而开展的临时性的灾民救助内容。

社区社会救助的实施面向社区全体居民，但由于是以社区居民的生活条件及状况为出发点，因此并非所有的社区居民能够享受社会救助。必须是处于生活困境中的社区居民才能享受社区社会救助，并且获得救助需要经过严格的资格认定程序，特别是要经过家庭经济状况调查，以便核实申请者是否具备受救助的条件。社区社会救助的对象一般包括以下三类：

一是“三无”人员，即无依无靠、无生活来源、无法定抚养人的社区居民。这一群体大多属于长期被救助即定期救助的对象。主要包括孤儿、孤老、无劳动收入与社会保险津贴的劳动者、长期患病者以及未参加社会保险又无子女的丧偶老人。

二是受灾群众，即因遭受灾害严重侵袭而使生活一时陷入困境的社区居民。这一群体有劳动能力也有生活收入来源，只是由于突发性的灾祸而遭受了严重的财产损失或人身伤害，生活一时发生困难，需要国家和社会给予相应的援助。

三是贫困人口，即生活水平低于国家规定最低标准的社区居民。这一群体尽管有生活来源和相应的收入，但收入水平达不到法定的最低标准，所以也属于社区社会救助的对象范围。

（三）社区社会救助的标准及其确定方法

1. 社区社会救助的标准

实行社会救助的目的在于保障社会成员的最低生活水平，社会救助的目标就在于保障被救助者享有当时当地的最低生活标准。因此，当时当地的最低生活标准可以说就是我们想要确定的社会救助标准。但是由于各国经济发展水平和居民的生活水平差异极大，各国的最低生活标准也差距很大。如何科学地确定最低生活标准就成为社会救助最重要的环节。

通常，政府会以立法的形式划定一条贫困线，当居民收入低于贫困线时，可以享受政府的物质帮助或其他优惠待遇。这就是最低生活保障制度。

最低生活标准的影响因素有以下几个方面：

（1）一定时期的社会生产力水平。它决定着社会的富裕程度，也决定着这一时期政府实施社会救助的财政实力，它与社会救助的标准呈正相关关系。

（2）一定时期的社会平均收入水平。它表明该时期满足社会基本生活需求的收入量。一般情况下，社会救助标准应该略低于社会平均收入水平，但必须以社会平均收入水平为标准制定的重要参考因素，在平均收入水平的基础上根据实际情况下调一定幅度。

（3）消费品价格指数。即将收入转化为实际消费能力的重要制约因素。

（4）贫困人口数量。在经济发展所能提供的济贫资金一定的情况下，贫困人口的数量制约着政府和社会对贫困人口的供养能力，继而制约着社会救助的标准，它与社会救助的标准呈反比关系。

2. 确定最低生活标准的方法

（1）市场菜篮子法。它是根据一个人的生存和发展需要确定必不可少的基本需求并按照市场价格来计算这种需求标准的方法。

（2）恩格尔系数法。它是根据一个家庭用于食物的支出在全部支出中所占据的比例来衡量贫困程度的一种方法。

（3）国际贫困标准法。它是由经济合作与发展组织提出的一种收入比例法，根据一个国家或地区社会的平均收入水平来确定最低标准。

（4）生活形态法，也称剥夺指标法。它从人们的生活方式、消费行为等“生活形态”入手，提出一系列有关贫困家庭生活形态的问题让被调查者回答，然后选择若干“剥夺指标”并据此及被调查者的实际生活状况来确定哪些人属于贫困者，再分析他们被剥夺的需求以及消费和收入来求出最低生活标准。

四、我国社区社会救助存在的问题及对策

在我国，社区社会救助范围不断扩大，从特殊保障向适度普及方向发展；社区社会救助内容不断增多，由单项救助向系列化救助发展；涉及的社会救助部门更为广泛，由民政单个部门向多部门协作发展；社区救助工作要求不断提高，从临时性、粗放型向规范化、制度化发展；救助的功效增加，从多头救助、分散救助向有机衔接、整体推进发展；政府监督管理加强，从部门监督向社会监督持续发展。

（一）存在的问题

社区社会救助措施不够科学合理，社区自有救助资源比较匮乏，社区参与成本较高；社区社会救助资格确认难度较大，现行的家庭财产调查在实施过程中不免有盲目性和随意性；国家救助资金投入不足，历史原因导致筹集机制不合理；社区居民参与性不高，自主意识不强；社会主体的多元参与激励机制缺失，救助服务措施缺乏针对性和延续性，信息整合机制不合理，救助效率较低。

（二）解决的对策

政府主导完善现行的分类救助与差异救助，借鉴国外分类救助的理念，增加一些新的单项救助项目，如意外事故救助等。同时，提高弱势群体自我生存与发展的能力，建立合理的财政分担机制与统管统支的经费保障机制和动态管理机制。

基层加强社区社会救助工作的组织领导和机构建设。建立健全救助信息数据库，形成纵向贯通、横向互联的社会救助信息共享机制。以需求为导向，调动居民社区参与的积极性，提升居民参与能力和参与意识。发展社区救助服务，建立社区互助网络，培育公益组织，整合救助资源，加强社会救助社区制度化建设。明确政府与社区责权，提高社区服务能力。

案例链接

“菜单式”扶贫：点对点“把脉问诊”，贫困户按需“点菜”

吃完午饭，54岁的高道华赶着50多头羊上了山。“空气潮湿了，羊回圈要挨个吹干，不然要得病。”高道华放羊很有一套。为让羊儿长得更壮，他提前种下了两亩牧草，四月春风一吹，柔柔的牧草就抽长起来，羊儿美美地享受着。

高道华一人要养活一大家子八口人，除了腿有残疾的妻子，还要拉扯儿子和早逝二哥家的侄子侄女，照顾年迈的父亲和智力受损的大哥、三哥。村里青壮年纷纷外出打工，

但他走不了，只得种田、放羊、做瓦匠……多年来，家境清贫，生活拮据。2015 年，高道华陡生一场大病，全家人几乎陷入绝境。

去年，含山县陶厂镇扶贫工作站站长蔡圣华和村干部主动上了门。原来，县里实施“菜单式”扶贫，根据贫困户实际，列出 7 个方面 35 项需求，让贫困户按需“点菜”。大病康复的高道华眼前一亮，太累的活儿干不了，那就重操老本行——放羊。尊重高道华的意愿，村里给他申请了产业扶贫项目，送来了价值 3 000 元的小羊仔。当年，他卖羊净赚了两万多元，加上土地流转的几千元收入，按照标准，他家人均收入达到了脱贫目标。今年，扶贫工作站又帮他养起了生猪。

“非重点贫困地区贫困户分散在乡间，家家不同，人人有异，‘把脉问诊’是关键的第一步。”含山县农委主任叶声桃说。在“精准识别、精准施策、精准帮扶、精准脱贫”的基础上，含山县推出“菜单式”扶贫，主要包括改善生活条件和实施“造血工程”两个方面。一方面，对照“不愁吃，不愁穿；保障医疗、保障就学、保障住房”的“两不愁三保障”标准，按户均 1 000 元标准填平补齐，逐个对单销号，确保贫困人口最低生活需求得到保障。另一方面，针对“造血工程”，开出产业扶贫、创业扶贫、基础设施扶贫等“菜谱”，分成劳动力转移、知识培训、畜禽养殖、农产品种植、技术支持、资金信贷等十个项目，让贫困户“点菜”脱贫。

点对点“把脉”、面对面“问诊”，“菜单式”扶贫深受贫困户欢迎。据此，马鞍山市根据贫困人口致贫原因，制定出台《关于坚决打赢脱贫攻坚战的实施意见》和 16 个市级脱贫攻坚配套政策，有针对性地实施产业、就业、智力、健康、金融、社会、社保兜底、基础设施建设脱贫攻坚八大工程和一系列精准扶贫到村到户项目。2014 年全市减贫 6 000 人，2015 年减贫 4 593 人，2016 年减贫 9 680 人……到 2020 年如期全面高质量实现脱贫攻坚目标任务。

资料来源：非重点贫困地区脱贫攻坚的马鞍山经验——精准扶贫 老树也能开新花.（2017-05-19）[2020-05-07]. http://ah.anhuinews.com/system/2017/05/19/007626893.shtml.

任务实施

一、任务内容

本次任务的内容包括：

（1）将全班分为 4 组，每个组派代表抽取一个社区社会救助原则；

（2）各组将自己抽取的原则用角色扮演的形式表现出来；

（3）20 分钟后一起分享，并请组员谈谈对于该原则的理解；

（4）教师点评。

二、任务操作

（一）任务操作流程

（1）大班分组，教师给出社区社会救助的原则以及救助情境中的原型人物，各组进行讨论，深化对角色的理解；

（2）各组确定负责人，进行抽签；

(3) 抽签完成后，各组确定角色扮演者，进行情境导入；

(4) 进行角色扮演，并在完成后分组讨论汇总心得；

(5) 教师结合书本知识对学生的心得进行解析，加深学生理解。

(二) 具体操作方法：角色扮演法

角色扮演是一种情景模拟活动。所谓情景模拟，是指根据被试者可能担任的职务，编制一套与该职务实际情况相似的测试项目，将被试者安排在模拟的、逼真的工作环境中，要求被试者处理可能出现的各种问题，用多种方法来测评其心理素质、潜在能力的一系列方法。角色扮演法是情景模拟活动应用得比较广泛的一种方法，其测评主要是针对被试者明显的行为以及实际的操作，还包括两人以上的相互影响的作用。

总的来说，角色扮演法既是要求被试者扮演一个特定的管理角色来观察被试者的多种表现，了解其心理素质和潜在能力的一种测评方法，又是通过情景模拟，要求被试者扮演指定行为角色，并对其行为表现进行评定和反馈，以此来帮助其发展和提高行为技能最有效的一种培训方法。

角色扮演法的实际操作步骤：

(1) 设定主题及提供素材；

(2) 对扮演的角色进行详细解读，选定角色扮演者；

(3) 有限地进入情境并且把握主题；

(4) 布置环境、准备道具并进行表演；

(5) 实施、观察、评估及反馈。

三、任务拓展

(1) 选取学院或学院附近的社区，调查并了解社区内的社会救助情况，制作简表；

(2) 结合政令和相关文件，尝试解读选定社区社会救助情况与政策之间的相关性。

四、任务小结

在角色扮演中要注意角色互换，保持观察，同时要注意获得反馈，反馈会帮助我们了解自己，以及我们给其他人的印象怎样，接受反馈会让我们有机会修改交流方式和内容，使之更有效。在进行角色扮演时，要注意有针对性地选择课程内容、情境以及角色，同时尽量以小组形式进行轮换体验，如果能够与校外实训基地或实际工作进行联动，角色扮演法的效果会更突出。

任务三 了解社区养老保障

任务解析

我国逐步进入了老龄化社会，社区养老保障工作也逐渐成为社区社会保障的重要议题，完善的社区养老保障有利于劳动力的再生产，有利于就业结构合理化，有利于社会的安全稳定。本任务帮助学生了解社区养老保障制度的含义及对社会发展进步的意义，积累国外各类社区养老模式的相关知识。

基础知识

一、社区养老保障的含义

我国改革开放四十多年来，经济快速增长，人民生活水平显著提高。但从总体来看，我国仍是一个人口大国，养老负担较为沉重。如今，我国人口已经进入老龄化阶段，预计至 2025 年，60 岁以上人口数量将突破 3 亿，老年人口呈现出基数大、增速快的特点。

基于国情，我国很早就开始出台养老方面的针对性措施和政策，逐步建立并完善适合我国的养老保障制度。养老保障制度或者养老保障是社会和国家从法律法规的角度出发，为了确保劳动者可以在达到国家规定的年龄，或者由于劳动能力的丧失而无法继续工作后可以正常生活而创建的社会保障制度。主要包括如下含义：第一，养老保障是国家规定的年龄界限之上的老年人基本或者完全退出社会劳动生活之后生效的，此处“完全”指的是生产资料与劳动者之间脱离，而“基本”指的是生产活动并非都是社会生活内容；第二，养老保障主要是为了让老年人可以正常生活，为其提供可靠稳定的生活来源；第三，养老保障主要是通过社会保险来发挥保障作用的。

社区养老服务是指由社区为在家中生活的老人提供直接的照顾服务，主要服务范围包括卫生、日常生活、康复、精神心理健康和人际交往等领域，基本覆盖老年人的全部生活需要。

社区养老保障是指在政府的宏观指导和政策扶持下，以社区为依托，发动各企事业单位、社会团体和个人积极介入，充分利用社区现有的各种资源，为满足老年人的多种需求而提供各种形式的养老服务。社区养老保障是一种正在兴起的、适合我国国情的新型养老保障模式。

二、我国社区养老保障的起步和发展

国家统计局的一项调查表明，2020 年我国机构养老床位需求量为 307 万张，预计 2030 年会增长至 424 万张。据保守估计，我国养老机构的床位缺口数在 100 万张以上。

从 20 世纪 70 年代起，许多人口老龄化国家开始将社区养老保障作为养老保障体系的重要组成部分。我国从 21 世纪初开始，逐步在上海等大城市推行社区养老服务模式试点改革，近年来在全国各地铺开。“十二五”规划中也指出，要“积极应对人口老龄化，注重发挥家庭和社区功能，优先发展社会养老服务，培育壮大老龄服务事业和产业”。

结合国外经验及我国国情，要进一步推广社区养老保障服务，政府需要制定促进社会养老服务业发展的保障制度，为其健康有序发展提供法制保障，促使我国社区养老保障走上立足社区、制度化、标准化的发展道路。

三、我国社区养老保障的必要性及特征

社区养老减轻了国家负担，满足了老年人多方面的需求。首先，社区养老改变了以前

的单位养老模式，以社区为载体来开展养老工作，这既扩展了养老资金来源的多元性，同时也使得养老工作易于管理，减轻了国家的财政负担。其次，社区养老可以满足老年人物质及精神层面的需求。由于中华文化传统和生活习俗的影响，加之经济赡养、生活照料、精神慰藉的需要，我国的老年人更倾向于居家养老这一传统的养老方式。而社区服务具有服务直接、成本低、覆盖范围广和服务方式灵活等特点，因此，社区养老保障模式逐渐成为养老服务的主流。它既可缓解我国养老机构不足、土地有限的困境，又可以满足许多家庭保持赡养老人的传统和减轻子女压力的双重需求，是一种适合我国国情的养老模式。

社区养老保障服务作为我国一种新型的老年社会保障和社会服务模式，呈现出以下四个方面的特征。

（一）福利性

社区养老保障利用社区现有资源向老人提供无偿、低偿、微利的服务，因此具有福利性的特点。

（二）区域性

社区养老保障以社区为依托，以基层社区为单位，以社区成员为主体和对象，是一种区域行为。

（三）互助性

社区养老保障的互助性主要体现为群众之间进行的互助互利活动。它依托社区居民，服务于居民，充分利用社区内外的各种资源，具有深厚的群众基础。

（四）综合性

社区养老保障服务囊括了社区养老所涉及的各个方面，是一项综合性的社会保障与服务的系统工程。

四、我国社区养老保障体系的构建原则

（一）以人为本原则

服务的“以人为本”，既是人性的本来要求，也是养老服务的核心内容。社区社会工作是通过居民的参与来影响政府的决策，通过社区资源的运用，改善社区设施建设及服务，解决社区问题。社区养老的首要原则就是要以人为本，兼顾所有老人的养老需求，提供具有针对性和可行性的弹性养老服务。

（二）系统性原则

系统性原则表现为社区养老服务各个支撑系统的有机整合。因为社区养老保障体系不单单是某一个系统的单独运作，而是由政府、行政区、街道、居委会四个层级组成的，所以构建社区养老体系框架时就需要考虑各个子系统的职能和作用，各个部分进行有效的整合才能使整体作用大于个体作用之和。

（三）协同性原则

社区养老的协同性原则主要体现在两个方面：第一是社区内部自愿参与，互帮互助。社区居民自愿参与是社区发展的重要推动力，社区养老同样需要调动老年人参与的积极性。第二是社区与外部组织的协同合作。包括与社区卫生服务中心、养老院进行的商业和非商业性质的合作，与周围浴池、饭馆、文体和科教设施互惠互利、资源共享，为社区老

人提供便利，努力打造全方位、多层次的养老服务事业。

五、我国社区养老保障事业存在的问题及对策

首先，政府的引导力度不够，缺乏相应的制度保障和资金保障。社区养老的顺利发展靠政府和社区本身，而政府在引导社区养老发展方面起主导作用。政府应在以下三个方面加强对社区养老保障事业的引导：第一，政府需投入足够的资金，出资帮助有困难的老年人，并加大社区老年人基础设施的建设。第二，政府应为社区养老服务的长远持续发展考虑，制定社区养老发展规划，并加以贯彻实施。第三，政府要理顺各个管理层级，使得社区养老工作有序开展，工作主体遇到事情不相互推诿。

其次，养老服务的专业化水平低下。由于社区养老保障起步晚，发展时间短，各个方面尚不完善。养老服务人员的专业化水平不高，大部分是志愿者，虽经过短暂培训，但是未能掌握相关的专业知识和技能。这一方面造成服务人员流动性大，未能有一支稳定健全的服务队伍，另一方面也造成服务人员为老年人提供的服务质量不高。

提高养老服务人员的标准化和专业化程度是保障居家养老服务持续健康发展的重要保障。目前，从事居家养老服务的人员大多是“4050”人员，文化水平相对较低，在一定程度上阻碍了社区居家养老服务的发展。推动居家养老服务持续健康发展可以从以下三个方面进行：一是建立服务人员培训和考核标准，对现有的养老服务人员进行专业化培训，实现养老服务人员全部持证上岗。二是通过公开招聘等方式吸引专业化程度高的专业服务人员，引进优秀人才。三是大力发展志愿者队伍，鼓励年轻人在空闲时间加入社区居家养老服务志愿者行列，利用自己的空闲时间为生活困难的老年人提供志愿服务，弥补老年人子女不在身边的缺憾，让老年人安享晚年。

最后，对社区养老的宣传不到位。我国开展社区保障工作较晚，大多数老年人几乎不知道有哪些社区养老项目，也不知道自己享有哪些权利，也有一部分老年人思想停留在过去，认为养老仅是儿女的事情，自己年老之后就应该由儿女照顾，对社区养老认识不足。因此，加强信息化手段宣传是重中之重。

社区养老的宣传工作需要分线上和线下两步走，打造可信度和知名度是关键，我们应该扎根于社区进行广泛而细致的宣传工作。第一，运用互联网和自媒体手段进行线上宣传，当今的老年人大多都会使用智能手机，通过个人智能终端进行的宣传更具有渗透性，可以定期推送一些社区养老政策、方针以及养生方面的信息；第二，以社区为单位进行线下宣传，可以通过体验类的服务比如医疗检测、健康分析等吸引老年人；第三，政府应鼓励社区开展多种形式的活动，比如太极拳运动、老年人秧歌队、汉字书法大赛、歌唱比赛、安全健康知识讲座，从而完善宣传工作，丰富老年人的精神生活，提高其身体素质。

六、外国社区养老保障模式简析

从20世纪70年代起，随着老年人问题的复杂化，欧美发达国家的养老保障体系逐步转型，老年人社区照顾逐渐被接受，这一模式通过保持老年人在社区中被长期护理照料，减少公共依赖，以降低长期护理照料的成本。从实质上说，它是福利多元主义成为西方养老保障理论的主流后逐步发展起来的以社区为依托、多元化的老年福利服务模式。而各国

又根据各自的国情选择了不同的方式与制度，具体如下：

英美等国家强调以社区为基础实行长期养老，并特别强调以社区为基础的老人健康和社会照顾要成为社会福利的主流。其社会照顾的资金筹措办法、管理传送程序和训练计划等根据客观变化而改变。其中，老人健康照顾还包含三种具体形式：一是以家庭和社区为基础的非正式照顾（老人接受家庭成员、朋友和邻居的照顾）；二是正式照顾（老人得到私营部门、志愿者、慈善机构和团体的照顾）；三是由医疗保健机构照顾（护理服务）。

日本是全球老龄化进程最快、老龄人口比例最高的国家。最初，日本模仿西方国家，大量投资兴建福利设施。然而，一些老人虽然住进了条件较好的老人福利院，但由于失去了家庭的亲情而心情压抑，这对老人保持身心健康十分不利。因此，日本社会进行了反思，创建了以“年金—医疗—护理”为核心的老年福利体系，以及以家庭养老为中心、以社区老年服务为补充的老年服务模式。老人可以选择入居型福利设施（护理老人福利院、特别护理老人福利院、低费护理老人福利院）和社区服务型福利设施（老人福利中心、保健康复中心、护理援助中心、老人之家），这些设施的条件及人员配备必须达到服务标准。

法国的社区老人服务一直坚持标准化理论，一方面强调为住在家里的老人进行家务料理（设定标准化服务项目），另一方面强调为住在老年医学服务组织或者老年公寓、养老院、长期看护中心、老年人旅馆、临时接待中心和每日活动中心的老人提供标准化服务。养老服务的范围非常广泛，不仅包括生活照顾和护理服务，还包括陪伴老人、保洁、导医、购物、生活指导、日托等。

英美日等发达国家的养老服务均已走上社区化和标准化的发展道路。由于历史、风俗习惯和国情不同，我们不能照搬其他国家的养老服务模式，应建立适合我国国情发展的社区养老保障服务制度。

案例链接

社区养老托起“夕阳红”

社区养老是以家庭养老为主、社区机构养老为辅，在为居家老人提供照料服务方面，又以上门服务为主、托老所服务为辅的整合社会各方力量的养老模式。

实际上，社会养老资源供需严重不足，长期以来银发浪潮凸显“养老难”。在此形势下，我省各地利用社区基层资源，同时引入专业机构，开展社区养老服务的积极探索。有些地方利用政府购买服务的方式，加大力度建设社区养老中心，组建专门的养老人才队伍；有些地方建立市、区两级养老信息平台，结合线上线下的优势，构建覆盖全市的养老服务体系，让老年人老有所依、老有所养、老有所乐。

公建民营　满足不同养老需求

“这儿好比另一个家，我白天来看电视、玩棋牌，还能享受送餐服务，真的很不错。”2月10日，在铜陵市铜官区阳光社区日间照料中心，家住商南新村的87岁大爷王柱成说。

铜陵市依托民生工程，积极开展居家和社区养老服务设施建设，按照建管分离、社会化运营的思路，通过政府购买服务的方式，将社区养老机构打包给专业养老服务组织承接管理，激活社区养老服务功能。目前，该市6所社区老年人日间照料中心已实现社会化运营。

记者了解到，铜陵市夕阳红居家养老服务中心承接运营阳光社区日间照料中心，建立健全养老服务方案和应急处理方案。两年多来，为辖区独居、空巢等老年人提供看护、休闲娱乐以及午间休息等服务。“接手后，在硬件方面进行改善提升，安排两名持证上岗的护理人员坐班，针对来往老人流动性较大等特点，发放服务卡，实行登记制，并给老人建立健康档案，确保工作人员及时掌握老人的病史和在中心内的实际情况。”该中心负责人吴长虹说。

“作为最早建成的社区养老项目，后期管养仅靠政府的力量是远远不够的，难以开展专业化、多元化服务，满足老年群体的不同需求。”铜陵市铜官区老龄办主任罗蓉说，“公建民营”方式能有效解决人力紧缺、服务能力不足等现实问题。结合智慧城市建设，铜陵市大胆创新，建成12349市级养老信息平台，并吸收民间资本整体运作，这也被纳入了全国社区养老服务信息平台建设第二批试点项目。

铜霞新村75岁低保老人汪为菊患有高血压、高血脂等慢性病，通过智慧平台的帮助，她不仅享受到了政府免费提供的居家养老服务，同时还得到了相应的医疗救助。就在春节期间，12349平台运营方铜陵品质家政公司再次带着铜陵市中医院康复科医生“送医上门”，为她提供了后续康复方案，解说生活注意事项。

目前，该平台已建成市区11万60岁以上老年人的基本信息数据库，内容包括24小时紧急救助、生活帮助、精神慰藉等300余项，服务半径覆盖主城区近80%以上老年人。“老人在遇到突发情况时，只要按下手机上的SOS键，手机就会自动接通24小时服务人工座席，座席随即调出老人资料，通知老人监护人及医院、120急救等，进行快速救助。”铜陵市养老服务信息中心主任祝林介绍。

医养融合　撑起老人保护伞

2016年开始，铜陵市按照省卫计委的部署，率先在天井湖社区等4个城市社区开展医养结合试点，依托社区医疗卫生服务机构，以满足居家老年人健康养老服务需求为目标，拟定服务清单和服务套餐，分类签约，开展“家庭医生”服务，重点保障辖区内慢性病老人、失能半失能老年人的服务需求。

“签了家庭医生很放心，可以享受免费体检和医生上门服务。”家住铜官区天桥新村的83岁高龄老人马美里说。马老本身患有高血压等多种慢性病，且长期独居，虽然有退休金不缺吃穿，但日常里精神空虚。天井湖社区结合省爱邻联盟行动项目将其纳入关爱帮扶对象，安排铜陵好人宁爱英和辖区志愿者杨春凤两位老人进行结对帮扶，定期上门走访，陪马老聊天、散步，并联系天桥卫生服务站定期上门体检、指导服药等。“家庭签约服务，让老人享受社区养老和医疗双重保障，遇到问题可以随时联系服务站，解决不了的再转诊至上级医疗机构或专家门诊，并享受绿色通道，在挂号费和门槛费上都有减免。”天桥卫生服务站主任杨春玲说。

该市在主城区建立“1+1+2”的组合签约服务模式，即1名家庭医生与1名居民签约，同时与2所二级以上转诊、支持医院签订双向转诊、帮扶协议。除享受免费签约服务项目外，居民还可以通过“点菜”方式以优惠价购买有偿医疗服务包。

记者了解到，今年铜陵市天井湖社区试点“家庭医生+临终关怀”模式、阳光社区推广“驻地医院+社区卫生服务+居家养老”模式，5 000余名老人有了健康档案，220余名老人签约家庭医生服务。“家庭医生签约服务是医养融合式发展的形式之一，通过拟定服务清单、服务套餐和服务标准，进行分类签约，重点保障辖区内高龄、慢性病老人、失能半失能老人的养老需求，促进基层首诊、分级诊疗，逐步完善社区和居家养老服务体系。”铜陵市民政局有关负责人说。

多元探索　丰富养老品质

困难老年人的养老工作怎么开展？该市通过扶持社会组织和购买居家养老服务制，为该市70周岁以上低保（低收入）的空巢独居老人提供居家养老服务；同时，通过社区高龄空巢老人主动关爱项目等多重手段，提升养老服务水平。

对铜陵市幸福社区居民周慧敏来说，2017年最开心的事莫过于参与首届社区春节大联欢的活动了。从退休后就加入社区文艺组织，唱起了黄梅戏，78岁的她与其他老年人合作表演了黄梅戏选段。“社区搭台、百姓唱戏，平时黄梅戏就成了我老年生活的一部分，趁着身体不错继续发挥余热。”她说。

据悉，铜陵市将积极引导互助服务、爱心服务社会组织发展，开展自助互助养老活动，在农村地区探索购买亲属服务的方式提供基本养老服务，提升养老服务的内在品质。

资料来源：凤凰网. 社区养老托起“夕阳红”.（2017-02-27）[2020-05-07]. http://js.ifeng.com/a/20170227/5418986_0.shtml.

任务实施

一、任务内容

本次任务的内容包括：

（1）结合社区养老保障的相关活动（法制、科普、政治），以此为主题，配合社区居委会举办一堂市民教育课；

（2）走访居民，了解其对该活动的期望如何；

（3）认真备课，写出讲稿，并将其交给教师和社区主任审阅；

（4）校内试讲，大家点评；

（5）到社区授课。

二、任务操作

（1）由教师牵头，与学校周边社区的社居委联系，结合社居委的活动，确定市民教育课的主要议题；

（2）班内分组，一组进行前期访谈，另一组围绕议题准备讲稿；

（3）将访谈情况汇总后，就结果对讲稿进行修改，之后举行校内试讲；

（4）社区授课，完成后教师总结。

三、任务拓展

（1）利用假期时间，选取家所在社区或附近社区，联系社居委，进行一次以社区养老保障为主题的社区教育宣讲；

（2）提交宣讲的视频、照片或稿件，并写出宣讲的作用及意义。

四、任务小结

从社会的需要、老人心理的需要和家庭经济的需要三个方面着手进行宣讲的准备工作，结合相应的社区工作方法，增加理论知识与实际的契合程度。

任务四 了解社区失业保障

任务解析

失业问题是当代中国的社会问题之一，就业状况关系到整个社会的和谐发展。社区就业是我国近年来所提倡的新型就业途径，发展社区服务不仅能够创造大量的就业岗位，而且能够提高社区居民的生活质量，满足社区居民的需求。本任务通过介绍我国社区失业保障的发展情况，帮助学生完善社区社会保障的总体知识体系，为未来的相关学习和工作打下坚实的基础。

基础知识

一、社区失业保障的含义

失业保障是指国家和社会为失业人员和家庭提供物质帮助和再就业服务的保障。社区失业保障是指社区为失业人员和家庭提供物质帮助和再就业服务的保障。在我国，社区就业是社区失业保障的重要方式。社区就业是指政府、企业、社区组织结合社区功能和特点，为难以就业的弱势群体提供就业机会与就业服务，帮助社区的弱势成员实现就业。

二、我国社区失业保障的意义

（一）有利于失业人员的个人发展

就业与个人的发展息息相关，城市失业人员因学历低、就业技能不足、就业观念陈旧等在就业中已然成为弱势群体，失业使他们的个人生活以及个人发展受到严重的影响，更有甚者会影响他们的家庭生活。因此，对城市失业人员的社区就业援助有助于城市失业人员的个人发展。

（二）促进社区服务的发展

社区就业是社区服务发展的结果。近年来，我国大力推行社区服务，以建设现代化的社区为宗旨，目的在于提升社区服务的质量。对社区失业人员进行就业援助，有利于促进社区服务的发展，进而满足社区居民对社区服务的需求。

（三）有助于社会的和谐发展

就业是社会稳定的根本，以人为本的和谐社会建设就是要从根本上解决人的需求，而就业是人们根本的社会活动，失业问题导致社会动荡的例子屡见不鲜。因此，社区就业援助在微观层面上能够解决城市失业人员的个人问题，在宏观层面上可促进社会的稳定，有利于我国和谐社会的建设。

三、我国社区失业保障事业的发展措施

（一）政府加强社区就业政策援助

社区就业援助的最大提供者是拥有大量资源的政府部门。政府部门对社区就业的援助主要体现在以下几个方面：一是制定相关的政策和法规，保障城市失业人员在社区就业中的地位与合法权益，从宏观政策上为社区就业者提供援助；二是制定相关的优惠措施，对社区经营者在税收、城建等项目上实行减税措施，提供资金支持；三是建立完善的城市低保制度和失业保障制度，为城市失业人员提供物质方面的援助。

（二）社区加强新型岗位的开发

根据社区居民的现实需求进行岗位设置和提供服务，加强新型岗位的开发，为社区居民提供家政、餐饮、护理、教育、娱乐等社会服务，能够有效地促进社区居民的消费，促进社区经济的发展。可以根据社区居民的实际需求，有针对性地进行创业和就业，帮助弱势群体解决就业问题，同时能够提高我国第三产业就业的比重，从而有效地促进我国产业结构的调整。

（三）提升失业人员再就业技能培训教育的手段和力度

建设现代化社区是我国近年来社会建设的主要内容，一个发展完善的社区是一个地区社会发展的缩影，社区就业不仅仅是简单服务，更是功能齐全的经济体。现代社区建设和发展对社区就业提出了新的要求，因此失业人员社区就业技能的提升势在必行，要根据社区发展的现状以及发展需求大力提升失业人员再就业技能培训的手段和力度，从而提升其就业技能，促进现代化社区的建设。

（四）转变失业者的就业观念

我国社会受传统观念的影响，将第三产业就业看成是一种非正规就业，其就业形式、就业环境、工资水平、对就业者的素质要求等都与部门和企事业单位存在着较大的差距。要对援助对象进行就业观念和就业心理方面的辅导，转变他们陈旧的就业观念和对社区就业的抗拒心理；同时要向社区居民以及整个社会宣传社区服务和社区工作的重要意义和价值体现，努力改变整个社会环境对社区就业的偏见，努力提高社区就业援助对象的社会认同度。

案例链接

社区“创就业”项目正式启动！这个项目是干啥的？

2019年1月23日下午，东升街道永福社区热闹非凡，在区民政局指导下，由益民联、爱无疆社工服务中心承办的公益创投项目——社区“创就业”正式启动。

据悉，东升街道永福社区的三年行动计划把“社区经济发展”放在重要位置，联合益民联、爱无疆社工服务中心等公益机构，打造永福社区公益服务平台，把“社区创就业”作为切入点，不但争取到区民政局的公益创投专项资金，而且社区还专门匹配了扶持资金，计划第一年帮助48位创业者、100位就业人员，直接对接基地和厂家，形成直供合作关系，着力改善永福社区居民生活，降低生活成本，提高居民生活品质。计划用三年的时间，打造双流区乃至成都市的社区经济特色亮点，最终将永福社区打造为高品质、美丽和谐宜居社区。

启动仪式上，益民联、爱无疆社工服务中心还与三家企业就社区“创就业”签订相关合作协议，为居民创就业提供帮助。同时，现场还举办了爱心拍卖，并将拍卖所得全部用于“创就业”公益创投项目。

资料来源：双流发布. 社区“创就业”项目正式启动！这个项目是干啥的?. (2019-01-06) [2020-05-09]. http://sa.sogou.com/sgsearch/sgs_tc_news.php?req=1jCMkpUd8V-O7N52qqxAKmH8G6v0yfZob6O6KQx84Pm-AHPKfGSo0SC28EmALaZw&user_type=1.

任务实施

一、任务内容

本次任务的内容包括：

（1）学生分组到社区调查低保对象的生活状况；

（2）在调查了解的基础上，分组设计介入低保对象的个案服务计划或小组工作计划；

（3）实施个案工作或小组工作；

（4）小组间相互交流，教师点评。

二、任务操作

（一）任务操作流程

（1）选定学校所在或周边的社区，班内分组后利用周末组织学生与社居委接洽，确定低保调查对象，编写调查简要；

（2）按照社区失业保障的原则，针对不同的对象编写不同的个案计划；

（3）周期性地进行个案或小组工作，并定期回访；

（4）教师选取学生的分享，进行点评。

（二）具体操作方法

1. 个案工作方法

个案工作是指专业工作者（主体）遵循基本的价值理念，运用科学的专业知识和技巧

（基础），以个别化的方式（原则）为遭受困难的个人或家庭（对象）提供物质和心理方面的支持与服务（内容），以帮助个人或家庭减低压力、解决问题、挖掘生命的潜能，不断提高个人和社会的福利水平（目标）。

个案工作程序包括接案或转介、搜集资料、制订计划、签订协议、开展服务、结案、评估和追踪等不同的阶段。

（1）接案或转介。

接案：社会工作者与求助者进行初步接触，对问题进行初步评估，并根据机构的功能与求助者商讨是否可以提供服务。接案的工作重点是：了解求助者的求助愿望；明确求助者的要求；初步评估问题和需要。

转介：针对一些非本机构或者个人所能提供服务的个案，经过必要的程序，转送到其他机构或者个人，使求助者能够得到适当的服务。转介服务适用于以下两种情况：

1）社会工作者判断求助者所需解决的问题不属于本机构服务的范围；

2）服务机构仅仅为某一个区域的人提供服务，求助者不属于这个区域。

（2）搜集资料。

此阶段的工作重点包括两个：

一是搜集与服务对象问题相关的详细资料，包括两个方面：

1）个人资料：基本信息，如姓名、性别、年龄、受教育程度等；心理状况；生理状况；价值观和能力。

2）环境资料：家庭系统、朋辈环境、社区环境、工作环境等。

二是结合资料对服务对象的问题进行确切评估。从三个方面对服务对象的问题进行诊断，即服务对象的问题是什么；问题产生的原因；服务对象已采取的措施。

（3）制订计划。

根据服务对象的问题，社会工作者与服务对象一起制订服务目标和计划。

服务计划包括以下六个方面的内容：

1）服务对象的基本情况；

2）简要准确地描述并列出服务对象的主要问题和相关问题；

3）服务对象要达到的结果与社会工作者的工作目标；

4）基本阶段和方法，以及每个阶段需要采用的方法和需要动用的资源；

5）达到目标所用的期限，即工作时间表；

6）联系方式。

（4）签订协议。

工作协议是指社会工作者与服务对象共同合作实现双方所同意的目标和计划的契约，是使双方关系具有承诺和责任要素的重要途径。协议可以是口头的，也可以是书面的。

协议包括五个方面的内容：

1）服务目标；

2）服务的内容以及采用的方法；

3）双方应该享有的权利和承担的义务；

4）服务的时间、地点和次数；

5）双方签字。

（5）开展服务（服务计划的实施）。

开展服务即社会工作者执行服务计划。在这一阶段，社会工作者所扮演的角色包括使能者、联系人、教育者、倡导者、治疗者。

（6）结案。

结案是指社会工作者为结束与服务对象的专业关系所做的一切准备工作。

出现以下五种情况之一就可以结案：

1）社会工作者与服务对象都认为工作目标已经达到；

2）虽然问题没有彻底解决，但服务对象已经具备独立面对和解决问题的能力；

3）社会工作者与服务对象的专业关系不和谐，希望结束服务；

4）服务对象出现了一些新的要求和问题，需要其他社会工作者或者服务机构解决；

5）因为一些不可预测的因素，需要结束服务。

对于第3）、4）、5）这三种情况，社会工作者还需要与其他服务机构或者社会工作者联系，帮助服务对象获得合适、必要的服务。

社会工作者的结案工作包括以下四个方面：

1）提前告知服务对象。一般在结束的前一、两次工作中和服务对象讨论结束的事情，使其有所准备；

2）在结束前要有充分的时间与服务对象分享对于关系结束的感受；

3）总结和肯定服务对象在个案中的收获，增强服务对象面对未来的信心；

4）处理服务对象面对分离的情绪。

结案有以下三种形式：

1）直接告诉服务对象；

2）延长服务间隔的时间；

3）变化联系的方式。

（7）评估和追踪。

评估是指对为服务对象提供的服务的有效性进行评定。其目的是积累经验，作为以后工作的借鉴。评估的内容主要包括：服务对象的改变状况；工作目标的实现程度；服务介入工作的人力、物力和其他资源的投入。

评估的方法主要有三种：服务对象直接评估服务的效果；社会工作者同行进行评估；服务机构进行评估。

结案并不意味着完全终止服务，社会工作者还须根据服务对象的情况进行跟进服务；同时，跟进也是持续评估工作绩效的一部分。

2. 小组工作方法

小组工作也称为团体工作，是一种以小组活动形式（两个或更多的人）开展的社会工作方法。小组工作旨在以人与人之间的依存互动关系为基础，通过专业的小组活动来恢复和增强个人的、团体的社会功能，进而实现社会发展的目标。

小组工作的类型有以下四种：

（1）教育小组。

主要目标是帮助成员学习新的知识与技巧。通常是由专家介绍知识和技巧，采用结构式的小组过程，小组成员分享感受并获得相关知识与技能。例如家长教育小组，养殖、种植技能培训小组，青少年性知识讲解小组，时事讨论小组。

（2）成长小组。

主要目标是鼓励和支持成员的健康发展，包括生理和心理的健康。如帮助夫妻之间进行有效沟通的小组，成员可以在小组中学习倾听、理解、包容等技巧；受虐待妇女的成长小组，帮助她们树立对待人生的正确态度，重新帮助她们确定目标和理想。

（3）支持小组。

把具有同质性的人聚集在一起，其组员一般都有相同的问题、经历或经验，通过相互支持的方式，分享彼此的思想与感受，一致性可以使他（她）们不再感到孤单，从而获得一种情感上的支持，进而达到问题解决和成员改变的目的。

（4）治疗小组。

通常是指心理治疗小组。心理治疗小组对社会工作者的专业能力要求比较高，侧重于协助成员改变问题行为或生理、心理、社会创伤后的治疗。在心理治疗小组中，社会工作者被视为专家、权威人士，他们与成员一起诊断问题，制定治疗目标。

三、任务拓展

（1）请同学分组就社区失业保障的作用对社区工作者进行访谈，然后分享；

（2）利用课余时间进行个案设计和小组工作的练习。

四、任务小结

个案设计和小组工作要因势利导，充分考虑个案的特殊性。同时，这两项工作都是双方互动的过程，要建立在信任、真诚和尊重的基础上，还要注重工作的连续性，将咨询结果和现实行动相结合。

项目练习

一、填空题

1. 社区社会救助包括六项内容，分别是__________、__________、__________、__________、__________、__________。

2. 我国社区养老保障体系的构建原则是__________、__________、__________。

二、名词解释

1. 社区社会保障
2. 社区社会救助的标准
3. 社区养老保障

三、简答题

1. 社区社会救助的原则有哪些？
2. 我国社区养老保障的特征有哪些？
3. 我国社区失业保障有什么意义？

项目八

社区宣传与档案管理

学习目标

知识目标：了解社区宣传工作的含义与特征、主要内容，掌握社区档案管理的原则和制度。

能力目标：熟悉社区常用的公文种类，掌握撰写社区公文的技巧。

案例导入

石门营五区开展“温暖一号”行动相关活动

全市即将进入供暖季，为配合做好今冬明春预防煤气中毒工作，增强居民对煤气中毒危害性的认识，提升居民安全意识、环保意识，社区志愿服务队将于本社区范围内开展“温暖行动”志愿服务等相关活动。2019 年 11 月 15 日下午，石门营五区居委会召开了“温暖一号”行动动员部署大会，加强志愿服务队在本社区内的摸底、安全检查、宣传教育等工作。为进一步提高社区安全意识、消防安全管理水平，强化社区居民的消防安全意识和自防自救能力，使居民掌握突发情况下灭火、逃生的技能，石门营五区居委会邀请中炬起航培训中心的张晓东讲师为社区居民带来了一场精彩的消防安全知识讲座。讲座上，张老师通过实际生活中的真实案例向大家讲述了用电安全、家庭消防知识、电动自行车充电安全、燃气使用安全、炒菜锅燃油起火和初期火情处置、灭火器的分类及使用方法、发生火情后如何进行逃生自救等知识。“财富可以再造，生命不能重来。”通过此次讲座，居民们不仅学到了消防安全知识，更意识到了消防安全的重要性，进一步增强了消防安全意识和火灾现场逃生自救能力。大家纷纷表示，一定将消防安全知识牢记心中，并向家人和朋友讲解宣传，让更多的人提高消防安全意识。

资料来源：北京市门头沟区人民政府．东辛房街道各社区积极开展预防煤气中毒及消防宣传．(2019-11-19)［2020-04-08］．http://www.bjmtg.gov.cn/bjmtg/zwxx/jcdt/201911/1036098.shtml.

思考：石门营五区可以采用哪些方式进行预防煤气中毒及消防宣传工作？

思维导读

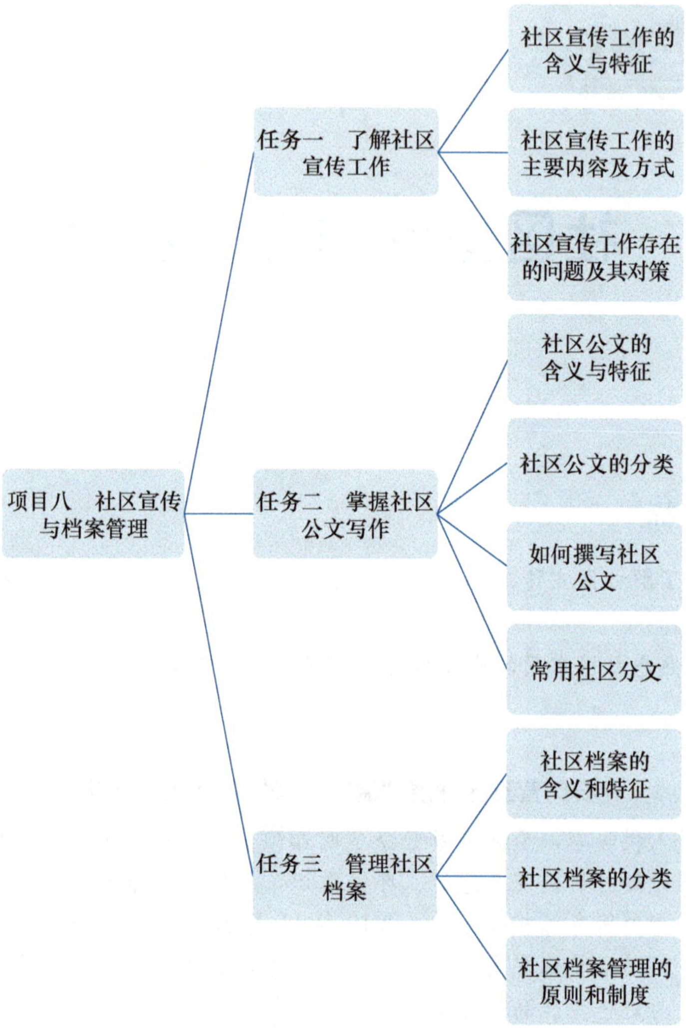

任务一　了解社区宣传工作

任务解析

为了实现城市现代化建设和管理，拓展社区功能，加快社区建设，必须充分发挥社区宣传工作的作用。在掌握社区宣传工作的含义和内容之后，学会如何利用多种方式进行社区宣传工作是本任务的重中之重。针对现实生活中社区宣传工作存在的不足，提出应对措施，这是本任务的关键点。

基础知识

宣传工作的领域是人的思想形态领域。宣传工作从字面上来说，是指宣传主体将宣传内容传播给宣传客体，从而影响其行动的一种活动。其本质是宣传工作者通过文字、音像等形式传播一定的观念，以达到某种特定目的的一种活动方式。随着社区功能的健全和社区建设的推进，社区宣传工作在满足社区发展的需要的过程中也发挥着越来越重要的作用。

一、社区宣传工作的含义与特征

（一）社区宣传工作的含义

所谓社区宣传工作，是指社区工作者运用多种形式将党的路线方针政策、核心价值观、科学理论、先进文化、高尚精神等传播给社区居民，从而影响社区居民的思想，促使其参与社区建设的一种社会行动。社区宣传工作有广义与狭义之分：

广义的社区宣传工作包括社区的对外宣传和社区的对内宣传。社区的对外宣传是指社区组织通过一些宣传媒介或宣传方式，向社会或其他社区宣传社区的事件，以达到向外推广社区的目的，从而帮助社区获取更多的社会资源，以促进社区建设。

狭义的社区宣传工作仅指社区的对内宣传。社区的对内宣传是指社区组织通过一些宣传媒介或宣传方式，向本社区的居民或组织宣传国家的有关方针政策、法律法规与制度，以及有关的社区事件和社区活动等，以达到使本社区的居民了解社区、认同社区的目的，从而使社区组织更好地开展社区管理与服务工作。

（二）社区宣传工作的特征

社区宣传工作是党在基层和群众中贯彻重要思想，加强社会主义物质文明、政治文明和精神文明建设，完善民主自治，加快城市化建设和管理，维护社会稳定的重要阵地；同时，社区宣传工作也为丰富社区居民文化生活起到了重要作用。虽然社区宣传工作起步晚，但却有其自身特点。只有充分了解这些特点，才能更好地处理社区宣传工作中所面临的挑战。

1. 范围的特定性

在新的历史时期，社区建设已经成为城市的中心工作。社区是社会的细胞，是聚居在一定地域范围内的社会共同体，是我们生活中不可缺少的一个综合的群众基础机构。这也就决定了社区宣传工作的范围仅限于本社区范围内的全体居民。不过社区宣传工作的范围虽然有特定性，但也不是一成不变的，社区居民可以自由流动，不完全依赖社区。

2. 对象的复杂性

社区宣传工作对象的复杂性主要是由社区成员身份的复杂性所决定的，主要表现在以下几个方面：首先，伴随着城市化进程的加快，社区人口密度不断变大，越来越多的人转变成“社区人”，社区的流动人口迅速增加。其次，伴随着人口老龄化，社区老年人的比例不断上升。居民从事职业及收入水平的分化程度提高，社区中既有高学历、高收入的青年人，社会地位高、收入稳定、年富力强的中年人，也有待业在家的青年人、下岗在家的中年人。最后，由于住房制度的改革和房地产事业的发展，大量借居者和外来人口进入社区，使得社区人口进一步复杂化。

3. 主、客体的平等性

社区宣传工作的主体是社区工作者，客体是全体社区居民。随着经济转型和社会转轨，我国的社区管理也逐渐走向“社区制”，社区工作者本着为社区居民服务的原则，提倡居民自治，居民的自我组织、自我管理、自我服务也是社区发展的根本方向，这样才能调动社区居民参与社区管理的主动性、积极性和创造性，努力实现社区工作者和社区居民之间的平等交流。

4. 内容的多样性

由于社区成员的复杂性及需求的多样性，社区宣传工作的内容不仅要包括传统的党政方针政策、理论教育，而且应该与时俱进，满足居民多样化的需求，增加宣传工作内容，如科学文化、网络文化、生活常识、就业指导、观念引导。对社区的老年人而言，健康养生、文化娱乐是他们最感兴趣的宣传内容；对社区的青年人而言，科学知识、网络文化、就业信息、社会热点更能吸引他们的关注。

5. 方式的渗透性

由于社区居民构成的多样性，不可能对所在社区的居民进行定时定点的全面宣传，这就需要社区工作者将宣传工作的内容渗透到社区工作的各个方面，包括社区工作者日常的服务、管理和社区建设。可以通过社区宣传栏、宣传板、宣传牌、横幅、广告进行传统宣传，还可以通过在社区内设立阅览室、开展社区活动、发放宣传品等创新模式进行宣传，也可以利用QQ、微信、微博等新媒体进行与时俱进的网络宣传。

二、社区宣传工作的主要内容及方式

（一）社区宣传工作的主要内容

1. 党和国家的政策与法规宣传

宣传党和国家的方针政策，对社区居民进行爱国主义教育；宣传政府的各项法规，对社区居民进行遵纪守法的法规教育等。

2. 社会主义精神文明宣传

对社区居民进行文明风纪教育宣传；宣传社区的新人、新事、新风尚，对社区居民进行爱护社区的集体主义教育，增强居民对社区的归属感和认同感等。

3. 社区管理与服务的宣传

宣传社区各项规定；宣传有关社区事务或物业管理的一些通知；社区内重要活动的一些通知，可以配合每次中、大型社区活动开展宣传。

4. 对社区居民的综合宣传

向社区居民宣传一些生活小常识，组织一些文艺欣赏活动等。

5. 对外宣传

通过网络和新闻媒介向社会和其他社区宣传本社区的事件或人物等。

（二）社区宣传工作的主要方式

1. 宣传栏或宣传橱窗

根据党和政府工作重点、国家时事及物业管理方面的工作，组织资料，采用图文并茂的形式，在一定周期内出版专栏，张贴在宣传栏或宣传橱窗内。

2. 阅览室

在社区内设立阅览室，常年订购政治、时事、科学等方面的报纸杂志，供社区居民阅读。

3. 宣传板

在社区居民楼道口安装宣传板，并及时张贴有关物业管理方面或其他方面的宣传资料和通知。

4. 宣传牌、横幅和广告

社区根据具体情况制作有意义和倡导性的宣传牌、横幅和广告。例如，制作大型立柱灯箱广告牌，张贴电梯宣传海报和宣传画，投放电梯广告等。

5. 宣传品

通过制作并发放大量成本低、实用性强的宣传品进行宣传。例如，免费向社区居民发放印有宣传内容的扑克、台历、扇子等。

6. 开展活动

举办各种社区活动，在丰富居民业余文化生活的同时，也能够取得很好的宣传效果。例如，围绕建设“和谐社区”主题，开展各种法制宣传活动，使居民懂法、守法、用法。

7. 文艺宣传

建立社区文艺队伍，举办居民喜爱的文艺演出。例如，开展电影进社区活动，进行爱国主义教育；组织文艺晚会，通过相声、小品等文艺形式进行宣传教育等。

8. 网络宣传

建立社区网站，在网站上通知或宣传社区的各项工作和活动，通过社区论坛与社区居民进行互动，及时了解社区居民的需求，调动社区居民参与社区管理的积极性。

9. QQ、微信、微博、社区 App 宣传

社区可以利用新兴的宣传方式，创建社区 QQ 群，开通社区微信公众号，开通社区官方微博，开发开放社区 App，针对社区不同人群进行宣传，提高宣传效率，吸引社区居民关注。

三、社区宣传工作存在的问题及其对策

（一）社区宣传工作存在的问题

1. 社区居民主动参与的意识不强

现有的宣传方式、宣传载体与社区居民的接受力之间都存在一定差距。尽管有些社区成立了阅览室、文娱活动中心，并开展了各类文艺活动，但能真正吸引居民主动参与的却不多，主要还是由于宣传手段保守，形式单调。

2. 社区宣传方式、载体有待创新

社区传统的宣传方式主要是借助社区宣传栏、阅览室，开展文艺活动；社区宣传的传

统载体也多是电视、报纸、广告。这些传统的宣传方式和宣传载体已经不再适应新环境下社区居民的需求。例如，电视新闻报道每天定时播放，新闻更新速度慢；报纸只能刊登图片和文字，广播只能传播声音，电视媒体虽能兼顾，但也是转瞬即逝，对接受者的注意力要求较高；传统媒体传播的是精英文化和主流意识，传播的内容和信息有限，导致其与居民有距离感；传统媒体与社区居民之间的关系是割裂的，社区居民被动地接受宣传内容，传统媒体很难掌握社区居民的偏好和特征。

3. 新媒体对社区宣传的负面效应

我国正处于社会加速转型期，社会矛盾凸显，社区维稳压力大。一些社区居民因为征地拆迁、环境保护、贪污腐败等问题常常借助新媒体发布信息以引起社会关注，而这些信息往往是没有经过审核、带有主观色彩的信息。一些别有用心的人往往利用这些尖锐的问题进行炒作，造成过激言论和错误观点泛滥，影响舆论导向。过度、片面地宣传此类信息，非常容易影响社区居民的群体心理，导致从众心理的出现，激发社会矛盾。

（二）社区宣传工作问题的对策

1. 培养居民主动参与的意识

社区宣传的主要内容包括党和国家的政策法规、社会主义精神文明、社区管理与服务等。宣传内容的严肃性决定了宣传内容的趣味性不强，很难引起社区居民的积极关注。因此就需要发挥社区工作者的主观能动性，努力让群众从后台走向前台，从台下走到台上，将对其单向灌输变为台上台下双向互动。例如，将社区的宣传栏部分交给社区居民承办，激发社区居民的主人翁意识，使宣传的内容丰富起来，让宣传变得更贴近居民生活，让宣传的内容更具时效性，积极引导居民关注时事动态和形势。

2. 创新宣传方式、宣传载体

传统的宣传手段投资少、见效快，可以通过改良，使其成为群众喜爱的宣传方式。例如，可以结合当地文化，组建社区老年人文艺队，进行戏剧表演；鼓励青年人参加志愿者活动，开展法制宣传、环境保护等公益活动。主要目的是开阔宣传思路，引导社区居民自我管理、自我宣传。宣传的载体也不要拘泥于宣传栏、宣传横幅等，可以发挥现在流行的互联网+模式，积极开发社区 App，发挥社区论坛、社区网站、社区微博、社区微信公众号的作用，利用居民手中的手机、电脑及时进行信息推送宣传，通过电梯广告、LED 屏幕等进行定时定点宣传，使传统的社区宣传变得更加直观、生动、活泼，增强社区宣传工作对社区居民的吸引力。

3. 最大限度地发挥新媒体的优势

新媒体使用的平民化、开放性、即时性特点，虽然会给社区宣传工作带来一些负面效应，但也正是这些特点，使得新媒体区别于其他媒体，有了自己的优势。新媒体环境下的社区宣传工作，关键还是社区宣传工作者要在面对蜂拥而至的大量信息、社区居民反映的热点焦点问题、党和国家的方针政策、社会最新动向时，能够及时准确地做出反应，有针对性地进行引导。如何利用新媒体，激发正能量，使广大社区居民共同参与社区建设，这是对社区工作者能力的考验。作为新环境下的社区工作者，要与时俱进，学会使用这些新媒体，而后才能最大限度地发挥新媒体的优势。无论是在网络世界里还是在现实世界里，都与社区居民建立一种平等互助的关系。

案例链接

绿色家园社区开通便民服务微信公众号

为了更好地服务社区居民，方便居民办理各项业务，掌握社区动态，近日，初家街道绿色家园社区开通了“你我共建绿色家园”微信公众号订阅服务。

随着社区发展治理工作的推进，初家街道绿色家园社区将着力打造“绿色社区·幸福家园”，建设环境美、心灵美、举止美，服务好、邻里好、氛围好的“三美”“三好”幸福宜居社区。“你我共建绿色家园”公众号将作为社区重要的宣传平台，致力于打造信息发布的主阵地、政务公开的新平台、服务互动的好窗口。“你我共建绿色家园”公众号将及时发布重大政策，宣传先进典型，回应社会关切，为广大居民朋友提供良好的服务。咨询、建议、投诉……都可以通过微信公众号来完成，社区将广泛听取各方面的意见和建议，不断地丰富微信公众号的内容。

资料来源：烟台市莱山区人民政府. 绿色家园社区开通便民服务微信公众号.（2019-10-11）[2020-04-11]. http://www.ytlaishan.gov.cn/art/2019/10/11/art_23168_2524099.html.

任务实施

一、任务内容

结合绿色家园社区的宣传方式，对自己所在社区的宣传工作展开细致调查，完成以下任务：

（1）运用实地观察法，搜集社区宣传工作的主要方式。

（2）运用文献调查法，搜集社区宣传工作缺乏的方式。

（3）结合时代背景，为社区宣传的工作方式提出创新性建议。

二、任务操作

（一）任务操作流程

确定调查地点和调查小组成员，并且就调查事宜做好协调安排→拟定社区调查提纲→调查前在网上查询社区具体信息，了解社区基本情况→运用合适的调查方法开展信息搜集→回收和汇总调研信息资料。

（二）具体操作方法

具体操作方法主要有以下两种。

1\. 实地观察法

调查小组有目的、有计划地运用自己的感觉器官或借助科学观察工具，能动地了解处于自然状态下的社区宣传工作。进入社区后可直接观察，到社区广场及社区居民经常聚集的日常活动场所，通过与社区居民的交流，了解社区宣传工作情况。在观察的过程中认真做好记录，且观察记录应符和准确性、完整性、有序性的要求。可以当场记录，也可以采取事后追忆的方法。

2. 文献调查法

调查小组根据一定的目的和范围，通过搜集和整理文献以获取社区宣传的相关资料。在进行大规模的资料搜集之前，查阅有关社区宣传的文件是必须甚至是首要的，能为了解社区宣传工作奠定良好的基础。文献资料搜集的具体方法有四种，分别是检索法、追溯法、专家咨询法和上网查找法。

三、任务拓展

（1）利用微信、微博、QQ 等媒介手段，对社区活动进行宣传。

（2）参与社区宣传相关的实践活动，深入了解社区宣传工作的意义。

四、任务小结

（一）注重理论学习，加强社会实践

社会实践是开展社区宣传的基本途径，社区宣传工作的学习，既需要依托课本理论知识，也需要依托社区实践。社区宣传工作对社区工作的开展影响重大，是实现城市现代化建设和管理，拓展社区功能，加快社区建设的应有之义。

（二）结合实际案例，展开思考分析

在学习社区宣传工作理论知识的过程中，要结合社区的实际案例进行分析，注重多角度思考。要能够深刻认识社区宣传工作的意义，注重结合社区发展的时代背景，创新社区宣传的方式，与时俱进，便民利民。

任务二　掌握社区公文写作

任务解析

在建设和谐社区的过程中，社区工作者需要撰写大量的社区公文，写作社区对内、对外的常用公文也是社区工作者的一项基本技能。掌握社区公文写作的基本知识，学会撰写常用社区公文，这是本任务的核心内容。

基础知识

一、社区公文的含义与特征

（一）社区公文的含义

公文即公务文书，也就是狭义的文书。文书是国家机关、团体、企事业单位和个人组织在社会实践活动中，用以处理各种事务、沟通各种关系而形成并使用的具有应用性和特定格式的所用文字材料的总称。文书按照其形成与使用者可以分为私人文书和公务文书。《党政机关公文处理工作条例》第一章第三条规定：党政机关公文是党政机关实施领导、

履行职能、处理公务的具有特定效力和规范体式的文书，是传达贯彻党和国家的方针政策，公布法规和规章，指导、布置和商洽工作，请示和答复问题，报告、通报和交流情况等的重要工具。

社区公文，即社区文书，属于应用文的范畴，是指社区工作人员在日常工作中为处理社区事务而形成的文字材料。社区公文也是公务文书，有其撰写要求和撰写方式。

（二）社区公文的特征

1. 有法定的作者

所谓法定的作者，就是指依据法律和有关的条例、章则、决定等成立的，并能以自己的名义行使法定的职能权利和担负一定的任务、义务的机关和组织。这些法定的机关与组织可以在自己的职权范围内制发相应的公文。社区公文的法定作者是本社区，社区也只能在自己的职权范围内制发相应的公文。

2. 有法定的权威和效力

社区公文是由社区制定和发布出来的，公文可以代表社区发言，并代表社区的法定职权和权威。公文也就成为社区开展工作、解决问题的依据，必须得到贯彻执行，因此，公文也就具有法定的效力。社区公文的法定权威和效力就来源于社区和其法定的职权，如果不具备或者超越了这种法定性，社区公文就会失去权威和效力。

3. 有特定的程式

社区公文在种类和格式及处理程序上有规范要求。这种规范要求是公文在形成过程中的特点。为了保证社区公文处理的高效便利，公文的形成必须按照规范要求，必须经过固定的处理程序，从而达到进一步维护公文权威性的目的。

二、社区公文的分类

随着时代的进步，文书的种类也在不断变化。对于社区公文，可以从以下角度进行分类。

（一）按行文关系划分

行文是指一个单位给另一个单位的发文。行文关系是指发文单位和收文单位之间的关系，也就是由组织系统、领导关系和职权范围所确定的各单位之间的公文授受关系。从收文单位和发文单位之间的工作关系上看，既有相隶属的上下级之间领导与被领导的关系，也有不相隶属或平级的关系。因此，按收发文单位之间这种不同的工作关系，可以将公文划分为上行文、下行文和平行文三大类。

1. 上行文

上行文是指社区单位向上级机关报送的社区公文，也就是自下而上的行文。例如工作报告、请示等。一般上行文是社区单位向上级单位汇报工作、反映问题、请示事项、请求工作指导等方面的文件。

2. 下行文

下行文是指社区单位向所属部门的行文，即自上而下的行文。例如决定、公告、通告、通知、通报等。

3. 平行文

平行文是指平级单位或不相隶属的单位之间的行文，其主要文种是函或知照性的通知。

（二）按时限要求划分

时限是指对社区公文送达和办理时间的要求。社区公文按照其时限要求，可分为特急社区公文、急办社区公文、常规社区公文。社区公文内容有时限要求，需迅速传递办理的，称紧急社区公文。紧急社区公文可分为特急和急办两种，紧急社区公文应随到随办，时限要求越高，传递、办理的速度也就要求越快，但要“快中求准”。随着社会的发展，对社区公文的时效要求也越来越高，即使是常规社区公文，也应随到随办，以提高办文效力。

（三）按机密程度划分

秘密等级是公文保密程度的一种标志。凡涉及国家秘密的公文都应当按照国家秘密及其密级范围的规定分别标明“绝密”、“机密”和“秘密”。社区公文按其机密程度，可分为绝密社区公文、机密社区公文、秘密社区公文、普通社区公文。绝密、机密、秘密社区公文又称保密文件，是指内容涉及党和国家的机密，需要控制知密范围和知密者的文件。文件的密级越高，传达、阅办、保管的要求也越严。

三、如何撰写社区公文

（一）社区公文撰写要求

1. 实事求是

实事求是原则是一切工作的总原则，也是撰写社区公文必须遵循的原则。撰写社区对内、对外的常用公文是社区工作者的一项基本技能。社区公文是社区日常活动中产生的具有指导作用、交流作用、行政约束力的特定文体，它不仅源于实际工作，更需要根据实际情况进行撰写。要做到实事求是就要做到以下几点：

（1）社区公文的撰写者必须不唯上、不唯书、只唯实，对上实实在在，不搞“假大空”，不专拣好的说；对下真真切切，遵循工作的客观规律，有的放矢。

（2）要深入生活、熟悉生活、了解生活，全面了解具体情况，在掌握大量第一手客观材料的基础上，进行深入周密的研究分析、逻辑论证，从而制定出符合实际生活、切中问题要害的工作措施。

（3）要处理好遵命与求实的关系，既不违背领导意图，更要实事求是，在领导意图与现实情况不相吻合时，应通过委婉的方法将实情传达给领导。同时要遵循为人民服务、对党对人民高度负责的精神，遵循事物的客观规律。

2. 准确合实

实事求是是社区公文撰写的总原则，准确合实则是实事求是原则在形式上的体现，两者密不可分。要做到准确合实就要做到以下几点：

（1）社区公文的内容必须符合党和国家的方针政策，准确地传达党和国家方针政策的精神。党和国家的方针政策是一切政务活动的出发点，它表现于行动的过程和归宿，通过社区公文这一外在形式加以体现。从一定意义上说，社区公文撰写的成败、好坏，内容的准确与否，是能否有效传达党和国家的方针政策的关键所在。

（2）必须提高分析现实的能力，掌握一定的分析研究方法，抓住事物的本质、特点，周备而精当地反映问题和解决问题。

（3）必须做到语言、格式等方面的准确，观点鲜明、材料精确、用词准确。

（4）材料必须有典型性，材料和观点必须高度和谐统一。

3. 可行有效

社区公文的撰写对象是公务活动，公务活动是党政管理工作中最切实的活动，因此，社区公文不仅要实事求是和准确合实，还要有明确的目的性和针对性，做到可行有效。要做到可行有效就要做到以下几点：

（1）要认清对象。社区公文的内容必须明确具体，提出的措施必须切实可行、针对性强。

（2）要通过对实际工作的分析研究，有针对性、有目的地对社区公文提出的观点、方案、规定等进行可行性研究和论证，根据社区公务活动的具体情况，具体问题具体分析。

（3）要考虑到公务活动的变化和发展，应根据行业和部门的不同，不断了解研究新问题，制定切实可行的政策，做出相应的变化。

（4）措施的制定要留有余地，坚持原则性和灵活性的统一。

4. 简练规范

社区公文要务实弃虚，讲究实效，撰写中必须简明扼要地突出观点和中心，语言浅显、简明、确切、严谨、平易。撰写社区公文的关键是符合规范、格式准确。讲求格式的规范性，是社区公文特有的要求。因此，在撰写社区公文时，要保证格式的准确、完整、合理、规范。

（二）社区公文撰写准备

1. 确立主旨

社区公文一般都是由作者按照领导或者上级的意图，依据工作实际，配合社会形势需求进行写作。因此，写作中要把握写作意图，明确写作方向，实现写作目标。

2. 材料积累

材料是写作的基础，准确充分的材料是社区公文中提出解决问题措施的依据，是形成观点的基础。因此，社区公文写作要搜集积累材料。在搜集积累材料的过程中要注意以下几点：一是有具体目标、方向地广泛搜集；二是材料要典型、有说服力；三是材料要真实、可靠。

3. 构思

在明确主旨，积累、分析材料的基础上，动笔前要组织好写作思路，这就是构思。构思既贯穿于社区公文从授意到雏形化，再到形成最终文字的全过程，也特别指将确立的主旨、积累的材料用于社区公文的过程。

（1）厘清结构。

社区公文的结构要从文种、格式、语体三方面着眼。文种，即针对一项公务活动，考虑应该使用什么文书种类。格式，即在选准文种之后，弄清该文种格式上的特殊要求，如不同的行文方向有不同的文面格式要求。语体，即考虑社区公文语言的表达形式、语言要求、表达技巧等。

（2）编写提纲。

编写提纲是把构思好的文章结构、内容定型化的过程，可以为写作的“外语言”表达打下良好的基础。完整的提纲一般由标题、主题概述、观点句、内容提要及字数分配等几个项目构成。标题，是对文章内容要点的概括。主题概述，是对文章表达的主要思想的表述。观点句，是概括全文基本思想的语句。内容提要，是用于支持观点的语言表述。字数分配，是指对于较长的文章，写作提纲要估算字数，并分配字数到文章各部分，以确保重点突出。编写提纲时，还要考虑好文章的具体结构，如总分式、并列式、递进式等。

（三）社区公文撰写方式

1. 结构

（1）结构的要求。

社区公文是为公务活动服务的，因此要求结构简单，层次清晰。社区公文结构的要求主要有：1）完整。一篇社区公文的结构要做到有头有尾有中段，清晰连贯，内容表述完整。2）合理。社区公文的头尾和中段各在必然的位置，结构的安排要和谐、匀称，总体疏密相间、思路通畅、主次分明、脉络清晰、起承转合得当。3）整一。社区公文要做到首尾贯通、气势连贯、组织得体、结构安排严密。要围绕社区公文的主旨安排结构，所有材料围绕中心展开，主旨贯穿全文。

（2）开头和结尾。

社区公文要“开门见山，下笔如题，起句发意”。社区公文常用的开头形式有：1）概括式。以简洁的语言介绍主要情况，表达基本内容，引领全文。其内容主要是叙述一些实际发生的事实、情况或问题。这种方法在会议纪要、调查报告、简报、报告、通报等文体中较为常见。2）目的式。这类社区公文在开头就表明行文的目的，多用于知照类社区公文，常用“为了……”“为……”“……为此”等句型，十分明确地讲出行文目的，再用“特”“现”等表示对有关社区公文内容的强调。3）根据式。为了保证社区公文的严肃性，很多社区公文在开头就交代撰写的根据。这些根据既可以是有关的法律、法规、文件、领导指示，也可以是有关的会议精神等。根据式常由“根据”“遵照”“按照”等词语领起下文。4）因由式。一开头直接阐明行文的原因，常用“由于”“鉴于”“因为”等词语领起下文。这类开头，常常是夹叙夹议，既陈述情况又进行适当的说理分析，证明发文的原因和作用。5）表态式。这种形式多见于批复、复函等社区公文的文种中，其写法常常是在开头对转发、颁发的有关文件提出看法和要求，表明态度。6）结论式。一开头提出结论性意见，再在下文具体解释、说明。这种形式在决定、决议中经常使用。

社区公文的结尾，要根据实际需要而定。常见的有以下几种形式：1）惯用式。在长期的工作实践中，形成了较为固定的、大家公认的惯用格式，于是，很多社区公文也就运用惯用格式收尾。如“特此通知”“盼复”“特此函复”等。2）请求式。即在行文主体结束后，向有关机关、部门提出请求。如“请求某部门拨给买车款 10 万元”。3）希望号召式。即在行文主体结束后提出希望、号召。如“希遵照执行”“希认真办理”。4）概括式。即以简洁的文字，简明扼要地对社区公文的基本思想和主要观点做高度的概括，便于人们更清楚地了解社区公文的主旨。这类社区公文的结束语常在决定、通报、总结、会议纪要、调查报告等文体中使用。5）自然式。多用于一些条文化写法的公文中，通常是全文分若干部门，以汉字序数、小标题等形式标出，说完即止。如条例、规定及一些条文化写法的通知、意见等，多用此种形式。

2. 表达方式

表达方式，是指撰写社区公文时陈述事情、说明问题的具体方式。社区公文可以采用各式各样的方式来陈述事情、说明问题，如叙述、描写、抒情、说明、议论，而以叙述、说明、议论最为常见。

（1）叙述。

叙述是指把事情的来龙去脉，公务活动的发生、发展、变化过程表达出来的一种方式。在社区公文撰写中，它主要用来介绍情况、交代问题、说明原委。叙述包括以下四种形式：1）顺叙。即按照事情发展的顺序进行叙述。这是社区公文中最常用的表达方式。2）倒叙。即先交代结局、结果，再叙述原因、原委的方式。知照性、下发指令性社区公文多采用这种写法。3）插叙。即叙述中暂停一下，插入另外的事情或情况，交代背景，说明问题。4）平叙。即在一篇公文中记述两件或多件同时发生的事。这种写法在综合性的通报、总结、报告等文种中经常使用。

（2）说明。

说明是指以客观地解说事物、剖释事理和介绍对象为内容，使人明白、了解和认识说明对象的表达方式。社区公文的说明顺序主要有三种：一是以时间为序，二是以空间为序，三是以逻辑关系为序。

（3）议论。

议论是指阐明事理、发表意见、提出措施、表明观点的一种表述方法。社区公文的议论服从于表达主旨的需要，一般不做理论上的深入探讨或见解上的争鸣，只抓要害。在社区公文中，回答“是什么”“为什么”“怎么样”这三个方面的问题是议论行文的关键所在。社区公文中议论常用的方法有例证法、引证法、比较法、因果归纳法。

四、常用社区公文

常用社区公文包括章程、通告、决议、汇报、申请、证明、回执和社区工作报告等。

（一）章程

章程是指规定社区管理的宗旨、组织原则和管理办法等事项的文件，是关于社区组织及活动的基本规则。它不仅是社区的自治法规，而且是社区自我管理的重要依据。章程是确定社区组织权利、义务关系的基本法律文件，一经制定，即具有法律效力，受国家法律保护。章程制定后一般须由居民代表大会通过。章程的内容通常包括以下几个方面：总则、居民组织、自治管理、附则。

（二）通告

通告是指行政机关和企事业单位在一定范围内公布应当遵守或周知的事项时使用的公文。社区通告一般用于通知社区成员一些政府部门有关社区的政策规定和社区制定的规章制度，以及一些关系到部分或全体居民的重要信息。通告除具有公开性和告知性特点外，还具有强制性、广泛性、专业性。

通告一般由标题和称谓、正文、落款和时间等几部分构成。

1. 标题和称谓

标题可以为“通知”“紧急通知”“关于××的通知”等不同形式。称谓则根据通告所要传达的目标对象来确定，如“××社区全体居民”“××楼栋全体居民”“××市场全体商户”等。

2. 正文

正文是通告的主体部分，要简明扼要地向通告对象说明发生了什么事情、事情发生的原因、有关部门的意见和决议、对通告对象有何种要求等。通告正文的结构一般由开头、主体、结尾和结语四部分组成。

(1) 开头。开头主要交代缘由、根据，要求概括说明发出通告的原因和目的。法规性通告一般还要求写清法律依据，以增强通告的法律效力。缘由后面常用习惯用语“通告如下”“特作如下通告”等过渡到下文。

(2) 主体。主体即通告事项部分，主要说明通告的具体内容。这一部分由于事项比较多，常常采用标序列述的方法来写，要求做到主旨鲜明、事项具体、条理清晰、简洁通俗、便于理解执行。

(3) 结尾。结尾提出执行要求或号召，有的通告没有结尾段。

(4) 结语。结语一般单独设段，用“特此通告”作结，以体现通告的规范性和严肃性。

3. 落款和时间

落款是通告的发出单位，可以是“××社区居民委员会”“××社区党组织”“××社区成员代表大会”等。时间即通告发出、张贴的时间。通告的落款与标题有关，标题有发布单位的，后面则无落款；标题没有发布单位的，落款则注明发布单位。发布通告的时间写在标题之后、内容之前，或者写在落款后面。

(三) 决议

决议是指社区有关机关就重要事项经会议讨论通过其决策，并要求贯彻执行的重要指导公文。决议是社区行使自我管理、自我教育、自我服务的自治权利的体现。决议是经过社区有关会议讨论通过才能生效并由社区有关机关发布的，所以具有一定的权威性。决议的内容事关重要决策事项，一经公布，全社区上下都应当坚决执行。决议表述的观点和对事项的评价都具有指导意义，所以决议还具有指导性。

作为社区的基本公文，决议主要由首部和正文两部分组成。

1. 首部

首部包括标题和成文时间两个项目。

(1) 标题。决议的标题有两种形式：一种由发文机关、事由和文种构成；另一种由事由和文种构成。

(2) 成文时间。成文时间即决议正式通过的日期。

2. 正文

正文由决议根据和决议事项两部分组成。其写法有两种形式：一种适用于内容单一的决议，把议定的事项直接叙写出来；另一种适用于内容比较复杂的决议，将决议事项分条列项表述出来。

(四) 汇报

汇报一般分为专题汇报和综合汇报两种。根据汇报要求的不同，汇报有不同的写作格式。专题汇报要紧紧围绕一个或几个相关的主题展开，综合汇报则要求将所有工作整理成有体系的结构进行说明。汇报的一般写法包括以下几个步骤：

(1) 根据汇报要求，搜集、整理相关资料和信息，确保汇报情况的准确性。

(2) 将社区相关的情况、问题，社区所提出或采用的解决方案、需要的支持等系统地在汇报中说明，为汇报的对象了解问题、厘清事实、采取相应策略和行动提供参考。

(3) 说明所汇报情况和问题的可能性发展及社区工作者对这些情况和问题的应对措施和计划。

(五) 申请

申请是社区工作中常用的公文形式，是指个人、单位、集体向组织、领导提出请求，要求批准或帮助解决问题的专用公文。申请主要包括以下几个部分：

(1) 标题。标题有两种写法，一是直接写“申请”；二是在“申请”前加上内容，如“××申请”等。一般采用第二种写法。

(2) 称谓。顶格写明接受申请的单位、组织或有关领导。

(3) 正文。正文部分是申请的主体，首先提出要求，其次说明理由。

(4) 结尾。写明惯用语“特此申请”“恳请领导帮助解决”“希望领导研究批准”等，也可用“此致”“敬礼”等礼貌用语。

(5) 署名、日期。个人申请要写清申请者姓名，单位申请要写明单位名称并加盖公章、注明日期。

(六) 证明

证明是指说明某件事情的正当性和个人身份的公文。证明主要包括以下几个部分：

(1) 标题。一般直接写“证明”。

(2) 正文。正文部分是证明的主体，要写明证明的内容或相关事件和原因。如果是向具体单位出具的证明，可以写上抬头。

(3) 结尾。写明惯用语“特此证明”“恳请贵单位予以接待”等。

(4) 署名、日期。署名应加盖单位公章。

(七) 回执

回执是社区工作中的重要公文，是指居民或成员单位就社区内的一些事情向社区提出意见或建议，或者向社区工作者和社区工作机构反映问题所用的公文。回执一般包括以下几个部分：

(1) 标题。一般写“关于某某问题的回执”。

(2) 对象。指反映意见和问题的个人或组织。

(3) 正文。一般写明反映的问题采用何种方式解决，或者问题提交给何种机构、通过何种渠道解决，还可以加上问题解决的时间期限及服务承诺等。

(4) 落款。一般写社区工作机构的相关部门，有时还需要经手人的签名。

(八) 社区工作报告

社区工作报告是指社区工作者定期进行工作总结和思考，向社区居民和政府相关部门汇报工作成效的一种重要公文。社区工作报告一般分为月份工作报告、季度工作报告、年度工作报告和任期工作报告，也可以分为综合性工作报告和专题性工作报告。一般来说，起草社区工作报告要求做好以下几个方面的工作：

（1）根据工作报告的范围和功能，查找相关台账和记录，梳理报告中所需要的资料。

（2）根据工作性质，将所掌握的工作资料进行适当的分类和概括，有重点和主题。

（3）确定报告各个部分的重要程度和它们之间的相互联系，组织资料，写成初稿。

（4）将工作报告的初稿拿出来与同事、居民进行探讨，寻求修改意见，并将意见反馈到工作报告中。

案例链接

关于免费体检的通知

居民朋友：

我们是金江社区卫生服务中心的医务人员，也就是你们的家庭医生，金江社区卫生服务中心是公益性的医院，也是奎光塔街道的医院。

按照市委市政府的要求，为保障居民身体健康，提高群众满意度，接市卫健局通知，我中心宣传并实施国家的惠民政策，为辖区居民（重点人群）免费体检以及建立“居民健康档案”。

检查项目：身高、体重、血压、B超（肝胆胰脾）、空腹血（肝功、肾功、血糖、血脂、尿酸）、心电图等。请辖区内各位居民空腹（不吃早饭、不喝水），并带上你的身份证，提供准确有效的电话号码，到我中心来接受免费体检。请大家相互转告，积极参加，谢谢你们的配合！

体检时间：周一至周五上午8:30至11:00。

体检地点：金江社区卫生服务中心。

检查对象：辖区内患有高血压、糖尿病的居民，重型精神病人，残疾人，低保人群以及65岁以上老年人等，每年都可以享受一次免费体检。详情咨询：028-61754508。

金江社区居民委员会

2019年5月15日

资料来源：金江社区．关于免费体检的通知．（2019-05-15）［2020-04-11］．http://jcpt.chengdu.gov.cn/dujiangyanshi/jinjiangshequ/detail.html?url=/dujiangyanshi/jinjiangshequ/300110/12035884_detail.html.

任务实施

一、任务内容

结合金江社区的通知，走进自己所在的社区，搜集各类社区通告，完成以下任务：

（1）了解社区通告的主要适用范围。

（2）熟悉社区通告所采用的主要媒介。

二、任务操作

通过系统学习行政机关的公文种类，结合社区工作的特点，熟悉常用的社区公文。走进所在社区，实地观察、了解社区公文在社区工作中的重要性。

三、任务拓展

（1）了解所在社区的日常工作中常用的公文种类。

（2）掌握所在社区的日常工作中常用公文的写作技巧。

四、任务小结

（一）注重理论学习，与时俱进

社区公文写作是社区工作者必须掌握的学习内容。社区的发展建设，使社区公文写作的形式和内容发生了一些变化。因此，在学习社区公文写作时，不能拘泥于课本理论知识，还要深入社区，观察社区实际工作中常用的社区公文种类。

（二）结合实际案例，思考分析

学习社区公文写作的过程中，要结合身边社区的实际案例，注重理解与运用，进而针对不同的公文类型，分别展开分析与思考。

任务三　管理社区档案

任务解析

社区建设作为城市的中心工作，会形成大量反映社区历史面貌的档案。社区档案反映了城市基层组织建设、社区卫生、社区服务、社区环境、社区文化、社会治安等多方面的基本历史面貌。针对社区档案的特征，了解社区档案的类型，掌握社区档案管理的原则和制度，这是本任务的核心内容。

基础知识

一、社区档案的含义和特征

（一）社区档案的含义

档案是指机关、组织和个人在社会活动过程中形成的，作为历史记录保存起来以备查考的文字、图像、声音等多种类型的，对国家和社会有保存价值的历史记录。

社区档案是指社区党组织、社区成员大会、社区居民委员会及其他社区组织和社区居民在“自我管理、自我教育、自我服务”的党群工作、居民自治、街政建设、经济活动等实践活动中直接形成的，对国家、社会和社区居民具有保存利用价值的各种文字、图表、声像、实物等不同形式的历史记录。

（二）社区档案的特征

1. 来源广泛

与机关单位的档案不同，社区档案是以社区党群组织和社区居民委员会档案为核心，联结社区内所有单位档案（除机关单位外）和社区著名人士档案等的联合全宗。由于社区职能涉及面广，与社会各个方面都有联系，因此其档案的来源也就不局限于社区党群组织、社区居民委员会等，还包括所在地的党政部门。

2. 内容丰富

社区档案是社区各方面工作的真实记录和反映。社区职能涉及方方面面，如组织宣传、环保、司法、城建、教育、文化、计生、保险、就业等问题，社区在履行各项职能的过程中形成的档案可以真实地反映其工作开展的状况。社区档案有反映党务、行政管理等活动的文书档案；也有在生产技术、基本建设、科学研究等活动中形成的图纸、证书、文字材料等科技档案；还有在文化卫生、劳动就业、社会保障、财务管理等专门业务工作中形成的专门档案；更有针对社区居民建立的居民个人档案等。

3. 载体多样

社区档案来源广泛决定了社区档案的载体形式也呈现出多样性。伴随着互联网科技的发展，社区档案的载体已经从最初的纸质档案，逐渐演变成胶质档案（照片、胶片）、光介质档案（光盘档案）、实物档案（奖状、奖品等）、电子档案等多种形式并存。社区工作的内容能够通过多样的载体形式生动地再现出来。

二、社区档案的分类

社区档案的形式多种多样，决定了社区档案种类的多种多样。依据不同的标准，社区档案可以划分为不同的类型。

（一）按照社区档案的构成分类

1. 文书档案

文书档案是指反映党务、行政管理等活动的档案。它记录了一个社区所从事的各类管理活动，如党群管理、财务管理、人事管理、业务管理等。文书档案通常由办理完毕的有保存价值的文书转化而成。

2. 科技档案

科技档案是科学技术档案的简称，是指在自然科学研究、生产技术、基本建设等活动中形成的应当归档保存的图纸、图表、文字材料、计算材料、证书、声像资料等科技文件材料。科技档案一般有科学研究档案、生产技术档案、基本建设档案、设备档案和专门科技档案。

3. 专门档案

专门档案是指社区在某种专门业务工作中形成的档案。专门档案主要有人事档案、会计档案、教学档案、诉讼档案、人口档案等。

（二）按照社区档案的载体分类

1. 文字类档案

文字类档案包括社区党群组织、社会事务管理、社区服务管理、人口与计划生育管理、社会保障工作等方面的文件材料；社区党政领导的工作笔记；上级机关下发的针对本社区的或需要贯彻执行的文件材料；等等。

2. 图表类档案

图表类档案包括在本社区基建、设备、产品、科研等相关工作中形成的图纸，以及社区居民委员会财会类报表等材料。

3. 声像类档案

声像类档案包括本社区重要活动、重大事件、庆功表彰等方面形成的照片、录音、录像等。

4. 实物类档案

实物类档案包括本社区获得的各种奖杯、奖状、奖牌、锦旗、证书、印章等有纪念意义的凭证性实物。

5. 电子文件类档案

电子文件类档案包括本社区的电子文件（磁带、磁盘、光盘）及相应的支持软件、参数和相关数据等。

（三）按照社区建设的实践分类

1. 社区组织人事类

社区组织人事类档案包括党的组织、社区居民委员会组织、社区社团组织、群众团体组织、社区居民的基本情况以及辖区企事业单位的基本情况等。

2. 社区文书类档案

社区文书类档案包括上级党政机关下发的文件材料、上级民政部门下发的文件材料、本社区党群组织形成的文件材料、本社区成员代表大会形成的文件材料、本社区居民委员会形成的文件材料和其他有查考利用价值的文件材料等。

3. 财会类档案

财会类档案包括社区居民委员会收支账簿、报表、凭证等。

4. 社区经济类档案

社区经济类档案包括社区第三产业概况、中介机构情况、社区物业管理、家政服务、再就业培训等资料。

5. 社区文化、卫生类档案

社区文化、卫生类档案包括社区居民健康档案，社区科教、文化、体育设施，社区计划生育，社区医疗卫生等资料。

6. 社区综合治理类档案

社区综合治理类档案包括社区警务工作、外来暂住人口、社区矫正工作、社区治安调解工作、群防群治工作、社区环境绿化工作等资料。

7. 社区福利工作类档案

社区福利工作类档案包括烈军属工作，五保户、特困户、低保户工作，伤残、弱势群体工作等资料。

三、社区档案管理的原则和制度

（一）社区档案管理原则

1. 统一领导、集中管理原则

社区档案工作在业务上接受上级档案行政管理部门和民政部门的监督和指导。社区应按照国家统一规定，集中统一管理社区档案，建立健全社区档案管理机制；制定社区档案工作制度，社区工作档案的日常管理和使用应该做到制度化。

2. 维护档案完整与安全原则

维护档案的完整，在数量上，要保证档案的齐全，不要残缺短少；在质量上，要维护档案间的有机联系。维护档案的安全，要采取有效措施，延长档案的寿命，减少人为和自然因素对档案的损坏；要采取保密措施，使机密档案不被盗窃、泄露。

3. 便于利用原则

社区档案管理人员要熟悉所保管档案的内容，根据社区各项工作的需求，积极做好提供利用工作。社区应编制适应利用需要的档案检索工具，围绕社区建设、社区居民自治、社区服务等各项工作，积极主动开展档案利用工作，开发档案信息资源。

（二）社区档案管理制度

1. 社区档案管理的组织机构及其职责

（1）社区档案管理的组织机构。

社区居民委员会应依法建立健全档案管理机制，设立综合档案室，配备专职或兼职档案管理人员。档案管理人员应具有一定的文化水平和一定的专业素质，掌握档案管理基本知识和基本技能。

（2）社区档案管理人员的工作职责。

社区档案管理人员的基本工作职责是保护档案的完整与安全，科学地管理档案、提供档案，为社会各方面服务。其具体工作职责如下：1）执行国家有关档案工作，特别是社区档案工作的法律、法规和技术标准，接受上级档案行政管理部门的监督和业务指导；2）根据本社区的实际情况和上级部门的要求，制订档案工作的年度计划，并负责组织实施；3）按时收集、整理和管理本社区的各类档案；4）对全部档案实行安全、规范、有效保管；5）经区（市）档案行政管理部门依法授权，对社区各组织机构文件材料的归档工作进行监督和指导；6）编制必要的档案检索工具，开发档案信息资源，尽力为档案利用创造条件；7）密切配合社区各项工作，满足各方面对档案的利用需求；8）及时、全面地掌握本社区档案工作的基本情况，按照上级档案行政管理部门的要求，按时报送档案工作基本情况报表，确保统计数字的准确、完整；9）积极参加街道办事处和地方行政管理部门组织的档案业务培训和经验交流活动。

2. 社区档案的具体管理制度

（1）社区档案收集与鉴定制度。

社区档案室是集中管理本社区档案的机构。社区档案室的收集工作，是档案收集工作的重要组成部分。在正常情况下，社区档案室的收集工作主要是指社区形成的反映社区工作活动、具有查考保存与利用价值的各种文件材料的归档。社区归档文件材料，必须按照规定，定期向社区档案机构或档案工作人员移交，集中管理，任何人不得据为己有。

社区档案的鉴定工作，是指运用专门知识对档案真伪和价值进行鉴别的过程。社区档案的鉴定工作建立在社区档案收集工作的基础之上，实际上就是一个“去伪存真”“去粗存精”的过程，有助于提高社区档案的质量，节约收集成本，促进资源的有效利用，提高社区档案室的服务水平。

（2）社区档案整理、保管、统计制度。

社区档案的整理是指按照一定的原则对档案实体进行系统分类、组合、排列、编号和基本编目，使之有序化的过程。社区档案的整理工作是档案实体管理的核心，为整个档案管理工作创建秩序化的管理基础，对整个档案管理工作具有重要基础意义。

社区档案的保管是指档案的存放管理和维护档案完整与安全的活动。它是对已经整理好并排架入库的档案进行日常的管理和保护。社区档案保管工作是社区档案管理的基本环节之一。其基本内容包括两个方面：一是对社区档案实施的实体秩序的维护；二是对社区档案实施的保护性管理。

社区档案的统计是以统计数字反映和揭示档案及档案工作的发展过程、现状及一般规律的一项工作。社区档案统计工作是进行档案事业建设的一项重要的基础性工作，在整个档案工作中具有重要意义。其具体工作内容包括对社区档案数量的统计、对社区档案工作的统计和社区档案事业基本情况统计年报三个部分。

（3）社区档案检索与利用制度。

社区档案检索是指对社区档案进行分析存储和根据需要进行查找的工作，是开展档案利用工作的必要条件，是开发档案信息资源的基本手段。档案检索包括信息存储和查找两个阶段。前者是指将档案中具有检索意义的特征标识出来，编制成检索工具或组成档案信息数据库，后者是指利用检索工具查找所需档案。

社区档案利用又称社区档案利用服务，也称档案信息的开发利用工作，是指档案部门开发所藏档案信息，通过一定的方式和方法，直接为社会、为利用者服务的一项业务工作。社区档案管理人员要熟悉所保管档案的内容，根据社区各项工作的需求，积极做好提供利用工作。社区应编制适应利用需要的档案检索工具，围绕社区建设、社区居务公开、社区居民自治、社区服务等各项工作，积极主动地开展档案利用工作，开发档案信息资源，为社区各项工作服务。社区应制定档案借阅制度，根据档案内容确定不同的利用范围和审批程序。社区综合档案室应建立和健全档案利用制度，查阅和借阅档案必须办理查阅、借阅手续，必须严格遵守保密制度。

案例链接

天北街道组织开展 2018 年档案员业务培训

为增强基层档案员综合素质和业务能力，提升街道档案管理水平，促进档案有效利用，4 月 10 日，天通苑北街道联合天通苑南街道共同组织了 2018 年档案员业务培训会，街道各部室（中心）及社区档案员参加了培训。

本次培训邀请到了区档案局指导二科科长张亮，从档案员职责、档案保管期限、归档范围、归档流程、电脑录入等相关制度及具体操作规程等方面为基层档案员进行了详细解读，现场解答了大家实际工作中遇到的各种问题，并就多年工作实践中特别需要注意的方面向各位档案员进行了重点提示。培训内容实用，大家学习记录认真。

考虑到社区与行政村对档案管理工作要求的不同，为加强培训效果，突出培训主题，本次培训只针对社区档案员进行，下一步，街道还将专门组织村级档案员业务培训。通过有针对性的分类培训指导，让各基层档案员对档案业务工作认识更充分、操作更顺手、效果更明显，进而为街道档案管理工作的规范化、科学化、信息化发展奠定基础。

接下来，街道还将通过不定期组织档案培训交流、对各社区（村）档案进行季度性实地检查、辖区各社区（村）互助参观学习等途径，全面推进街道档案管理工作新发展。

培训结束后，区档案局指导二科的张亮、杨明军和数字化科的冯飞三位同志，对街道会计档案和社保档案存档工作进行了现场指导，对发现的问题提出了明确的整改措施，并对档案数字化扫描工作进展情况进行了检查指导。区档案局对街道档案工作的现场指导，对于建立和完善街道档案工作体系，加强档案安全保管和有效利用，提高档案工作服务能力起到了积极的促进作用。针对目前档案管理工作中存在的实际困难和问题，社区将进一步研究解决，最终为街道档案事业的科学发展创造良好条件。

资料来源：昌广传媒．天北街道组织开展 2018 年档案员业务培训．(2018-04-11)[2020-04-11]．http://www.cprt.com.cn/cp/zj/ttyb/pc_content_105804.shtml.

任务实施

一、任务内容

结合天北街道组织开展的档案员业务培训，对自己所在社区的档案管理工作展开细致调查，完成以下任务：

（1）通过调查、体验、参观等方式，了解所在社区档案管理的类型，搜集所在社区档案管理的各项制度。

（2）结合大数据的时代背景，为所在社区的档案管理工作提出创新性建议。

二、任务操作

确定调查地点和调查小组成员，做好活动安排，调查社区档案管理的类型，了解所在社区档案管理的各项制度，体验和参观所在社区的档案室。

三、任务拓展

选择自己熟悉的社区，在社区工作人员的带领下，通过上门服务的方式，为流入社区居住三个月以上的居民建立健康档案。为居民采集所有健康信息，包括体温、血压、身高、体重、血糖等，将他们的个人基本信息、健康状况与个人生活习惯、既往病史及家族遗传病史等多项健康信息录入档案，为流动人口建立健康信息库。

四、任务小结

（一）注重理论学习，加强实践活动

社区档案是社区连续工作必要的考察依据，其记载了社区活动的情况、成果、经验和教训等。因此，社区档案工作需要结合社区实际展开相关的实践活动，社区工作人员要不断提高档案管理技能水平，同时深入社区居民生活，实地调查走访，进而得到相关的档案资料。

（二）结合时代背景，改进档案工作

随着社会的不断发展，社区档案工作也会有新的变化。社区档案工作要立足服务，创

新载体，突出档案动态管理；整合资源，超前规划，实现档案管理规范化；要与时俱进，将社区所有信息档案进行整理后，以电子文档的形式归档，使社区的档案管理走向规范化、科学化、现代化。

项目练习

一、填空题

1. 社区宣传工作的特征主要有__________、__________、__________、__________、__________。

2. 按收发文单位之间不同的工作关系可以将公文划分为__________、__________、__________三大类。

3. 社区公文按照其时限要求，可分为__________、__________、__________。

4. 社区公文按照其机密程度，可分为__________、__________、__________、__________。

5. 常用社区公文包括__________、__________、__________、__________、__________、__________、__________、__________等。

6. 按照社区档案的构成，社区档案可以分为__________、__________、__________三类。

7. 按照社区档案的载体，社区档案可以分为__________、__________、__________、__________、__________五类。

二、名词解释

1. 社区宣传工作
2. 社区公文
3. 社区档案

三、简答题

1. 简述社区宣传工作的主要内容及方式。
2. 简述社区公文的撰写要求。
3. 社区档案管理的原则有哪些？

项目九

社区法律服务

学习目标

知识目标：了解社区法律服务的特征，理解社区法律服务的重要意义，熟悉并掌握社区法律服务的各项内容。

能力目标：掌握社区法律服务的技能，能判别社区居民的某一项需求是否属于社区法律服务范围，并提供相应的法律服务。

案例导入

福田在社区家门口设立 95 个法律服务站

什么样的法律服务让老百姓觉得最贴心？在建设一流法治城市进程中，福田区司法局通过推广法律“五进”社区、全国首创志愿法律服务中心、巩固发展人民调解“福田模式”等，构建面向基层的法律服务体系，为老百姓提供全方位、规范、接地气的法律服务，让老百姓感受到法律服务就在身边。

早在 2003 年，景田社区就成立了全省首个法律服务站，起初只是发发宣传资料，莲花街道司法所所长向柱陈坦言，运作一段时间后很不解，本来以为是一件好事，却成了居民、律师“两头冷”，政府“中间热”的尴尬局面。

2012 年年底，社区法律服务站进行创新，法律宣传、咨询、代理、援助、调解“五进社区”，设置电话咨询专线，配备了 1 名以上具有法律基础的工作人员。经过 2013 年一年的试点，这一模式成型，服务站可以答疑解惑、代办法律援助、调解，甚至帮忙请律师还有优惠，获得了居民的认可。

2014 年以来，社区法律服务站在福田区 95 个社区“开花”，全区十个街道司法所与 56 家律师事务所签订了“所所对接”服务协议，每个社区都有一家律师事务所派出专职律师为社区提供法律服务，每周都有一天或半天时间，专职律师来到社区与居民面对面进行交流。

95个社区法律服务站成社区居民的贴心人

“我想立个遗嘱，要走什么程序?”“怎么起草合同?”……遭遇这些问题，恐怕很多人一时都不知道方向，该上哪里求助？现在，福田区居民在家门口的社区法律服务站就能一站式解决这些问题。

近期，福保街道明月社区遇到一桩棘手事件，一小区业委会换届已有2年，但上一届业委会秘书却称，没收到解聘合同，并索要2年的工资，且认为自己很有道理，结果律师从法律的角度问了两句话便将此人问得哑口无言。该社区法律服务站法律服务专员李女士表示，一些居民会提很多要求，究竟这些要求是否合理，就需要宣传讲解法律知识，让他们用法律来判断和解决问题。明月社区法律服务站开通以来，不仅居民感受到了便利和实惠，连服务站工作人员也感受到了不一样的变化，法律服务专员李女士颇有感触地说，服务站名声大了，工作量也多了不少，但越来越有效率，服务效果突出许多。

社区代办法援、请律师，居民少跑腿

翻开景田社区来信来访登记簿，“邻居装修太吵”“我遭到家暴，怎么处理”……五花八门的家庭问题、邻里纠纷、法律咨询问题一个月有七八十个。该社区法律服务站工作人员汪女士告诉记者，如果服务站解决不了，就会告知其他的解决途径，比如申请法律援助或者帮忙请律师打官司等。久而久之，许多居民对服务站有了评价：接待很热情，讲得很清楚，不花一分钱，还泡一杯茶。

目前，福田区司法局全面向街道下放法律援助审批权限，需要法律援助的居民直接在社区办好各类证明，交由社区代办，街道审批，挂点服务律师事务所全程跟踪，指导居民填报材料。同时，针对老弱病残等困难群体的法律纠纷，开通“绿色通道”，大大简化了以往申请法律援助烦琐的程序，居民无须来回在市、区、街道、社区跑腿，在社区直接受益，同时可避免过度使用法律援助。

2014年上半年，居民王先生遭遇一场交通事故，对方提出要求赔偿60万元，然而经济困难的他连打官司的费用都支付不起，更别说赔偿了。幸运的是，景田社区法律服务站为他申请了法律援助，消除了他的忧虑，节约了时间不说，还挽回不少损失。

此外，通过“所所结对”的方式，实行签约服务优惠制，签约律师事务所以最优惠的条件为辖区单位和居民提供法律服务，如提供一定时长的免费咨询服务或按照固定的折扣予以收费优惠。社区会跟踪服务质量，淘汰服务质量差的律师事务所。

“五进社区”让矛盾纠纷化解在基层

除了实实在在的法律咨询、援助、代理，与以往相比，“五进社区”中的法律宣传和调解也“升级”不少。福新社区工地多，劳资纠纷多，该社区就多开展劳资纠纷法律宣传；景桦社区酒店多，该社区就多开展与劳动法等相关的法律宣传；还有社区针对不同的群体，如女性等的法律需求，确定“法律大讲堂”的主题，由挂点律师、法官结合社区居民身边的案例讲解常用的法律知识。

在调解上，社区人民调解委员会在法律服务站设立调解窗口，法律服务站在日常工作中发现矛盾纠纷的，及时转交并配合社区人民调解委员会调解，并加强与街道及相关部门的协调，借助社区法律服务平台及早发现和化解问题，法律服务队伍全方位参与人民调解，进一步壮大了调解的力量。

资料来源：林清．福田在社区家门口设立95个法律服务站．深圳特区报，2014-09-15.

思考：1．社区法律服务包含哪些内容？

2．社区法律服务有哪些特点？起到什么作用？

思维导读

- 项目九　社区法律服务
  - 任务一　了解社区法律服务
    - 社区法律服务的含义、特征及性质
    - 社区法律服务的重要意义
    - 社区法律服务的内容范围
  - 任务二　提供法律咨询
    - 法律咨询的含义及意义
    - 提供法律咨询服务的流程
    - 解答咨询的方式与方法
  - 任务三　办理法律援助
    - 法律援助概述
    - 申请和办理法律援助的程序
    - 社区法律援助的特点
  - 任务四　进行人民调解
    - 人民调解概述
    - 人民调解工作流程
    - 人民调解方法的运用

任务一　了解社区法律服务

任务解析

社区法律服务是社区服务工作的重要组成部分。可深入某小区，通过问卷法、访谈法、观察法等社会研究方法来认知社区法律服务，获得客观、真实、全面的第一手资料。该任务是开展社区法律服务具体工作的前提和基础。

基础知识

一、社区法律服务的含义、特征及性质

（一）社区法律服务的含义

法律服务是指律师、非律师法律工作者、法律专业人士（包括法人内部在职人员、退离休政法人员等）或相关机构以其法律知识和技能为法人或者自然人实现其正当权益、提高经济效益、排除不法侵害、防范法律风险、维护自身合法权益而提供的专业服务。

本教材所说的社区法律服务，不是指基层法律服务所（司法所）这样的机构所提供的法律服务，而是指针对特定社区提供的相应的法律服务，主要指律师、非律师法律工作者和一些法律专业人士为特定社区内的组织、企事业单位和社区居民或村民等提供的有限的法律服务，也就是我们通常说的“法律服务进社区”。

2002 年 1 月 29 日，中央文明办、文化部等部门联合印发了《关于开展科教、文体、法律、卫生“四进社区”活动的通知》，明确了法律服务在社区建设中的重要地位。2014 年司法部出台《关于推进公共法律服务体系建设的意见》，就推进公共法律服务体系建设做出部署。十八届四中全会公报又进一步要求：“建设完备的法律服务体系，推进覆盖城乡居民的公共法律服务体系建设。”法律服务是整个社区服务的一个组成部分，是法律服务于社会最直接的体现，也是对人民群众生活最直接的关怀。

（二）社区法律服务的特征

1. 空间距离近

设在基层社区的法律服务中心（站），与社区民众、农村百姓地理位置较近，与普通民众的生产生活区域接触密切。

2. 心理距离近

基层法律服务的办公场所设在社区，设施多朴实简单，给一般的民众、普通的寻求法律帮助者提供了一个出入随意自在、访谈无心理压力、熟悉适宜的背景环境。

3. 高效率

社区法律服务针对性强，服务范围只限社区里的居民，服务方式灵活，效率当然也就大大提高。

4. 低成本

低成本主要得益于以下三个方面：一是法律服务对社区居民来说基本都是免费的，可以节约经济成本；二是空间距离近，可以节约时间成本和交通成本；三是心理距离近，可以降低沟通成本。

（三）社区法律服务的性质

1. 公益性

社区法律服务作为社区服务的项目之一，不是为哪一个个体服务的，而是为了满足社区居民的公共利益需求，维护其合法权益，同时维系弱势人群的社会尊严、生存权利和生活能力，缩小不平等的差距，提高社会的公正度和稳定性，促进社区的人际交流和人际关怀，改善社区的人文环境，提高居民的道德文化素养。

2. 福利性

社区法律服务是代表政府给社区居民提供的便利，是体现社会关怀的重要方面，所以所需费用基本由政府买单，体现出明显的福利性。

二、社区法律服务的重要意义

（一）公民依法保护自身利益的意识增强需要法律服务进社区

经过多年的普法工作，我国公民的法律意识明显增强，法律这个概念已经被公民所普遍知晓、接受。在遇到各种矛盾和纠纷的时候已经有越来越多的人想到运用法律武器维护自己的合法权益，但是遇到具体问题该如何使用法律武器，具体运用哪类部门法，很多公民还没有完全掌握，这就需要我们加强社区法律服务，为社区居民提供法律宣传、法律咨询、法律援助等具体服务，把普法宣传工作做到社区，把法律知识送到每一位社区居民身边。

（二）社会转型时期矛盾纠纷增多需要法律服务进社区

随着社会主义市场经济体制的建立，人们的生活质量、思想观念、邻里关系也发生了很大的变化，呈现出很多新的特点和新的发展趋势。但同时，人们之间的矛盾纠纷也越来越多，从实践总结来看，主要体现在以下方面：一是家庭和邻里矛盾纠纷增多；二是合同纠纷，尤其是劳务合同、买卖合同等纠纷增多；三是企业之间的经济纠纷增多。而这些问题如果不在社会的基层——社区内部解决，就会使矛盾越积越深，或者激化爆发，造成社会的不稳定，或者诉讼到法院，加重司法负担。因此，把法律知识送进社区，把各种问题和纠纷放在社区解决，有利于公民、企业知法、守法，维护社会稳定，加速经济社会发展。

（三）新形势下国家建设需要法律服务进社区

我国宪法明确规定，要依法治国，建设社会主义法治国家。要实现这个目标，公民的拥护和参与是关键，而最有效的做法便是把法律知识送进社区，提高公民的法律意识和道德文化素质，增强公民的主人翁责任感，使公民自觉拥护党和国家的方针政策，参与到社区建设、城市建设、国家建设中来。

三、社区法律服务的内容范围

（一）制度服务

法律制度服务主要是指为社区组织的建构提供法律服务。在社区制度性法律服务问题上，我们应当有一个基本的共识：社区的制度建设在我国尚处于探索阶段，法律服务不能仅以既有的制定法为依据，否则就只能缩手缩脚。只有不断进行社区组织的制度实验，才能积累经验，才能为完善社区立法提供更加翔实的感性材料。

制度性法律服务的核心是理顺社区组织内外的两个方面的关系：一是社区组织与社民（包括居民和村民，下同）的关系，包括社区组织的权力机构如何产生、机构设置和人员安排、社区组织资金的来源及运作方式、社区组织的形式和程序、突发性事件的预案及实施细则等问题；二是社区组织与街道等政府机构的关系，包括处理与政府组织关系的原则和对话协商方法、影响政府机构的渠道和方式、抵御政府机构非法干预的预案及具体措施等。

（二）权利服务

在日常服务过程中，社区要为社民所享有的相关权利提供服务，帮助社民行使权利，维护社民的合法权益。社区权利服务的内容有很多，比如社区自治权、物业管理权、环境权等。当前，权利服务中容易被忽视的项目是社民参政、议政等民主权利的保护。原来习惯于单位生活的居民对社区中的生活，尤其是民主政治生活很不习惯。保障他们的民主权利是社区权利保护的一项重要内容，并且随着政治文明程度的提高，社民的民主权利显得愈加重要。

（三）矛盾纠纷调解服务

社区法律服务中矛盾纠纷的调解与一般的民事调解有所不同。

首先，社区矛盾纠纷的调解和诉讼涉及的可能是群体利益，在法律上表现为整体性权利。与个体性权利不同的是，整体性权利的处分必须反映权利主体的整体意志和愿望。

其次，帮助社区建立自己的调解组织，这是社区法律服务者的一项基础性工作。社区调解工作的一项重要内容是社区内部社民之间的权利纠纷，社民之间的权利纠纷与传统中国社会的邻里纠纷有些近似。调解并不仅仅是为了解决眼前的纠纷，也是为了更长远的权利共存。

（四）法律咨询和宣传

社区法律服务有一个重要的领域就是法律咨询和宣传。与法律宣传相比，法律咨询服务更注重对话与交流，更容易使服务对象理解法律，并形成法律理念。在新时期，社区法律宣传要在内容上更生动、更接近社民权利，使他们认识到社区法律宣传是站在社区角度而不是站在其他主体角度考虑问题，增强社区法律宣传的亲和力，使社区法律宣传真正落到实处。

（五）提供法律援助

法律援助是一项扶助贫弱、保障社会弱势群体合法权益的社会公益事业，也是我国实践依法治国方略、全面建成小康社会的重要举措。社区法律服务机构为有困难和有需要的社区居民提供法律援助或这方面的信息与便利，主要负责法律援助申请受理、审查和指派工作。

在一个典型的社区法律服务中心（站）中，应该有各种形式的法律宣传、法律咨询帮助、法律援助和纠纷调解机构。

一般情况下，社区法律服务中心（站）的人员由专职人员和兼职人员构成。专职人员主要是社区居委会工作人员、街道司法所工作人员。兼职人员包括在本社区居住的司法机关的工作人员，如法官、检察官等；社区里有一定影响力、被聘为人民调解员的居民；一些熟悉法律的志愿人员；还有政府指定的律师事务所指派的服务社区的律师。服务方式总体比较灵活。

案例链接

安徽省法律服务站将建到百姓身边

党的十八届四中全会公报明确提出“建设完备的法律服务体系，推进覆盖城乡居民的公共法律服务体系建设”。在省司法厅厅长洪禹候看来，此次四中全会为包括安徽在内的各地正在积极探索的公共法律服务体系建设实践指明了方向、树立了信心。

法律服务将一站式办理

据悉，安徽省公共法律服务体系是指涵盖市级司法行政综合法律服务中心、县（市、区）司法行政综合法律服务中心、乡镇（街道）司法行政服务站和村（居）司法行政工作室四级公共法律服务的实体平台。

过去由于我省法律服务职能较为分散，缺少统一平台，老百姓寻求法律援助、人民调解或打官司往往要跑多个办事机构，耗时耗力，诉求难以及时有效得到解决。

安徽省公共法律服务体系建成后，将把法制宣传、律师公证、司法鉴定、法律援助、人民调解、社区矫正、安置帮教等司法行政职能整合到一个实体平台，实现“窗口化、综合性、一站式”服务。

也就是说，以后老百姓需要“一条龙”的法律服务将更方便、更快捷，少花时间少跑腿，矛盾纠纷将得到预防和解决，自身合法权益能通过公共法律服务得到有效维护。

把法律服务站建到身边

洪厅长告诉新安晚报、安徽网记者，安徽省司法厅从今年起全面启动公共法律服务体系建设，计划在三年内实现法律服务中心站（室）覆盖城乡，建成惠及全民的公共法律服务体系。

记者了解到，2014 年 6 月安徽省司法厅召开动员会，截至 9 月底，全省 4 个市级司法行政综合服务中心正在积极筹建中，已建立县级司法行政综合服务中心 52 个、乡镇（街道）司法行政服务站 1 023 个，建立村（社区）司法行政工作室 7 569 个。

“为切实推进这项工作，安徽省司法厅制定了时间表，计划用三年时间建好公共法律服务实体平台和信息网络平台。”洪厅长说，具体分三个时间段，2014 年年底前，全省 50%的县（市、区）建立司法行政综合服务中心，所有乡镇（街道）建立司法行政服务站；2015 年，全省所有市、县（市、区）建立司法行政综合服务中心，50%的村（社区）建立司法行政工作室；2016 年，所有的村（社区）建立司法行政工作室，覆盖城乡的公共法律服务体系全面建成。

资料来源：彭继友，钟虹．安徽省法律服务站将建到百姓身边．(2014-10-30) [2020-04-20]. http://www.ahwang.cn/anhui/20141030/1395625.shtml.

任务实施

一、任务内容

选择一个你熟悉的社区，对该社区法律服务现状进行调查，完成以下任务：

（1）搜集社区提供法律服务方面的原始材料，包括相关机构、人员、具体服务内容等。

（2）拟订社区法律服务满意度的调查计划。调查计划应包含调查目的、调查时间、人员安排、调查对象、采用的调查方法、调查经费预算等。

（3）围绕社区法律服务制作调查问卷，归纳总结所在社区法律服务现状。

二、任务操作

（一）任务操作流程

确定调查地点和调查小组成员，并且就调查事宜做好协调安排→拟定调查方案→设计调查工具（问卷、提纲、量表等）→调查前的摸底→界定调查总体→设计抽样方案并确定调查对象→运用合适的调查方法开展信息搜集→调研信息资料的回收和汇总→调查评估→回访。

搜集社区法律服务的资料，一般调查以下五个方面的信息：

（1）法律服务机构组织情况：组成人员、工作职责、工作制度等。

（2）法律服务机构原始记录资料：具体了解社区法律服务工作内容和形式。

（3）社区工作日志相关资料：社区前任领导的工作记录、讲话、工作计划和总结等涉及法律服务方面的资料。

（4）媒体报道、个人或团体资料：报纸报道、个案访谈、团体座谈等形式。

（5）设计调查问卷，对社区居民进行社区法律服务情况调查。

（二）具体操作方法

1. 问卷调查法

问卷调查法也称问卷法，是调查者运用统一设计的问卷向被选取的调查对象了解情况或征询意见的调查方法。对社区法律服务的问卷调查，调查内容可以社区法律服务满意度为主题，围绕居民对社区提供法律服务的需求、社区法律服务的内容、社区法律服务的形式、社区法律服务提供的方式、社区居民对已提供的法律服务的意见和建议等，尽量全面了解本社区法律服务的概况。问卷的设计一定要紧扣主题，建议采用封闭型问题，以选择式为主，填空式、列举式为辅，调查以本社区居民为对象，必须保证社区内绝大多数居民参与，可以采用网络答卷、纸质答卷两种形式增加覆盖面。

2. 访谈法

社区法律服务方面的访谈对象主要包括社区的主要负责人，负责法律服务事务的具体工作人员，在社区长期生活、有一定影响力的社区群众和参与过法律服务的人。通过访问他们，可以得到一些重要的资料，有助于了解社区法律服务的具体情况。当然，这种方法有其局限性，就是会受被访者的主观影响。访谈对象也可以是一般的社区人士。即使是一个普通的居民，他在社区内的生活和活动，亦有一定的重要性。

三、任务拓展

对所完成的调查任务进行总结归纳，形成《社区法律服务调研报告》。

四、任务小结

（1）团队调查员到社区进行信息资料的调查和搜集，必须坚持科学严谨的态度。科学的态度就是坚持价值中立，客观、全面、真实、有效地获取资料。在调查中不能以自己的喜好去引导调查对象，要充分尊重调查对象，如调查前要征求对方的同意，保护调查对象的隐私权。遵奉调查研究的职业道德，确保调查问卷科学有效。

（2）在有效的问卷的基础上，需要对问卷调查进行全面分析，得出符合现实情况的结论。首先，我们要明确问卷调查的初衷，也就是目的是什么，因为只有紧紧围绕这个目的进行分析才能得到准确的结果，问卷中设立的问题和项目与调查目的是有一定的相关性的。其次，依据调查结果，对每一项问题的回答情况进行统计。这些数据会直接反映出调查对象的行为和心理状况，以及他们对问题的认知程度。最后，整理分析数据。这是问卷调查最为重要的环节，因为数据分析会告诉调查者一些具体的情况，也就是调查者想要的结果是什么，可以运用定性分析或定量分析等方法。

任务二　提供法律咨询

任务解析

法律咨询是社区法律服务的重要组成部分。通过本任务的学习，学生要了解法律咨询，熟练掌握法律咨询的流程、技巧等，能够根据社区居民提出的法律问题，为他们做出解答，提供相应的法律帮助。

基础知识

一、法律咨询的含义及意义

法律咨询是指从事法律服务的人员就有关法律事务问题做出解释、说明，提出建议和解决方案的活动。

法律咨询一般包括：现场口头咨询、当事人提供案件材料后由律师及法务工作者提供咨询意见。法律咨询有的免费，有的收费，通常网络上的法律咨询以免费为主，网上还有专门提供免费咨询的大型专业性网站。在现实的法律咨询中，律师通常会根据问题的难易程度及回答问题所耗费的时间收取一定的费用。但社区的法律咨询都是免费为社区居民提供的，这是由社区法律服务的公益性决定的。

随着社会主义市场经济建设的深入和社会主义法治建设配套制度的不断完善，法律也逐渐深入社会生活的各个方面，公民的法律意识也越来越强，各类社会主体需要解答的法律咨询也越来越多。居民遇到一些涉及婚姻、家庭、继承、劳动、邻里纠纷之类的法律问题时，习惯于去找自己所在的乡镇街道、社区寻求帮助，所以解答法律咨询已成为乡镇街道、社区法律工作者的一项经常性的工作。因此，法律咨询发挥着以下重要作用：宣传法律；平抑诉讼；沟通群众和有关机关；提高法律工作者自身水平；提高公民的法律意识，有利于依法治国观念深入人心。

本任务所讲的法律咨询主要是社区工作者为社区居民提供的咨询服务，是指社区法律服务工作者通过接待来访者、电话解答及网络咨询等形式，就社区居民在社会生活、家庭生活中遇到的问题进行解答。这属于一般法律咨询，通常是采用口头方式进行解答，也有采用书面形式进行解答的，都是免费的。如果遇到解答不了的法律问题，社区工作者可以帮助居民求助于律师、法务工作者等法律专业人士，这时候提供的就是特别法律咨询了，本任务不做讨论。

二、提供法律咨询服务的流程

(一) 接待前的准备

1. 心理准备

即清楚会见的目的是什么。重点在于与当事人建立信任、融洽的关系，这对初次会见是非常重要的。需要注意以下两方面：衣着、姿态、办公室布局、与当事人打交道的方式（如是否守时）等客观因素；对当事人的态度、稳定和平息当事人情绪的能力、信息保密和安全感的提供等主观因素。

2. 仪表准备

即什么样的衣着更适合首次会见。接待咨询时要注意衣着端庄，给人留下庄重、值得信任的印象。

3. 工具准备

工具包括笔记本、笔、现有案件材料、表格、日历、计算器或电脑等。

4. 时间、地点的选择

根据当事人自身和案件的不同情况，选择合适的时间和场所。对咨询者的接待可以选择不同场合，最好是双方都熟悉的场所，比如社区接待室；如果咨询者是行动不便的人，当然也可以选择在当事人的居住地。谈话场所要封闭，让当事人能够放松、自如地陈述事实和与人交谈。

5. 制订会见计划

全面获得案情信息，给当事人充足的机会陈述和表达意见；以会见前掌握的资料为基础制订问题表，确定会见中要了解哪些信息、按照怎样的顺序了解、哪些信息是不可或缺的、哪些信息是选择利用的、哪些信息是需要澄清或补充的；提醒当事人目前应当做的工作等。

6. 设计接待的模式

根据自己的情况设计一套合适的接待方式。接待当事人是一项极具艺术性的工作。实践中，我们总结出“先看后听再问”的接待模式，但也不是绝对的，要根据情况及时调整接待模式。

(二) 咨询接待

1. 接待的开场白

第一次会见，相互简单的介绍是必要的。作为接待者，要主动询问咨询者需要哪些法律帮助。如果是第二次、第三次会见，开场白则可简明扼要，直奔主题。

2. 登记和记录

一般来说，会填写一个咨询登记表，主要记载咨询者的一些基本信息以及想要寻求哪一类的法律帮助。记录就是将咨询过程中比较重要的问题及情况加以记录。因为法律问题的复杂性，记录有助于及时查阅，更好地做出解答。

3. 仔细聆听咨询者的陈述，要“听全”“听准”“听懂”

“听全”，就是要有耐心，即便是杂乱无章的冗长叙述，也要耐心听完，否则，就容易从片面情况出发，得出不合实际的结论，出现错误。“听准”，就是要聚精会神，对问题的细节或关键情节不能含混和疏漏，必要时可做记录。“听懂”，就是要边听边总结，以便抓住问题的实质和争议的焦点，弄清咨询目的，归纳出咨询要点才能做到对当事人的解答有的放矢，一语中的。

4. 询问详情

了解一个完整案情，通常要回答 5 个“W”、1 个“H”和一个“R”的问题。5 个“W”是指：何人（Who）、何时（When）、何地（Where）、何事（What）、为何（Why）；一个“H”表示事情发生的过程（How）；一个“R”表示结果，即当前状态（Result）。要注意避免评判心理，不能草率表态。

5. 识别信息，获取资料

区分当事人的陈述中哪些事实是已经发生的，哪些事实是当事人担心发生但尚未发生的；哪些事实是影响当事人利益的，哪些事实是与案件无直接关系的；哪些事实是重要线索，背后可能隐藏着重要信息，哪些事实是明白无误、一目了然的；哪些属于无须证明的客观事实，哪些是待证事实，哪些是已经被证明的法律事实。在会见过程中，应将所有可能作为证据的法定文书、文件材料、证人名单、视听资料、物品及可能提供证据的线索列单。

6. 总结确认

要对咨询者的问题和诉求进行总结，并让咨询人进行确认。总结确认后，要给咨询者发表意见的机会，他仍可以补充陈述或者进一步说明他的意愿、想法和要求。商定好下一次会见的时间、方式，对下一次会见做出安排。

（三）解答咨询前的准备

（1）掌握事实，研究法律，明确咨询人的目标和需要解决的问题。如果说接待的主要目的是通过搜集信息为决定做准备，那么解答咨询的主要目的则是运用信息做出决定。全面掌握事实资料，熟悉相关的法律规定，明确特定事实与法律规定之间的关系。

（2）综合整理信息资料。翻阅、整理所有的案件材料。

（3）制定备选方案，设计咨询计划。准备若干可供咨询者选择的方案，并注明每一种方案的利弊得失。设计咨询计划时，除了考虑如何解答咨询，还要考虑可能出现的突发变化。

（四）解答咨询

社区工作者以咨询者的目标和需要解决的问题为核心，以法律法规和政策为依据，为咨询者提供法律意见和建议，妥善完成法律咨询服务。对于现行法律法规及政策没有明文规定或不能解决的问题，也应积极为咨询者出谋划策，共同商讨解决问题的最佳方案和途径。

三、解答咨询的方式与方法

（一）解答咨询的方式

解答咨询的方式有当面解答、电话咨询、网络通信、书面解答等，主要分为口头解答和书面解答两大类，下面就口头解答和书面解答进行论述。

1. 口头解答

口头解答的程序可概括为四部曲：弄清法律事实、确定法律关系、分析法律后果、告知维权方法。以当面解答为例，程序如下：

（1）充分了解事实真相，整理回答思路。

这一阶段的任务需要通过咨询接待中的详记、细听、察看、询问、分析等步骤来完成。

（2）准确、完整地解答询问。

这一阶段的任务是针对咨询者提出的主要问题，在分析判断之后，做出有的放矢的回答。

解答咨询问题时要求实事求是，符合法律、政策，提出的方案具体可行，讲出的道理通俗易懂。既要防止答非所问，又要避免用抽象的道理、空洞的说教及教训的口吻去回答咨询者提出的具体问题。

2. 书面解答

书面解答是指法律工作者根据法律，以书面形式解答咨询者提出的问题的方式。在以书面形式解答法律咨询时，同样要有针对性，要有的放矢，而不能答非所问。书面解答法律咨询的程序如下：

（1）阅读分析咨询者的来信及所提供的有关材料。

首先，要认真阅读咨询者的来信及所提供的有关材料，分析咨询者所叙述的事实是否真实，所提出的问题是否合理、合法，以尽可能弄清楚咨询者的真实意图或情况，使做出的答复有重点、有条理、有针对性。同时，在回信时应注意根据咨询者的经历、文化水平等因素考虑措辞，文字清晰，语言通俗易懂，答复必须有法律作为依据，明确具体，切实可行。

（2）提出法律意见或建议。

针对涉及的法律问题，事实清楚的，可以向咨询者提供法律依据、法律建议或者解决问题的方案；事实含糊不清的，要慎重对待，不可轻率答复。遇到疑难问题，不能不懂装懂，必须以实事求是的态度认真对待，虚心向同行或有关人员请教，以避免解答错误。

（3）书面解答以维护稳定为宗旨。

在解答法律咨询工作中，对于可诉可不诉的矛盾、纠纷，尽量以和解或调解的方式妥善解决，以防止矛盾扩大和激化，减少当事人的诉累。

（二）解答咨询的方法

1. 谈话法

谈话法是指研究者通过与研究对象面对面的谈话，在口头信息的沟通过程中了解研究对象心理状态的方法。它实际上是心理咨询中一种为获得临床信息、建立“帮助关系”而对咨询者实施的一种会谈方法。谈话包括摄入性会谈、鉴别性会谈、治疗性会谈、咨询性会谈、危机性会谈五种。法律咨询服务中主要借鉴使用咨询性会谈。要想更好地进行咨询性会谈，需要注意以下几点：在法律咨询服务的接待过程中，开始阶段适于提一些开放式问题，比如“谈谈你的情况”“后来又发生什么事?”，避免诘问和就专业性的问题提问；在咨询者全面陈述之后进行有一点目的性的引导式提问，比如“你说你当时很失望，是指对什么事情失望?”，这样有助于减少咨询者的疑虑，减轻其心理压力，使咨询者放心交流，从而有助于查清相关事实。

2. 3F倾听法

倾听是为了了解当事人寻求帮助的目的，了解和掌握有关案情的信息，为提出解决方案打好基础。3F倾听法包括：

（1）倾听事实（Fact）。不要用自己的想法和固有观念对对方的话进行评判，客观地接受对方谈话中的信息。通常人们在对方说话时，会依据自己的经验、记忆和习惯进行主观的解释和评判。这种倾向会对事实进行歪曲，进而发生误会，使人做出错误的决定。所以，社区工作者需要努力把握对方话语中的客观事实。

（2）倾听感情（Feel）。倾听感情是指在倾听事实的同时，感知对方的感情，与对方共情，以及把自己的感觉反馈给对方。人们经常无法感知没有被外化的内在状态。如果不能很好地感知对方的感情，而只是依靠对方的话语、表情等进行沟通，往往无法形成很好的信任关系，会大大影响法律咨询服务的效率与效果。

（3）倾听意图（Focus）。倾听意图是指把握对方想要什么，真正的意图是什么。有些人不擅于表达自己的意图，说出来的话跟真正的意图会有很大差异。在意图不明确时，更需要正确把握意图。在法律咨询服务中，如果没有把握咨询者真正的意图，就无法为咨询者提供其所需要的法律服务。

3. 非语言交流法

非语言交流法是指以人体语言（非言语行为）作为载体，即通过人的眼神、表情、动作、空间距离、身体移动、姿势、饰品服饰、珠宝、发型、文身等来进行人与人之间的信息交流的一种方法。在人际交往中，非语言交流占有非常重要的地位，是人际沟通的重要形式之一，调查显示，非语言交流占所有沟通形式的65%，因此它能表达个人内心的真实感受，可表达个人很多难以用语言表达的情感、情绪及感觉等。

法律咨询中恰当使用空间、时间、肢体等非语言交流技巧，会起到事半功倍的效果。

（1）空间因素。社区法律工作者与咨询者通常面对面就座。但有时选择就座的方式还与当事人年龄、性别及案件类型有关，与耳背的老人、未成年人、受家暴伤害的女性会见，座位安排应当是不同的。

（2）时间因素。在提出对咨询者不利的问题之前，可以做一些铺垫。应当在会见后期的适当时候提出不利的问题，而不是开门见山的提出。

（3）肢体语言。谈话时，专注地看着对方的眼睛，是积极倾听的表示。在会谈中，应保持姿势稳定，不要左摇右晃。切忌一边翻看当事人的资料，一边听咨询者陈述，这样做对当事人不够尊重。

（4）辅助语言。咨询者的语速过快时、情绪过于激动时、陈述多而无重点时，社区工作者都可以通过特定的语音、语调、抑扬顿挫来调整语言交流的速度和方式。

4. 文献检索法

文献检索法是指根据学习和工作的需要获取文献的方法。文献检索是一项实践性很强的活动，它要求我们善于思考，并通过经常性的实践，逐步掌握文献检索的规律，从而迅速、准确地获得所需文献。文献检索法主要有以下四种：

（1）直接法：是指直接从有关的一次文献中获取所需信息的检索方法。其优点是简单、快捷，缺点是费时、费力，很难查全，比较分散且具有一定的盲目性。

（2）追溯法：是指以文献所附的参考文献、书目等为线索，逐一追踪查找，不断扩大线索，最终找到自己所需的资料。这种方法适合于被许多人重复和反复引用过的文献期刊。

（3）工具法：是指利用一定的检索工具或检索系统获取文献信息的检索方法，包括顺查法和倒查法。顺查法是指从时间上由远到近逐年查找的方法；倒查法则与此相反，时间上是由近到远。工具法可节省检索时间，能够获得较为全面的文献信息，是比较科学正规的文献检索方法。

（4）综合法：是把直接法、追溯法、工具法相结合的检索方法。根据所需检索的内容灵活使用各种方法，更容易检索到自己所需的文献，这也是目前检索者普遍使用的方法。在法律咨询服务过程中，如果有不懂的问题，社区工作者不能不懂装懂，可以进行文献检索，以提供准确的、严谨的法律服务。

上面介绍了解答法律咨询的几种主要方法，实务中还要根据具体情况灵活运用，以更好地为居民提供社区法律咨询服务。

案例链接

王女士的心事

一位社区工作者在办公室中接待了遇到麻烦的王某。她情绪焦急、气愤，急切想知道自己的处境和相关的法律规定，但除非社区工作者问及，否则绝不主动陈述，而陈述中又担心给他人留下不好的印象，因为她怕别人认为她是为了男方的财产才结婚的。原来，王某丧偶后独自经营一家小吃店，20岁的儿子在外打工。后来王某与退休工人赵某相识并结婚。赵某有两个女儿和一个儿子，女儿均已结婚生子，生活安定，儿子正在部队服役。王某由于无房，婚后便与赵某共同居住在赵某单位分配的两室一厅福利房中。赵某的女儿们都非常支持这桩婚事，表示只要王某好好照顾她们的父亲，待父亲百年之后，父亲的房子就归王某。赵某也表示同意。

为了照顾家庭，王某将小吃店兑给他人，做起了全职家庭主妇，两人靠赵某的退休金生活。房改时，王某用兑小吃店的钱补交了7 000元房款，但房产证至今没有办下来。

与赵某关系恶化是因为赵某的儿子服役期满即将退伍，赵某流露出希望儿子回来后和他们一起生活的想法。王某坚决不同意，认为如果这样，将来赵某不在了，他的儿子一定会占住房子，撵她走。在这一点上赵某也毫不相让，说："你可以住我的房子，但你儿子没权住我的房子。想为你的儿子要房子，休想！房子早晚是我儿子的！"

王某还发现赵某工资卡上存有4.5万元，都是结婚后攒的，但赵某从来没有告诉过她密码，还说："这钱与你无关，是我的工资。"王某的想法是与其将来孤儿寡母无依无靠，不如现在就离婚，分割财产。但王某也有顾虑：现在提出离婚，能否分到一部分房产和财产？她有没有权利要求赵某每月给她生活费？如果不离婚，她怎样做才能保护自己的利益？于是王某来到社区咨询。

资料来源：唐素林．纠纷调解与基层法律服务．北京：知识产权出版社，2014.

任务实施

一、任务内容

本次任务的内容是参照以上案例，请以社区法律服务工作者的身份，接待并解答王女士的咨询。

二、任务操作

法律服务咨询流程：接待前准备→接待→解答前准备→提出法律意见和建议。

（1）组织：分组准备，每组一名汇报人，汇报本组的会见计划；一名观察员，不参加讨论，负责汇报本组讨论的进程、效率、方式、个体参与程度、合作与沟通情况、异议处理情况等，其余人可作补充发言；两名接待者，具体负责接待王某，并拟定具体意见及解决问题的方案。

（2）要求：每组汇报人用 5 分钟汇报本组会见计划，观察员用 3 分钟汇报本组讨论情况，接待者按照法律咨询服务流程完成对王某的法律服务。

三、任务拓展

（一）制订一份咨询计划

通常情况下，法律咨询服务是从计划开始的，因为成功咨询的第一步是制订一个深思熟虑、完整缜密的计划。结合上面的例子，制订咨询计划应当从以下方面入手：（1）王某咨询的目的是什么；（2）王某想要解决的问题是什么；（3）需要做出决定的问题有哪些；（4）需要调查的事实有哪些；（5）王某是否还能补充其他材料；（6）问题涉及的法律有哪些；（7）需要整理、查阅的案件材料有哪些；（8）咨询和进程方案如何等。

（二）填写法律咨询登记表

法律咨询登记表如表 9－1 所示。

表 9－1　法律咨询登记表

咨询日期：　　　　　　　　　　　　　　　　　编号：

<table>
<tr><td rowspan="4">咨询人情况</td><td>姓名</td><td></td><td>性别</td><td></td><td>出生日期</td><td>年　月　日</td></tr>
<tr><td>民族</td><td></td><td>手机</td><td></td><td>电话</td><td></td></tr>
<tr><td>电子邮件</td><td colspan="3"></td><td>联系地址</td><td></td></tr>
<tr><td>工作单位</td><td colspan="3"></td><td>职务/职业</td><td></td></tr>
<tr><td>咨询目的</td><td colspan="6">□咨询法律问题 □委托承办案件 □其他</td></tr>
<tr><td rowspan="3">案件类型</td><td>民商案件</td><td colspan="5">□离婚纠纷□子女抚养□赡养纠纷□继承纠纷□交通事故□医疗事故□工伤纠纷□劳动争议□商品买卖□借款纠纷□承揽合同□担保合同□物权纠纷□知识产权纠纷□海商纠纷□证券纠纷□破产纠纷□期货纠纷□人事争议□其他纠纷</td></tr>
<tr><td>刑事案件</td><td colspan="5">□交通肇事□虐待遗弃□抢劫□盗窃□诈骗□其他</td></tr>
<tr><td>行政案件</td><td colspan="5">□行政征收□行政许可□行政给付□行政确认□行政处罚□行政强制□行政合同□行政程序□国家赔偿□其他</td></tr>
<tr><td>案情经过</td><td colspan="6"></td></tr>
</table>

续表

咨询事项	
具体意见	
备注	
处理方式	□解答处理 □转交他人 □律师承办

四、任务小结

（1）注意全面掌握咨询者提供的事实及提出的问题，力求掌握翔实的材料，为做好解答创造条件。

（2）解答问题力求做到有的放矢、重点突出、观点明确、通俗易懂。

在解答法律咨询时要明确问题的重点，用通俗易懂的语言，把有关的法律、法规和政策、道理解释透彻。解答问题一定要以法律、政策为依据，提出的办法或方案要具体可行。在回答时要给咨询者讲清法律规定或政策要求，让咨询者明白哪些是合法的，哪些是不合法的。对明显不合法的要求，要耐心地做宣传工作，不能火上浇油，不要激化矛盾。总之，要让对方听懂、听清，以利于参照办理。

（3）解答问题要严肃、认真、谨慎。

如果咨询者提出的问题涉及诉讼或正在处理的具体纠纷，在基本情况没弄清之前，不要做具体回答，只可以根据掌握的情况提出倾向性意见，以防所答与事实不符，给以后的工作带来不便。

任务三　办理法律援助

任务解析

通过本任务的学习，学生要了解什么是法律援助、国家设立法律援助的重要意义，掌握法律援助的范围、申请方法及所需材料等，能够为需要法律援助的居民办理法律援助申请服务。

基础知识

一、法律援助概述

（一）法律援助的含义

法律援助，也称法律救助，是为世界上许多国家所普遍采用的一种司法救济制度，其具体含义是：国家在司法制度运行的各个环节和各个层次上，对因经济困难及其他因素而难以通过通常意义上的法律救济手段保障自身基本社会权利的社会弱者，减免收费提供法律帮助的一项法律保障制度。它作为实现社会正义和司法公正，保障公民基本权利的国家行为，在一国的司法体系中占有十分重要的地位。

（二）法律援助的特征

我国法律援助制度具有以下几个方面的特征。

1. 实施法律援助的责任主体是政府部门

法律援助具体由政府设立的法律援助机构组织实施，体现了国家和政府对公民应尽的义务。

国务院于2003年7月21日颁布的《法律援助条例》第三条明确规定，法律援助是政府的责任，县级以上人民政府应当采取积极措施推动法律援助工作，为法律援助提供财政支持，保障法律援助事业与经济、社会协调发展。法律援助经费应当专款专用，接受财政、审计部门的监督。

2. 法律援助是一项法律化、制度化的行为，是国家社会保障制度的重要组成部分

根据《法律援助条例》第四条的规定，国务院司法行政部门监督管理全国的法律援助工作。县级以上地方各级人民政府司法行政部门监督管理本行政区域的法律援助工作。

3. 受援对象为经济困难者、残疾者、弱者，或者经人民法院指定的特殊对象

为人民法院指定的特殊对象提供法律援助主要包括以下情形：在刑事诉讼中，公诉人出庭公诉的案件，被告人因经济困难或者其他原因没有委托辩护人，人民法院为被告人指定辩护时，法律援助机构应当提供法律援助；被告人是盲、聋、哑人或者未成年人而没有委托辩护人的，或者被告人可能被判处死刑而没有委托辩护人的，人民法院为被告人指定辩护时，法律援助机构应当提供法律援助。

4. 法律援助体现为费用的减免

法律援助体现为法律援助机构对受援对象减免法律服务费以及法院对受援对象减免案件受理费及其他诉讼费用，也就是在民事、行政案件中对当事人的诉讼费用实行减交、缓交、免交的救助方式。

5. 法律援助的形式多样

法律援助服务既包括诉讼法律服务，也包括非诉讼法律服务。主要采取以下形式：法律咨询和代写法律文书；刑事辩护和刑事代理；民事、行政诉讼代理；非诉讼法律事务代理；公证证明。此外还包括志愿者、志愿者组织提供的各种法律服务。

（三）设立法律援助的重要意义

法律援助制度是人类法制文明和法律文化发展到一定阶段的必然产物，是国家经济、

社会文明进步和法治观念增强的结果，是当前我国建设社会主义法治国家大背景下的必然选择，是促进司法公正、维护社会正义的重要保障。中共中央、国务院对法律援助工作十分重视，国家“十五”计划纲要将“建立法律援助体系”确定为“十五”社会发展目标，党的十六大明确提出“积极开展法律援助”，并将其作为建设社会主义政治文明的重要内容。《法律援助条例》的颁布实施和“为实现公平和正义——法律援助在中国”大型公益活动的开展，标志着我国法律援助工作在广度和深度上有了新的拓展和突破。其重要意义主要体现在以下四个方面。

1. 体现国家对法律赋予公民的基本权利的切实保障

为了消除法定权利的平等与保障权利实现的经济条件不平等的矛盾，国家对经济困难的当事人提供法律援助，保障实现其应有的合法权利，从而在司法体制上完善诉讼民主机制，保障公民在法律面前人人平等的实现。

2. 切实保障当事人依法享有的权利，实现司法公正

对那些请不起或者没有聘请律师的民事或刑事案件当事人来说，也许损失的只是个人应该享有的合法权益；但对于国家来说，受到损害的却是司法公正的原则和形象，也不利于依法治国和社会主义法治国家的建设。通过法律援助，切实保障当事人依法享有的权利，有助于实现司法公正，促进社会主义法治建设。

3. 完善社会保障体系，保障社会稳定和经济体制改革的顺利进行

法律援助制度的实施有利于完善社会保障机制，切实保护妇女、未成年人和盲、聋、哑残疾人等社会弱势群体的合法权益，实现社会公平正义。

4. 完善法制，有助于构建社会主义和谐社会

法律援助是一项扶助贫弱、保障社会弱势群体合法权益的社会公益事业，同时也是中国实践依法治国方略，构建社会主义和谐社会的重要举措。

（四）法律援助对象

我国法律援助对象的确定，既要考虑到与各国通行的法律援助对象的条件相统一，同时也要符合我国社会主义初级阶段的基本国情。根据《法律援助条例》等法律法规和规范性文件的立法精神，我国的法律援助对象是指具备获得法律援助的资格条件并实际获得法律援助的人。在我国要获得法律援助需具备以下资格条件。

1. 申请法律援助的中华人民共和国公民应具备的条件

（1）有充分理由证明为保障自己合法权益需要帮助。

（2）确因经济困难，无能力或无完全能力支付法律服务费用（公民经济困难标准由各地参照当地政府部门的规定执行）。

2. 特殊群体人员可获得法律援助

（1）盲、聋、哑人和未成年人为刑事被告人或犯罪嫌疑人，没有委托辩护律师的，应当获得法律援助。

（2）其他残疾人、老年人为刑事被告人或犯罪嫌疑人，因经济困难没有能力聘请辩护律师的，可以获得法律援助。

（3）可能被判处死刑的刑事被告人，没有委托辩护律师的，应当获得法律援助。

3. 刑事案件中外国人获得法律援助的条件

刑事案件中外国籍被告人没有委托辩护人，人民法院指定律师辩护的，可以获得法律

援助。

（五）法律援助范围

1. 公民可以获得的法律帮助

（1）咨询：法律援助人员就公民提出的法律问题提供专业解答。

（2）代书：法律援助人员为受助人员起草法律文书，为诉讼或非诉讼程序的开始准备文书。

（3）非诉讼法律援助：法律援助人员代理受援人员参加和解、调解、仲裁等。

（4）诉讼法律援助：代理当事人参加民事诉讼、行政诉讼，在刑事诉讼中担任被告人（犯罪嫌疑人）的辩护人或公诉案件被害人、自诉人的代理人。

2. 法律援助事项

根据《法律援助条例》第十条的规定，公民有下列事项，因经济困难没有委托代理人的，可以向法律援助机构申请法律援助：

（1）依法请求国家赔偿。

（2）请求给予社会保险待遇或者最低生活保障待遇的。

（3）请求发给抚恤金、救济金的。

（4）请求给付赡养费、抚养费、扶养费的。

（5）请求支付劳动报酬的。

（6）主张因见义勇为行为产生的民事权益的。

根据《法律援助条例》第十一、十二条的规定，公民有下列情形之一的，可以向法律援助机构申请法律援助：

（1）犯罪嫌疑人在被侦查机关第一次讯问后或者采取强制措施之日起，因经济困难没有聘请律师的。

（2）公诉案件中的被害人及其法定代理人或者近亲属，自案件移送审查起诉之日起，因经济困难没有委托诉讼代理人的。

（3）自诉案件的自诉人及其法定代理人，自案件被人民法院受理之日起，因经济困难没有委托诉讼代理人的。

（4）公诉人出庭公诉的案件，被告人因经济困难或者其他原因没有委托辩护人，人民法院为被告人指定辩护时，法律援助机构应当提供法律援助。

（5）被告人是盲、聋、哑人或者未成年人而没有委托辩护人的，或者被告人可能被判处死刑而没有委托辩护人的，人民法院为被告人指定辩护时，法律援助机构应当提供法律援助，无须对被告人进行经济状况的审查。

3. 不予提供法律援助的情形

（1）因申请人的过错责任侵犯他人的合法权益而引起的民事诉讼或刑事自诉案件。

（2）因申请人过错而引起的行政诉讼案件。

（3）申请人提供不出涉讼案件的有关证据且无法调查取证的案件。

（4）可由行政机关处理而无须通过诉讼程序的事务。

（5）案情及法律程序简单，通常无须聘请法律服务人员代理的案件。

（6）已竭尽法律救济的案件。

（7）申请人提供不出任何证明材料或出具虚假证明骗取法律援助的。

（8）其他经主管机关批准，法律援助中心对外声明不予受理的案件。

（六）法律援助机构

法律援助机构是指负责组织、指导、协调、监督及实施本地区法律援助工作的机构，统称“法律援助中心”。司法部设立法律援助中心，指导和协调全国的法律援助工作。各级司法行政机关设立法律援助中心，指导、协调、组织本地区的法律援助工作。未设立法律援助中心的地方，由司法局指派人员代行法律援助中心职责。律师事务所、公证处、基层法律服务机构在本地区法律援助中心的统一协调下，实施法律援助。其他团体、组织、学校开展的法律援助活动，由所在地法律援助中心指导和监督。

（七）法律援助人员

《法律援助条例》第二十一条规定：“法律援助机构可以指派律师事务所安排律师或者安排本机构的工作人员办理法律援助案件；也可以根据其他社会组织的要求，安排其所属人员办理法律援助案件。对人民法院指定辩护的案件，法律援助机构应当在开庭3日前将确定的承办人员名单回复作出指定的人民法院。”也就是说，具体实施法律援助的人员有：接受法律援助机构的指派或者安排办理法律援助的律师；法律援助机构工作人员和法律援助志愿者；其他法律专业人员，比如妇联、残联、经过司法行政部门批准的其他社会法律咨询机构的工作人员。

二、申请和办理法律援助的程序

（一）申请

1. 咨询不需要申请

如果仅就相关问题进行法律咨询，可以向社区或者法律援助机构以登门、电话等方式直接提出，无须提出专门申请。社区设有专门的公共法律服务中心（站），有专人接待公民的法律咨询；在工、青、妇、老、残等社会组织和监狱设有法律援助工作站接受咨询；另外，全国大部分地方都开通了148（或12348）法律咨询电话。

2. 法律援助的申请

（1）申请的形式。一般情况下，应当采用书面形式，并填写申请表。申请表载明以下事项：申请人基本情况；申请法律援助的事实和理由；申请人的经济状况；申请人提供的证明、证据材料清单；申请人保证所提交的证明、证据材料属实的声明等。

如果以书面形式提出申请确有困难，可以口头申请，有关人员应当做书面记录。

（2）需提交材料。申请人除提交申请表外，还需提交下列材料：居民身份证、户籍证明、暂住证或其他有效的身份证明；申请人及家庭成员经济状况的证明；与所申请法律援助事项相关的证明及证据材料；法律援助中心认为需要提供的其他材料。

申请人为无民事行为能力、限制民事行为能力的人，应由其监护人代为申请。代申请人应提交有监护权资格的证明。

经济困难证明由申请人住所地所在社区初审，上报街道办事处、乡镇人民政府出具。经济困难证明应当包括申请人家庭人口状况、就业状况、家庭人均收入等信息。

无须提供经济困难证明的情形：农村进城务工人员因劳动报酬和工伤赔偿申请法律援助或者公民主张因见义勇为产生的民事权益而申请法律援助。

（二）受理与审查

1. 法律援助申请的受理

法律援助机构在接到公民提出的法律援助申请后，应当向法律援助申请人出具收到申请材料的书面凭证，并详细载明收到申请材料的名称、数量、日期等信息。

2. 法律援助申请的审查

法律援助机构对收到的援助申请先进行初步审查，认为申请人提交材料不完备或者有疑义的，应当通知申请人做必要的补充或向有关单位、个人索取有关证明材料，并可视情况实地调查，收集证据。

法律援助机构收到申请援助事项的全部材料后，严格按照规定进行实质审查，主要审查三个方面：申请事项是否属于法律援助范围；是否符合经济困难标准；申请是否具有合理的根据，只要具有胜诉的可能性，申请就会被认为是合理的。

（三）决定

法律援助机构自收到申请援助事项的全部材料之日起 10 个工作日内进行审查，做出是否给予法律援助的决定。

（1）对符合条件的，法律援助中心做出同意提供法律援助的决定，与受援人签订法律援助协议，明确规定免收或减收费用及双方的其他权利义务。按规定程序指定承办法律援助事项的法律服务机构，通过该机构指派法律援助承办人员，并书面通知受援人。

（2）对不符合条件的，做出不予法律援助的决定，并书面通知申请人。

（四）申请不被批准的补救途径

申请人对法律援助中心做出的不予法律援助的决定有异议的，司法行政部门应当在收到异议之日起 5 个工作日内进行复审，经复审认为当事人符合法律援助条件的，将会以书面形式责令法律援助机构及时提供法律援助。如果复审认为当事人不符合法律援助条件的，当事人可以要求其书面告知理由。

三、社区法律援助的特点

（一）社区法律援助是在法律援助机构的统一协调下开展的法律援助

根据 2004 年司法部的《律师和基层法律服务工作者开展法律援助工作暂行管理办法》第三条的规定，律师和基层法律服务工作者每年应当接受法律援助机构的指派，办理一定数量的法律援助案件。承办法律援助案件的年度工作量，由省、自治区、直辖市司法行政机关根据当地法律援助的需求量、律师和基层法律服务工作者的数量及分布等实际情况确定。社区法律服务中提供的法律援助只能是初步的帮助，具体的法律援助需要法律援助机构统一安排。

（二）社区法律援助不同于社区法律服务

社区法律援助是社区法律服务中的一种。在现代社会治理模式下，社区发挥的作用越来越重要，越来越突出。于是，基层司法行政中的法律援助职能下沉到社区，在社区派遣专兼职律师或者法律服务人员接待申请法律援助人员并进行咨询服务和初审，条件符合的再送交至司法局或基层司法所处理，大大提高了法律援助申请的便捷性和效率，受益的人数也大大提高。

（三）社区法律援助不向受援人收取任何费用

法律援助本身就是为困难群体、特殊群体提供无偿法律服务的。法律援助是政府的责任，由各级政府采取积极措施推动法律援助工作，并为法律援助提供财政支持。社区法律援助本就是提供一些初步帮助，更不需要向受援人收取任何费用。

案例链接

儿孙成群竟成空巢老人

蒋某系上海市奉贤区居民，现年83岁，共生育二子一女，现三个子女均已成年并独立生活。2018年，蒋某随长子全家搬到杨浦区，现老人年老体弱，行动不便，并患有疾病，三个子女在赡养老人的问题上发生争议，竟让老人独居长子空房内，衣着饮食无人照管。无奈，老人在邻居的帮助下，来到所在的社区法律服务中心请求帮助。

任务实施

一、任务内容

本次任务的内容是帮助蒋老先生申请和办理法律援助。

二、任务操作

（一）任务操作流程

法律援助程序：咨询→申请→受理与审查→决定。

（1）组织：情景模拟案例，分角色扮演受援人、社区工作人员、法律援助机构工作人员、提供法律援助的律师等。

（2）要求：具体模拟通过社区申请并获得法律援助的程序；通过案例的情景模拟，总结出申请和办理法律援助的整个流程。

（二）具体操作方法

1. 情景模拟教学法

情景模拟教学法是教师根据教学内容和教学目标，有针对性地设计情景，并让学生扮演情景角色，模拟情景过程，让学生在高度仿真的情景中获取知识和提高能力的教学方法。这种教学方法突出操作性、讲究趣味性、注重实效性，实现了理论与实践的接轨、素质教育与社会需要的接轨。在教学过程中，教师有目的地引入或创设具有一定情绪色彩的、以形象为主体的生动具体的场景，以引起学生一定的态度体验，从而帮助学生理解教材，并使学生的心理机能得到发展。

2. 角色扮演法

本次任务里的角色主要是受援人、社区工作人员、法律援助机构工作人员、提供法律援助的律师这四个主要角色和任务需要自行设计的配角角色。受援人角色主要把握蒋某年纪大、身体状况不佳、独居的状态。要把受援人的家庭背景、存在的困难交代清楚，法律援助对象是有条件的，要明确蒋某是否具备成为援助对象的资格条件。社区工作人员、法律援助机构工作人员主要把握法律援助的程序，准备好有关表格并按要求填写，做好为受援人提供服务的桥梁工作。律师是法律援助服务的最终提供者，主要负责了解受援人的诉求，用法律手段解决受援人的困难，切实维护受援人的利益。通过角色扮演，熟悉社区法律援助的流程、方式，明确社区法律援助服务的内容和作用。

3. 观察法

观察法是指研究者根据一定的研究目的、研究提纲或观察表，用自己的感官和辅助工具去直接观察被研究对象，从而获得资料的一种方法。它是社会科学研究中的一个重要研究方法。在本次任务中，主要是进行旁观观察。未参与情景模拟的同学要通过对整个模拟过程的观察，总结出申请和办理法律援助的详细程序，实现对此知识点的掌握。

三、任务拓展

（1）结合案例绘制申请和办理法律援助的详细流程图。

（2）申请人申请法律援助时需提交哪些材料？请根据案例制作出这些材料。

四、任务小结

在社区法律援助过程中，受援人既享有相应的权利，也需要履行一定的义务。如此才能保障法律援助顺利开展，保障受援人的合法权益。

受援人的基本权利主要是：（1）了解援助事项的进展情况；（2）监督社区法律服务人员承办法律援助事项的行为并向法律援助机构或司法行政部门检举其疏于履行职责或违反职业道德、执业纪律的行为；（3）免费获得律师等法律援助人员提供的法律服务。

受援人的义务主要是：（1）如实陈述案件事实和相关情况，提供有关证据和证明材料，配合法律援助人员开展法律援助；（2）经济状况和案件情况发生变化时，应及时告知法律援助机构。

任务四　进行人民调解

任务解析

通过本任务的学习，学生要了解什么是人民调解、人民调解的特征，掌握人民调解工作的流程等，能够针对不同的纠纷灵活运用不同的调解方法和技巧进行调解，化解矛盾纠纷。

基础知识

一、人民调解概述

（一）人民调解的含义

人民调解，即民间调解，是指人民调解委员会通过说服、疏导等方法，促使当事人在平等的基础上自愿达成调解协议，解决民间纠纷的活动。人民调解是群众自我管理、自我教育、自我服务的自治行为，属于诉讼外调解。

（二）人民调解的特征

1. 人民性

人民调解是在社会主义国家人民民主专政的条件下产生并发展起来的；人民调解员由经人民群众选举产生或聘用的具有调解技能的人担任；调解的民间纠纷是人民内部矛盾；调解的目的是平息人民群众之间的纷争，增强人民内部团结，维护社会稳定。所以，人民调解首先具有人民性。

2. 民主性

人民调解从本质上说是一种人民群众进行自我管理、自我服务、自我约束、自我教育的群众性自治活动。它是人民群众直接行使民主权利、管理社会事务的一种表现，是民主自治的重要形式，体现了社会主义的“直接民主”和人民群众当家做主的地位。人民调解坚持平等自愿的原则，不强行调解；主要采用说服教育、耐心疏导、民主讨论和协商的方法。在查明事实、分清是非的基础上，依法帮助当事人达成调解协议。人民调解的整个过程充分体现了人民民主的性质和特色。

3. 自愿性

人民调解必须以当事人自愿为前提，人民调解组织不得强行进行调解。这主要表现在：(1) 调解是纠纷当事人自愿提起的，人民调解委员会应根据纠纷当事人的申请受理调解纠纷。当事人没有申请，也可以主动调解，但当事人明确表示异议的除外。(2) 调解是否达成协议以及协议内容如何，必须根据当事人双方的意愿决定。(3) 调解协议不具有强制执行力，由负有义务的一方当事人自愿履行。

4. 规范性

人民调解是法定的组织依据调解程序进行的解决纠纷的活动，不是群众自发的活动。人民调解委员会在法律规定的范围内调解民间纠纷，不得超越其职权范围。人民调解以事实为根据、以法律为准绳，人民调解组织通过判别是非、明晰权利义务，帮助当事人达成调解协议。人民调解是法律规范的诉讼外民间纠纷解决机制，必须依法进行。这主要表现在：

(1) 人民调解委员会和人民调解员的构成、选任以及调解工作的相关制度、方法都有明确的法律规定。

(2) 人民调解委员会调解民间纠纷的主要依据是法律、法规、规章和政策。

(3) 人民调解委员会在基层司法行政部门和基层人民法院的指导下工作（基层人民法院进行业务指导）。

（三）人民调解组织

1. 人民调解组织的含义

开展人民调解工作，就必须要有专门的组织。人民调解组织是指在基层人民政府和基层人民法院指导下，对民间纠纷进行调解的基层群众性自治组织。

在《人民调解法》《人民调解委员会组织条例》《人民调解工作若干规定》等法律、法规、规章的指导下，我国人民调解组织的建设工作在全国各地迅速开展起来，形成了以村、居（社区）人民调解组织为基础，多种形式并存的人民调解组织体系。全国已经普遍建立了乡镇（街道）调委会、村（居）及企事业单位调委会、调解小组、调解员或纠纷信息员等形式的调解网络。

2. 人民调解委员会

《人民调解委员会组织条例》第二条第一款规定："人民调解委员会是村民委员会和居民委员会下设的调解民间纠纷的群众性组织，在基层人民政府和基层人民法院指导下进行工作。"可见我国人民调解委员会具有群众性和自治性两方面的特征。

（1）群众性。人民调解委员会不是行政机关，也不是司法机关，而是基层群众自治组织的下设机构，是居民委员会或者村民委员会的有机组成部分。它的组成人员来自基层的人民群众，他们由本辖区或本单位的群众直接选举产生或者通过聘任产生，由群众信得过的、具有较高威信的、热心为群众服务、有法律政策知识的人担任，具有广泛的群众基础。而且，调解的宗旨是为人民群众排忧解难，调解的目的是平息人民群众之间的纷争，增强人民内部团结，维护社会稳定。

（2）自治性。人民调解委员会是由群众自愿组织起来的一种自我管理、自我教育、自我服务、自我约束的自治组织。调解只能在纠纷当事人完全自愿、平等、自由的前提下，由人民调解员主持进行。当事人不受压制和强迫，有充分的自主选择权。调解协议的达成和履行也是自我行为的表现，如果当事人不愿履行调解协议，人民调解委员会无权强迫当事人履行，更无权对当事人的人身或财产采取强制性措施。因此，人民调解委员会的调解不同于行政调解和司法调解，也不同于司法审判，而必须坚持平等自愿的原则，坚持便民利民的方向，充分运用说服教育、耐心疏导、平等协商等方法化解矛盾纠纷。这些都体现了人民调解委员会的自治性。

二、人民调解工作流程

（一）人民调解案件的受理

当事人因自己的民事权益受到侵害或者发生争议时，可向人民调解委员会提出申请，要求人民调解委员会分清是非、解决争议。人民调解委员会对申请进行审查、予以接受的行为叫作纠纷的受理。

2002年9月26日司法部出台《人民调解工作若干规定》，其中，第二十条将人民调解的范围明确规定为：公民与公民之间、公民与法人和其他社会组织之间涉及民事权利义务争议的各种纠纷。也就是说，人民调解委员会可以调解除法律规定不能调解的纠纷以外的所有民间纠纷。法律还规定了人民调解委员会不能调解的情形：

（1）法律、法规明确规定由有关部门管辖处理的，如市场监督管理引发的纠纷、税务纠纷等。

（2）人民法院已经受理或正在受理的。

（3）一方当事人不同意调解的。

（4）已经构成犯罪或构成违反治安管理处罚行为的。

（5）已经申请基层人民政府处理或处理完毕的。

（6）其他不属于人民调解受理范围的。

不过，随着人民调解工作的展开，上述不能调解的范围已有所改变，一些地方还通过立法将上述不能调解的范围的一部分纳入了调解的领域。比如：人民检察院决定不起诉、人民法院裁决不处罚的轻微刑事案件，家庭成员间的暴力干涉婚姻、遗弃、虐待犯罪案件等。

（二）人民调解的受案方式

一直以来，人民调解的受案方式主要为自行接案。近年来，随着社会的不断发展和进步，人民调解的受案方式越来越多样化，除自行接案以外，还包括诉调对接、警民联调、信访调解和联合调解等其他受案方式。

1. 自行接案

自行接案主要有两种方式：主动受理和申请受理。

（1）主动受理。即人民调解组织对群众反映、有关部门单位转告、纠纷信息员报告以及人民调解委员会在民间纠纷排查中发现的矛盾纠纷，主动及时登门调解。这种受理方法迅速、及时，适用于处于初发阶段的纠纷和容易激化的突发性纠纷。

（2）申请受理。纠纷当事人双方或者当事人一方申请，另一方当事人表示愿意接受调解，同时又属于人民调解委员会受理范围的，人民调解委员会应及时受理。普通民间纠纷由纠纷当事人住所地的人民调解委员会调处；复杂、疑难纠纷由街道（镇）人民调解委员会调处；跨社区或在本区有重大影响的疑难纠纷由区人民调解工作指导委员会协调调处。法律、法规规定只能由专责机关管辖处理的，法律法规禁止采用民间调解方式解决的以及人民法院、公安机关或者其他行政机关已经受理或者解决的，不予受理。

2. 诉调对接

现在全国各地纷纷建立了“诉调对接”机制，主要采取邀请特邀调解员、在法庭内设立人民调解室、建立调解联席会议制度等方式，让人民调解组织参与法院受理案件的矛盾纠纷调处工作。在“诉调对接”中，人民调解组织既可以和法官一起参与案件调解，也可以在案件双方当事人同意的情况下独立召集其进行调解。法院依法对调解协议进行确认，使当事人不伤和气地解决纠纷，从而实现矛盾纠纷的有效化解。实践证明这种方式是行之有效的。

3. 警民联调

一直以来，公安派出所每天都要处理大量的非警务纠纷，这已经成为困扰基层工作的一大难题，一定程度上影响了刑事打击和治安管理的效能。但是，群众利益无小事，很多纠纷如果处理不当，很容易转化为治安、刑事案件，甚至酿成上访案件及群体性事件，对社会安定造成很大的冲击。因此，近年来，全国很多城市的公安机关越来越意识到多种渠道化解民间纠纷的必要性，纷纷采取了“警民联调”工作机制，即在派出所内设立人民调解工作室，解决公安“110”接警中属于民事纠纷的事件，实现人民调解与治安调解的有机结合，也为民间纠纷的调解开拓出了一条新路子。经过实践检验，“警民联调”被证明是解决群众纠纷的有效手段和途径。

4. 其他方式

（1）信访调解。现在许多地方都将信访工作跟人民调解工作结合起来，形成信访调解。由原来的单一处理转变为多层次联合协调，充分发挥人民调解的作用，变被动应对上访为主动下访排查，一方面疏导教育，另一方面解决问题，及时将矛盾化解在萌芽状态，大大改善了政府与群众之间的关系，维护了社会稳定。

（2）联合调解。对于群体性、突发性纠纷以及其他涉及面广、危害性大、后果严重等具有特殊性的民间纠纷，如由土地、山林、坟地等引起的大型纠纷和群体性械斗，人民调解委员会往往会在当地党委、政府的统一领导下，联合其他地区或部门的调解组织、群众团体以及各有关的职能部门，相互配合，协同调解。

除信访调解、联合调解之外，人民调解委员会也可以跟城建、房管、国土等职能部门的行政调解结合起来进行调解，这也是人民调解的受案方式之一。

（三）申请受理的步骤要求

人民调解委员会应遵循一定的步骤做好相应的工作，包括接待当事人、审查当事人的申请、制作接待笔录、填写受理登记表，为介入调解做好准备。

（四）调解前的准备

1. 选定调解人员

《人民调解法》第十九条规定："人民调解委员会根据调解纠纷的需要，可以指定一名或者数名人民调解员进行调解，也可以由当事人选择一名或者数名人民调解员进行调解。"

人民调解委员会指定人民调解员的具体做法有三种：（1）纠纷发生后，当事人尚未向人民调解委员会申请调解，人民调解委员会为了及时解决民间纠纷、消除不安定因素、维护社会和谐稳定，主动指定人民调解员进行调解。（2）当事人申请人民调解委员会调解，但没有选择人民调解员，由人民调解委员会指定人民调解员。（3）一方当事人拒绝另一方选择的人民调解员进行调解，无法就选择人民调解员达成共识，由人民调解委员会指定人民调解员。当事人对人民调解委员会指定的人民调解员没有明确表示拒绝的，人民调解员都可以进行调解。

2. 调查核实纠纷

人民调解组织受理纠纷后，被确定的具体调解人员要深入开展调查工作，充分掌握材料，弄清纠纷情况，判明纠纷性质和是非曲直。这是正确、圆满地调解纠纷的前提，也是做好调解工作和达成调解协议的基础。

3. 拟定调解方案

调解方案大致应包括以下要素：（1）纠纷概括。（2）争执的焦点。（3）调解要达到的目的。（4）调解所具体涉及的法律、法规、规章、政策条款。（5）调解过程中可能出现的问题及对策。（6）具体的工作方法和工作重点。（7）对调解可能达成的协议的基本设想。

调解方案一般应由负责调解工作的调解人员亲自拟定。对于疑难、复杂、易出现反复的纠纷，应事先做好多次调解的准备。调解方案也可以由当事人提出。

（五）实施调解

1. 调解地点、规模和形式的确定

（1）调解地点。《人民调解工作若干规定》第二十八条规定："人民调解委员会调解纠纷，一般在专门设置的调解场所进行，根据需要也可以在便利当事人的其他场所进行。"

（2）调解规模。对于那些比较小的纠纷或涉及隐私、不宜公开调解的纠纷，可由人民调解员主持，仅限于纠纷当事人参加。对于一些家庭纠纷，如婆媳不和、夫妻吵架、兄弟

妯娌间的矛盾，以及赡养、继承、财产之类的纠纷，可由人民调解员主持在家庭范围内开调解会，必要时邀请他们的亲友、邻居参加，帮助调解。对于打架斗殴、遗弃、虐待、侵占、伤害、损害名誉等影响较大、教育意义较大的纠纷，还可以将参加调解会的人员扩大到村民小组、居民小组、楼院、车间等范围，以扩大教育范围。

（3）调解形式。调解工作由人民调解员一到三人组织进行，小型纠纷可由调解员一人组织，比较大的、复杂的纠纷，可由二到三人组成调解会。由两人以上组织的，应由调解小组或调解委员会明确指定一名调解员为调解会的主持调解员。

2. 调解的进行

（1）告知当事人权利和义务。

（2）双方当事人陈述。

（3）进行调解。

（4）达成协议。在实践中，达成协议一般有两种情况：一是双方当事人平等协商后，达成一致，从而解决纠纷；二是由人民调解委员会提出解决纠纷的建议，由双方当事人认可，从而达成协议。

人民调解委员会在调解纠纷过程中，应制作调解笔录。即使调解不成功，也要保留笔录。经由人民调解委员会调解处理的民间纠纷，具有民事权利和义务内容的，可以制作书面调解协议。当事人认为无须制作调解协议的，可以采取口头协议方式。人民调解员应当记录协议的内容，调解协议可以载明下列事项：1）纠纷当事人基本情况。2）纠纷简要事实、争议事项及纠纷当事人责任。3）纠纷当事人的权利和义务。4）履行协议的方式、地点、期限。5）纠纷当事人签名、调解人员签名、人民调解委员会盖章。

上述调解工作的程序是相互联系、相互渗透的，不可机械地照搬套用或把各个程序割裂开来。在调解具体纠纷时，要具体情况具体分析。确定步骤和方法时，要求简便易行、讲究实效。

（六）调解回访

调解回访，指的是人民调解委员会主持调解达成协议后，应适时派员了解掌握协议履行情况，听取当事人和群众的意见，以巩固调解成果。

要做好回访工作，必须坚持以下几点：

（1）必须坚持实事求是的原则。

（2）回访工作必须及时。

（3）回访应当有重点地进行。

（4）回访必须注意发现问题，加强对当事人的说服教育工作。

三、人民调解方法的运用

（一）苗头预测法

苗头预测法，就是要求人民调解员要善于洞察和发现纠纷发生、发展、变化的苗头和客观规律，特别是纠纷当事人的思想和行为不断变化的特点，找出纠纷发生、发展、变化的原因，及时确定预防、解决纠纷的对策，把纠纷化解在萌芽状态或者遏制其发展的势头，避免纠纷发生，防止矛盾进一步恶化、升级。

运用苗头预测法解决民间纠纷必须做好两个方面的工作：（1）在纠纷还没有发生之前，就及时主动地预测纠纷可能发生的苗头，进而了解情况，发现问题，把纠纷遏制在萌芽状态，避免纠纷的发生；（2）纠纷发生以后，要预测纠纷发展的态势和可能出现的变化，以便采取措施，防止纠纷激化、升级。只有做到这两个方面，才能真正实现苗头预测法的准确运用。

采用苗头预测法处理纠纷是目前解决民间纠纷的一种非常重要且行之有效的方法。

（二）面对面调解法

面对面调解法，就是把纠纷当事人叫到一起，当面摆事实、讲道理、进行调解的方法。

面对面调解法一般在两种情况下运用：一种情况是简单的纠纷。表现为纠纷双方当事人或者分歧不大，或者矛盾不尖锐，或者有着一定的感情基础，需要坐在一起解决问题，像家庭、婚姻、邻里、同事、朋友之间的纠纷，大都可以运用此方法。另一种情况是在人民调解员的努力下，双方当事人的分歧逐渐缩小，对抗性不强，情绪也较稳定。

需要注意的是，进行面对面调解，人民调解员一定要能够控制整个调解的局面和过程，要保证调解在人民调解员的主导下进行。如果面对面调解面临局势失控的危险，人民调解员一定要注意把握时机，及时转为背靠背调解。通过背靠背方法的运用，当纠纷再次出现转机时，再运用面对面调解法，有效调处纠纷。

（三）背靠背调解法

背靠背调解法，就是在调解时不让当事人进行直接面对面的沟通，而是由人民调解员分别对当事人进行说服、教育，使双方不断让步，不断减小分歧，从而促成调解的方法。

背靠背调解法一般针对当事人之间对抗比较激烈，双方的火气都很大、情绪波动大，双方对事实的认识出入大、分歧也较大，双方难以沟通的纠纷。在这种情况下，让双方当事人面对面地摆事实、讲道理，不但互相听不进去，反而会使纠纷加剧。因此，人民调解员要分别倾听当事人对纠纷的看法和各自所持的态度，考察双方的共同点和差异，寻找调解的突破口，然后分别对双方当事人进行说服、教育，逐步缩小双方的分歧，并形成双方都能接受的调解方案，促使调解成功。

（四）换位思考法

换位思考法，就是在解决纠纷时，使调解人员和当事人都能设身处地地站在对方的立场上体会和思考问题，体察对方的感受和态度，形成与对方在情感上的交流，从而理解对方并改变自己的观点、态度和做法，使问题得到圆满解决的方法。换位思考法一般在调解刚愎自用、固执己见、爱争强好胜的当事人的纠纷时采用。

从解决纠纷的具体情况来看，换位思考法的具体适用表现在两个方面：一是人民调解员的换位思考，即人民调解员要站在纠纷当事人双方的立场和角度，促使当事人全面解决纠纷；二是当事人之间的换位思考，即人民调解员引导、启发纠纷当事人相互站在对方的立场上考虑问题。

（五）褒扬激励法

褒扬激励法，就是对纠纷当事人本身所具有的优点和长处或者在该纠纷中表现出来的正确做法进行表扬激励，从而调动当事人的积极性，使当事人之间的纠纷得以有效解决的一种方法。人民调解员在调解纠纷时，一定要注意当事人行为的两面性，对正确的方面要充分给予肯定，对错误的方面要进行必要的批评。

人民调解员要善于把握这种两面性，通过对当事人对的方面的肯定，可以拉近人民调解员和当事人之间的关系，也可以安抚当事人的情绪，使当事人愿意接受人民调解员的调解。而通过对当事人错的方面的批评，可以说服当事人放弃、改正错误的做法，使当事人之间的分歧缩小，有利于调解的成功。

（六）唤起旧情法

唤起旧情法，就是针对具有感情基础的纠纷当事人，通过使他们回忆从前相处、共同生活或者共同经历的情与景，使其重温过去的美好时光，再现同舟共济、相互包容、相互理解、相互支持的历程，重新体会从前的深厚感情，从而使其产生心理触动，使纠纷得以解决的调解方法。这种方法一般适用于调解同事、朋友、家庭、夫妻等具有感情基础的当事人之间的纠纷。

人民调解员如果运用该种方法进行调解，则事前一定要做好充分的调查工作，首先了解纠纷当事人之间是否有着较好的感情基础；其次充分掌握纠纷当事人之间相处或共同生活的经历，即掌握大量的第一手资料。这样才能够恰当地运用该种方法，并运用手中掌握的材料达到唤起旧情的效果。如果纠纷当事人之间没有良好的感情基础，则不能运用该种方法；否则，结果可能适得其反。

（七）冷处理法

冷处理法，就是人民调解员对当事人要求解决的纠纷不要急于着手调解，而是想办法使当事人先冷静下来，待其心平气和后再进行调解的方法。这种方法一般针对比较激烈的纠纷，产生这类纠纷的当事人一般文化水平较低，或者脾气暴躁，容易冲动、失去理智。当纠纷发生时，纠纷当事人情绪一般都比较激动，表现出剑拔弩张、势不两立的态势。

（八）重点突破法

重点突破法，就是指抓住纠纷中的重点作为解决纠纷的突破口，从而有效地解决纠纷的方法。具体方法有：抓住主要矛盾进行调解，抓住关键人物进行调解，或者采取先易后难、逐个击破的方法进行调解。

有些民间纠纷是极其复杂的，有的表现为发生的原因错综复杂，有的表现为在纠纷中存在多个矛盾，特别是在群体性纠纷中表现得更突出。一般来讲，在一个纠纷中存在的多个矛盾之间往往有着千丝万缕的联系，其中一个矛盾解决了，就意味着其他矛盾也将迎刃而解，或者欲解决某一矛盾要以其他矛盾的解决为前提，此时人民调解员要通过全面了解纠纷情况，发现对解决纠纷起关键作用的主要矛盾。抓住主要矛盾进行调解，也就等于抓住了调解工作的重点或关键，就会使调解工作不至于“胡子眉毛一把抓”，毫无章法，而是有的放矢地进行。

在某些群体性的纠纷中，某些纠纷当事人往往对纠纷的性质、事态并不起多大影响，他们往往追随着某些纠纷当事人，听从或者参考这些纠纷当事人的意见，见机行事，随波逐流。因此，在调解时，只要集中力量，抓住关键人物进行调解，突破这些“关键”当事人的防线，那么整个纠纷也就容易解决了。

在民间纠纷中，不同的纠纷当事人的文化水平、个人素质、脾气秉性都不同，在接受调解时的反应也就有所不同：有的当事人比较明白事理，容易接受调解；有的当事人比较激动，不易接受调解。针对这种情况，人民调解员就可以采用先易后难、逐个击破的方法进行调解。具体而言：当不同的纠纷当事人对解决纠纷的态度不同时，人民调解员可以通过背靠背调解法，先对容易接受调解的纠纷当事人动之以情、晓之以理，达成调解协议。然后再对其他纠纷当事人进行说服教育，在调解成功的当事人的调解结果的基础上，让其他当事人知晓调解的底线，知道再无理取闹也不会有结果，从而最终接受人民调解员的建议。

案例链接

姻缘不成生怨恨

王家和李家是邻居，相交多年关系甚好，两家儿女青梅竹马并定了亲。谁料后来王家儿子王某大学毕业后留在省城工作，而李家女儿李某高中毕业后成了县城的一名工人。王某回家时几次直言自己和李某缘分已尽，而且有了中意的女朋友，要取消这门亲事，还让李某交回定亲财物。李家人听闻此事怒火中烧，李某更为伤心，大骂："王某就是陈世美！"一天，王某领回新女友，正在吃饭时，李某一家吵上门来，要向王某讨还公道。王某父母起先还做了解释并赔礼道歉，可后来也跟着吵起来，说婚姻是儿女的事，儿子想退就退，有自己的自由。为此，两家人越吵越凶，一场剑拔弩张的激烈"战争"即将爆发。

资料来源：任雪原，程暄. 人民调解实务. 北京：中国政法大学出版社，2016.

任务实施

一、任务内容

本次任务的内容是根据以上案例进行模拟调解，体会人民调解工作的过程及调解方法的适用情况。

二、任务操作

按照人民调解的受理→调解前准备→实施调解→调解回访的工作流程，有效运用调解方法解决矛盾纠纷。

（1）组织：按角色需要对学生进行分组，以组为单位，学生自行分配角色并开展讨论。

（2）要求：各组学生按角色任务拟定调解方案；通过案例的情景模拟，总结使用的调解方法。

三、任务拓展

（1）根据案例，每位同学写出具体的调解方案。

（2）每位同学填写好下列调解笔录。

调解笔录

时间____

地点____

事由____

参加人______________________________________

当事人____

笔录：____

____

____

当事人（签名）________________调解员（签名）________________

参加人（签名）________________记录人（签名）________________

年　月　日

四、任务小结

（1）纠纷的调解，离不开人民调解组织和调解人员对调解方法的运用。也就是说，开展人民调解工作，必须通过有针对性的方式、手段的运用，才能保证取得较好的调解效果。如果人民调解的方法运用得恰当，可以起到事半功倍的效果。反之，如果方法运用得不适当，则可能导致调解不成功，甚至会使纠纷进一步恶化。

（2）一项调解工作能否顺利完成取决于多种因素，在灵活、适当地运用调解方法的同时，还要注意一些调解技巧，比如选择恰当的调解时机、调解地点等。只有把调解方法和调解技巧有机结合起来，才有助于顺利实现调解工作的目的。

项目练习

一、选择题

1. 社区工作者以（　　）为核心，以法律法规和政策为依据，为咨询者最终提供法律意见和建议，妥善完成法律咨询服务。

A. 咨询者的利益　　　　B. 社会的公共利益

C. 具体咨询的问题　　　D. 咨询人的目标和需要解决的问题

2. 关于法律援助，下列说法错误的是（　　）。

A. 以经济困难者、残疾人、弱者或经人民法院指定的特殊人群为对象

B. 法律援助的形式为诉讼法律服务，不包括非诉讼法律服务

C. 法院对受援对象减免案件受理费及其他诉讼费

D. 需要援助者应向法律援助机构提交书面申请

3. 下列关于人民调解的说法中，错误的是（　　）。

A. 人民调解委员会调解民间纠纷可收取必要的办公费用

B. 人民调解委员会是依法设立的调解民间纠纷的群众性组织

C. 人民调解委员会经调解达成的调解协议具有法律约束力

D. 当事人对调解协议的内容产生争议的，可以向人民法院提起诉讼

二、填空题

1. 社区法律服务具有__________性和__________性。

2. 要了解一个完整案情，通常要回答 5 个“W”、1 个“H”和一个“R”的问题。5 个“W”是指__________、__________、__________、__________、__________。

3. 法律援助机构是指负责__________、__________、__________、__________及实施本地区法律援助工作的机构，统称__________。

4. 人民调解委员会是__________组织。

三、简答题

1. 社区法律服务涵盖的基本内容有哪些？
2. 社区提供法律咨询服务的意义是什么？
3. 比较人民调解中面对面调解法和背靠背调解法。
4. 法律援助的对象是哪些人？

参考文献

1. 王玉兰，唐忠新. 社区管理实务. 北京：北京大学出版社，2009.

2. 唐晓阳. 社区管理理论与实务. 广州：华南理工大学出版社，2010.

3. 李笑. 社区建设与管理实务. 北京：经济管理出版社，2014.

4. 袁继红. 社区管理实务. 2 版. 北京：电子工业出版社，2015.

5. 张兴杰，叶涯剑. 社区管理. 2 版. 北京：科学出版社，2016.

6. 于晓松，路孝琴. 社区预防. 北京：人民卫生出版社，2019.

7. 风笑天. 社会学研究方法. 3 版. 北京：中国人民大学出版社，2009.

8. 赵淑兰. 社会调查方法. 2 版. 北京：机械工业出版社，2019.

9. 石方军. 社区劳动保障. 北京：中国社会出版社，2014.

10. 韦志国. 文书工作与档案管理. 大连：大连理工大学出版社，2017.

11. 赵一红，等. 我国城市社区综合养老服务体系建设状况分析. 北京：社会科学文献出版社，2019.

12. 赵映诚，陈晓明，常悦. 文书工作与档案管理. 3 版. 北京：高等教育出版社，2013.

13. 刘爱君，郑自文. 法律援助实务. 2 版. 北京：中国政法大学出版社，2015.

14. 马建荣. 基层法律服务. 3 版. 北京：中国政法大学出版社，2018.

15. 任雪原，程暄. 人民调解实务. 北京：中国政法大学出版社，2016.

16. 甘赖莉，王逸群，刘波. 西安市城市绿色社区建设思考. 陕西林业科技，2012（01）：57-59.

17. 王倩，方静怡，肖金玉，王其府. 城市化进程中的社区文化建设情况调查与思考——以合肥市文博苑社区为例. 合肥学院学报（综合版），2016，33（06）：96-98.

18. 信松旺. 开展社区教育项目研究的几点思考. 中国农村教育，2018（23）：46-47.

图书在版编目（CIP）数据

社区管理与服务实务/欧元军主编. --北京：中国人民大学出版社，2020.12

21世纪职业教育规划教材

ISBN 978-7-300-28634-1

Ⅰ.①社… Ⅱ.①欧… Ⅲ.①社区管理-中国-职业教育-教材②社区服务-中国-职业教育-教材 Ⅳ.①D669.3

中国版本图书馆CIP数据核字（2020）第188440号

职业教育“教学做”一体化教材

21世纪职业教育规划教材

社区管理与服务实务

主　编　欧元军

副主编　徐鑫森　许　瑞

Shequ Guanli yu Fuwu Shiwu

出版发行　中国人民大学出版社

社　　址　北京中关村大街31号　　**邮政编码**　100080

电　　话　010－62511242（总编室）　010－62511770（质管部）

010－82501766（邮购部）　010－62514148（门市部）

010－62515195（发行公司）　010－62515275（盗版举报）

网　　址　http://www.crup.com.cn

经　　销　新华书店

印　　刷　唐山玺诚印务有限公司

开　　本　787 mm×1092 mm　1/16　　**版　　次**　2020年12月第1版

印　　张　12.75　　**印　　次**　2025年7月第8次印刷

字　　数　298 000　　**定　　价**　36.00元